's Nachts droom ik van vrede

Carry Ulreich

's Nachts droom ik van vrede

Oorlogsdagboek 1941-1945

Inleiding & tekstbezorging
Bart Wallet

UITGEVERIJ MOZAÏEK, ZOETERMEER

Bij de productie van dit boek is gebruikgemaakt van papier dat het keurmerk Forest Stewardship Council® (FSC®) draagt. Bij dit papier is het zeker dat de productie niet tot bosvernietiging heeft geleid. Ook is het papier 100% chloor- en zwavelvrij gebleekt.

www.uitgeverijmozaiek.nl

Ontwerp omslag: Studio Ron van Roon
Foto omslag: Carry (rechts) en Rachel Ulreich (1939), © Carmela Mass
Inleiding & tekstbezorging: Bart Wallet
Lay-out en dtp: Gerard de Groot

ISBN 978 90 239 9685 9
NUR 402

© 2016 Uitgeverij Mozaïek, Zoetermeer
© Dagboeken: Carmela Mass
© Inleiding en achtergronden: Bart Wallet

Alle rechten voorbehouden. Niets uit deze uitgave mag worden verveelvoudigd, opgeslagen in een geautomatiseerd gegevensbestand of openbaar gemaakt, in enige vorm of op enige wijze, hetzij elektronisch, mechanisch, door fotokopieën, opnamen of op enige andere manier, zonder voorafgaande schriftelijke toestemming van de uitgever.

Inhoudsopgave

Inleiding – *Bart Wallet*   7

Dagboek
1. Bezetting, 1941-1942   15
2. Onderduik, 1942-1945   67
3. Bevrijding, 1945   222
Epiloog   235

Achtergronden bij het dagboek
van Carry Ulreich – *Bart Wallet*   239

Aantekeningen   272
Personenregister   284
Bronnen   307
Afbeeldingen   311

Inleiding

De Tweede Wereldoorlog liet in Nederland diepe sporen na. Nadat in 1940 de bezetting begon, veranderde gaandeweg het leven van alle inwoners: voedsel, kleding en tal van gebruiksvoorwerpen waren steeds moeilijker te verkrijgen; bombardementen, naziterreur en verzetsacties zorgden voor angst. Het was al snel duidelijk dat de bezetters het met name op Joden hadden gemunt. Zij werden stap voor stap uit de samenleving gedreven met als uiteindelijk doel de totale uitmoording van deze bevolkingsgroep.

Wat betekende het om in deze periode als Joods tienermeisje volwassen te worden? Het dagboek van de Rotterdams-Joodse Carry Ulreich laat dat op sobere en indringende wijze zien. Door de nauwgezette verslaglegging, met een scherp oog voor persoonlijke emoties, maakt de lezer de strijd om te overleven mee. Het is een gewoon, alledaags meisjesleven dat steeds meer in de greep raakt van de grote oorlog. Gaandeweg weet Carry haar eigen stem te vinden. Door de persoonlijke insteek lijkt de afstand tussen toen en nu bijna weg te vallen en komt de lezer dicht bij de ervaringen in oorlogstijd.

De 'Rotterdamse Anne Frank'

Nu zijn de afgelopen decennia tal van oorlogsdagboeken gepubliceerd. Het bekendste, dat van Anne Frank, werd al snel na de bevrijding – in 1947 – uitgegeven en groeide sindsdien uit tot het 'oerdagboek' over de oorlogstijd. Onvermijdelijk wordt elke nieuwe dagboekpublicatie daarmee vergeleken. In het geval van Carry Ulreichs dagboek ligt dat nog meer voor de hand: de overeenkomsten liggen voor het grijpen. Het betreft ook hier een verslag van het leven van een tienermeisje, dat opgroeit in een soortgelijk gezin: een vader, moeder en oudere zus. Het schoolleven, met het leren en flirten dat daarbij hoort, wordt ingewisseld voor een onzeker bestaan in de onderduik. Fijngevoelig wordt beschreven wat de afhankelijkheid en de angst in onderduik doen met de hoofdpersoon en haar lotgenoten. Het zijn overeenkomsten die Ulreich zelf, bij een bezoek aan het Anne Frank Huis in Amsterdam, het gastenboek deed signeren als 'de Anne Frank met een happy end'.

Toch zijn het, bij alle overeenkomsten, juist de verschillen die dringen tot de publicatie van de oorlogsdagboeken van Ulreich. Om eerlijk te zijn, toen het dagboek op mijn bureau belandde met de vraag van de Nederlandse uitgever om ernaar te kijken, was ik aanvankelijk sceptisch. Met enige regelmaat krijg ik als historicus, gespecialiseerd in de geschiedenis van de Nederlandse Joden, soortgelijke egodocumenten onder ogen. Vaak zijn die vooral van belang voor de directe kring van familie en bekenden, maar qua stijl en inhoud niet geschikt voor een breder publiek. Toen ik het dagboek begon te lezen, verdween die scepsis echter al snel en raakte ik overtuigd van het belang om dit aan een breder publiek aan te bieden.

Betekenis

Waarin schuilt de betekenis van het dagboek van Carry Ulreich? Daarbij valt op meerdere elementen te wijzen. Ten eerste is het een uitgesproken *Rotterdams dagboek*. De geschiedenis van de Jodenvervolging in Nederland heeft zich in belangrijke mate verdicht tot wat er in Amsterdam gebeurde. Dat is niet verwonderlijk, aangezien daar veruit de grootste en belangrijkste Joodse gemeenschap was gevestigd. Anne Frank legt in haar dagboek getuigenis af van dat diverse en vitale hoofdstedelijke Joodse leven. Toch waren er ook aanzienlijke Joodse gemeenschappen in andere plaatsen, waaronder Rotterdam met aan het begin van de oorlog zo'n 13.000 Joden.

Ulreichs dagboek laat zien hoe de vervolging, deportatie en de strijd om te overleven zich afspeelden in Rotterdam. Een verwoest Rotterdam. Het bombardement op de stad bij de aanval van Duitsland op Nederland in de meidagen van 1940 had diepe sporen nagelaten. Dat bombardement en de verwoesting van het oude centrum groeiden ook uit tot hét oorlogsverhaal van de havenstad, waardoor alles wat daarna gebeurde enigszins in de schaduw bleef.

Ten tweede is het dagboek geschreven door een meisje dat in een *zeer betrokken Joodse familie* opgroeide. Hoewel een deel van de vriendenkring uit Nederlandse Joden bestond, is de eigen achtergrond Oost-Europees Joods. Dat zorgt voor een nauwe betrokkenheid bij wat er elders in Europa gebeurt en ook een sterke antenne voor de gewelddadige gevolgen van antisemitisme. De familie is zowel traditioneel-religieus als zionistisch. Dat schept in oorlogstijd geheel eigen spanningen, problemen en dromen. Waar Anne Frank uit een Duits-Joods liberaal gezin stamt en een universele blik op de wereld ontwikkelt, toont Carry Ulreich hoe van oorsprong Oost-Europese traditionele Joden een specifiek Joodse kijk op de oorlog, de wereld en de toekomst vormen. Zij laat zien hoe de zionistische jeugdbeweging na een verbod van de bezetter ondergronds gewoon doorgaat, hoe de voorbereiding op een leven in Palestina door de oorlog alleen maar sterker wordt. In onderduik nemen de vragen toe: hoe moet het met kosjer eten? Hoe kunnen de Joodse regels (halacha) nog zoveel mogelijk nageleefd worden? Welke plaats hebben de Joodse feestdagen? Ondertussen worden met de onderduikfamilie de christelijke feesten gevierd. Religieuze barrières die voor de oorlog scherp overeind stonden, worden in de onderduik gaandeweg geslecht. Het dagboek geeft zo een bijzonder inkijkje in het leven van traditioneel-religieuze Joden in oorlogstijd.

Ten derde is het een ultiem *onderduikdagboek*. Een groot deel van het dagboek, meer dan drie jaar, beslaat de ervaringen tijdens de onderduik bij de katholieke Rotterdamse familie Zijlmans. Wat betekende het nu om zo lang vrijwel de gehele tijd opgesloten te zitten? Wat deden onderduikers om de tijd door te brengen? Hoe waren de verhoudingen tussen onderduikers en onderduikgevers? Carry toont zich een scherp waarnemer en laat naast de voortdurende grote dankbaarheid voor de gastvrije opvang ook het ongemak zien van twee uiteenlopende families die plotseling samen moeten wonen. De kleine onderlinge spanningen en de volledige afhankelijkheid ten opzichte van de onderduikgevers worden invoelbaar. Te midden van de voortdurende stroom van oorlogsnieuws en geruchten probeert iedereen het leven zo goed mogelijk voort te zetten. Wat dat in onderduik inhield, beschrijft Carry: huishoudelijk werk, veel lezen, praten, religieuze twistgesprekken met de onderduikfamilie, geflirt onder de jongeren. Opvallend is dat de onderduikers zich soms, bij uitzondering, gewoon op straat waagden.

Een thema dat de afgelopen jaren voor veel debat heeft gezorgd is de vraag in hoeverre Nederlanders in het algemeen en Joden in het bijzonder iets wisten van wat de gedeporteerde joden te wachten stond 'in het Oosten'. Het dagboek van Carry laat zien dat al in 1942 via de Engelse radio – waar de familie ondanks het sjabbatsverbod toch op zaterdag naar luisterde – bekend werd dat Joden in Polen massaal uitgemoord werden. Over degenen die opgepakt en weggevoerd werden, maakte de familie Ulreich zich weinig illusies. Hoewel de hoop bleef bestaan dat gedeporteerde vrienden en familie terug zouden komen, stond een gang naar Polen voor de Ulreichs vrijwel geheel gelijk aan de dood.

Het dagboek van Anne Frank breekt abrupt af, omdat de familie Frank vanwege verraad wordt opgepakt en gedeporteerd. Alleen vader Otto Frank overleefde de kampen. Het dagboek van Carry Ulreich heeft in zekere zin een 'happy end': het hele gezin weet in onderduik de oorlog te overleven. Het bijzondere is daarmee dat het dagboek ook de ontlading laat zien die de bevrijding in 1945 bood. Ook het voorzichtige herstel van het gedecimeerde Joodse leven in de schaduw van de Sjoa komt aan bod: de eerste Rotterdamse synagogedienst na de bevrijding, de zoektocht naar overlevenden, de opbouw van iets van een Joodse gemeenschap. Zionistische idealen krijgen al snel de overhand als de 'Jewish Brigade' – de Palestijns-Joodse afdeling in het Britse leger – in Nederland met de bevrijders meekomt. Carry's weg voert dankzij een van die soldaten al heel snel weg van Rotterdam naar Palestina.

De dagboeken en de editie

In 1946 vertrekt Carry naar het toenmalige Britse Mandaatsgebied Palestina – vanaf 1948 de Staat Israël - waar zij als Carmela Mass de stammoeder wordt van een inmiddels talrijk nageslacht. De dagboeken gaan met haar mee en belanden op de zolder van haar huis. Tot zij ze enkele jaren geleden weer tegenkwam en bedacht dat ze de inhoud met haar (klein)kinderen wilde delen. Voor de familiekring liet ze een ingekorte Hebreeuwse versie vervaardigen. Zo las ook haar zoon, de Jeruzalemse uitgever Oren Mass, delen van het dagboek voor het eerst. Hij was daar zozeer van onder de indruk dat hij ze meenam naar de Frankfurter Buchmesse, op zoek naar een Nederlandse uitgever. Die vond hij in de Zoetermeerse uitgeverij Mozaïek.

Het dagboek begint op 17 december 1941 en sindsdien houdt Carry het vrijwel wekelijks, soms zelfs meerdere malen op één dag, bij. Uiteindelijk schrijft ze naast het eerste dagboek – een geschenk van haar vriendinnetje Sonja Taub – ook nog eens zes schriften vol. In deze editie is steeds aangegeven wanneer een nieuw schrift begint.

Ter wille van de leesbaarheid is het materiaal in drie hoofdstukken ondergebracht. De tekst is ongemoeid gelaten, alleen is de spelling geconformeerd aan de huidige. October is, bijvoorbeeld, als oktober weergegeven. In het eerste schrift – als de onderduik is begonnen – heeft Carry de data weergegeven via een code. Er is voor gekozen om in deze editie de data waarnaar deze codes verwezen aan te geven; in enkele gevallen bleek de code overigens zo ingewikkeld dat die niet meer vastgesteld kon worden. De originele dagboeken zijn nog in bezit van de familie Mass, maar de scans zijn voor onderzoekers te raadplegen bij Yad Vashem in Jeruzalem.

Woorden, afkortingen en zaken die in de tekst van het dagboek worden genoemd en die voor hedendaagse lezers wellicht niet direct te begrijpen zijn, worden aangegeven met een *. Achter in het boek zijn 'Aantekeningen' opgenomen met de vereiste uitleg. In een apart personenregister staan biografische gegevens van de talloze vrienden, kennissen en familieleden die in dit dagboek voorkomen. Het is veelzeggend dat de tieners aanwezig op het verjaardagsfeestje in het begin van het dagboek, in de loop van de oorlog grotendeels worden vermoord. In die zin is de publicatie van dit dagboek ook een geschreven monument voor Carry's vermoorde Rotterdams-Joodse vrienden. De afbeeldingen in het fotokatern – vooral geput uit familiecollecties – geven een gezicht aan de hoofdpersonen. Aanvullende achtergrondinformatie, waarbij dieper wordt ingegaan op diverse aspecten van het dagboek, biedt ten slotte de slotbeschouwing.

Dankbetuiging

Op een prachtige zomerdag in juni 2016 ontmoette ik de inmiddels 89-jarige Carry Ulreich samen met haar zoon Oren Mass in Jeruzalem. Zij had nooit gedacht dat haar dagboek ooit nog in het Nederlands uitgegeven zou worden. Ik dank haar hartelijk voor haar vertrouwen en het feit dat ze, ondanks haar aarzelingen, het dagboek heeft vrijgegeven voor publicatie. Dat doet ze met het oog op jongere generaties, zodat die weten wat er gebeurd is tijdens de oorlog. Voor de 'Achtergronden' gaf ze mij bovendien inzage in de dagboeken van haar zus Rachel, haar vader Gustav Ulreich en een eerder afgenomen interview met haar door Yad Vashem. Oren Mass vormde de onmisbare schakel en hem was geen moeite te veel om het dagboek gepubliceerd te krijgen. Dank beiden!

Het was niet eenvoudig om nazaten van de onderduikgevers, de familie Zijlmans, te lokaliseren. Toen echter de eerste, Jeroen Zijlmans, was gevonden, kwam ik al spoedig in contact met tal van familieleden. Zij bleken elk verhalen en herinneringen met zich mee te dragen aan wat hun (groot)ouders gedurende de oorlog hadden gedaan voor de familie Ulreich. Hun onmiddellijke enthousiasme voor de publicatie, nieuwsgierigheid naar de inhoud en vertrouwen, werkte aanstekelijk. Ik dank hen daarvoor hartelijk.

Uitgever Beppie de Rooy van Mozaïek zag direct de waarde van Ulreichs dagboek in. Zij vormde, met in haar team Marianne Florijn, Wendelmoed Knol en Inge Slings, de motor achter dit project. Hun begeleiding was professioneel en werd gevoed vanuit oprechte betrokkenheid. Het transcriberen van het manuscript nam Aline Pennewaard voor haar rekening. Bijzonder gewaardeerde hulp bij het verder uitzoeken van details in de tekst en de achtergronden van de familie Ulreich en de Rotterdamse Jodenvervolging boden de collega's Albert Oosthoek, Hans van der Pauw, Stefan van der Poel, Raymund Schütz en Lodewijk Winkler. Dank daarvoor. Uiteraard blijven eventuele fouten in de editie en annotatie mijn verantwoordelijkheid.

Amsterdam, juli 2016

Bart Wallet

1. Bezetting, 1941-1942

[Dagboek]

Rotterdam; Woensdag 17 December 1941

Vanavond, woensdagavond 17-12-1941, 10 uur, heb ik nu eens echt zin om jou, mijn dagboek, in te wijden. Dit dagboek is van Sonja Taub, mijn vriendin; ik heb 't op mijn verjaardag, een maand geleden, gekregen. Sinds die tijd is er niets bijzonders gebeurd. Vanavond ook niet, maar... ik heb zin!

De verjaardagen waren zoals altijd met *dezelfde mensen: Mundi en Bronia Kindler, Mira Klawier, Sonja Taub, Hadassa en Bobby Herschberg + de ouwelui van al die kinderen. ± 20 mensen.

De volgende dag had ik de club bij mij: mijn vereniging is verboden. Wij zijn sinds 14-5-40 bezet door Duitsland en nu hebben wij jongeren van *Haäwodah zich verzameld en komen elke week bij elkaar. Leden zijn: Felix Zwick, Wiet Wijler, Herman van Coevorden, Jopie Wijler, Arthur Goudsmid, Sam Bosman, Bobby Herschberg, Milly de Leeuwe, Hetty Corper, Tootje de Haas, Belia de Haas, Ruth Zwick en ik. Misschien komt Betty Posner er binnenkort nog bij. Wiet, Felix en ik zijn bestuur.

Ik was bij mijn verjaardag gebleven. Ik heb *'Joodse overleveringen' van K. ter Laan gekregen. Op Rachels verjaardag waren er 's avonds Dinah Meerschwam en haar clubje weer: Hannele Franken, Tilly Bosman, Hetty Wijler, Rachel, Johan Spiegelenberg (*goi), Carel Kaufman, Daan Nijveen, Bram de Lange en Bram Roos. We hebben gedanst en de laatste visite was zondagmiddag.

De oudere meisjes: Hanni Bialer, Dora Mak, Dora Landau, Sally Lipszyc, Mundi Kindler, Saartje en Etty Vromen. Ik dacht, dat 't erg vervelend zou worden, en toen ben ik maar naar de club gegaan. Daar hebben ze een beetje gekankerd, dat we altijd hetzelfde doen: spreken (ieder van ons moet 't om de beurt doen) en voorlezen en nu en dan 'n spelletje? Maar hoe moet je anders de kinderen bezighouden? We mogen nergens naar toe... Enfin, ik ging toch om half 5 naar huis en daar was 'n hele *'chassene'. Dora Mak speelt piano en de rest danst. Natuurlijk even meegedanst, toen gingen ze naar huis. Ze hebben 't erg gezellig gevonden. Onze verjaardagen waren daarmee afgelopen.

We hebben 'n *Joodse school. Het is er reuze gezellig, net 'n hele familie. Vroeger was ik aan de overkant, *Witte de Withstraat 30 Rotterdam, op school, en was over naar de 4^e klas Lyceum. Maar wij waren meer op talen en nu kwam er een school, H.B.S., die meer voor wiskunde doet. Toen moest ik naar de 3^e. Dit is niet zo heel erg. Er gebeuren tegenwoordig nog veel ergere dingen. Zaken worden van ons Joden weggenomen en nog meer erge dingen. Maar toch is 't jammer. Ik had anders met Wiet (een heel aardige jongen) in de klas gezeten. Maar nu zit ook in de 3^e gym Sam Bosman (niet zo aardig, gaat wel, weet veel van zionisme, erg knap in zionisme). Naast me zit Clara Haagman, 17 jaar, (heel) aardig, ook zioniste. Achter me Bernard Maarssen (heel geschikt) en Ab Spanjar (zoon van Franse leraar, beetje saai). Verder is de klas niet zo bij. We moesten vandaag onder Nederlands, het laatste uur, vragen beantwoorden. Het kwam van de beroepsopleiding.

Eerst algemene vragen: leeftijd, naam, enz. Toen de beste vakken. Ik heb gezet talenafdeling, hoewel ik nu op dit rapport een 10 voor algebra heb en een 9 voor meetkunde. Dit komt natuurlijk omdat ik tot nog toe de leerstof van wiskunde al gehad heb. Toch voel ik me niet sterk in wiskunde. Toch rol ik er meestal wel door. We hebben les van Brandel (is wel aardig; jong; knap). Toen stond er op dat gestencilde briefje: de liefste vakken, maar dat hadden ze me helemaal niet hoeven te vragen, want ik houd helemaal niet van leren.

1. BEZETTING, 1941-1942

Beleefdheidshalve heb ik maar weer talen gezet. Vervolgens kwamen er vragen die ik niet kon beantwoorden: a) wat wil je het liefste worden?, b) waarom?, c) ben je er geschikt voor? enz. enz. Nu moet jij, dagboek, weten dat ik helemaal voor niets voorliefde heb, wat moest ik nou opschrijven?

Ik zwamde zoiets van dat ik zioniste ben, en dat ik dus wel een vak moest kiezen dat men in Palestina gebruiken kan en dit is handenarbeid-tuinbouw. Maar ik weet niet of ik ervoor geschikt ben. Dit zal de tijd moeten leren. Eerst diploma H.B.S., dan zich 'n beetje meer toeleggen op Hebreeuws en Engels, dan op hachsjara (vooropleiding voor Palestina) en dan weg. Naar 't eigen vrije land!!

Maar laten we nu maar eerst afwachten, tot de oorlog afgelopen is: we hopen allen aan de overwinning van Engeland op Duitsland, Italië en Japan. Japan heeft vorige week aan Engeland en de Verenigde Staten van Amerika de oorlog verklaard. Tot nu toe heeft Japan al vele overwinningen. Noord-Malaka is al bezet. In Rusland trekken op 't ogenblik de Duitsers terug, in Libië de Italianen.

Morgenmiddag hebben we op school een Chanoeka-middag. Zondag 14 december was 't eerste dag Chanoeka, en vandaag 4ᵉ dag, da's 4 lichtjes + de *sjammes 5). Dit leg ik zo uit, want misschien lees ik dit over 20 jaar nog eens over en ben ik niet meer vroom...

Zondag hebben we ook 'n Chanoeka-bijeenkomst van de club. Ik zal meehelpen 't toneel versieren, tenminste, dit was ik van plan. Maar we hebben van half 2 tot half 3 Hebreeuwse les, maar die zou vervallen, dus ik had tijd, maar nu belt vanavond mevrouw Greet Vleeschhouwer op (lerares) dat de les doorgaat. Deze les heb ik met Rachel, Ali Wolf, Sam Brandes, Edith van der Hak en Dora Mak. Dit is dus 'n tegenvaller. Moet ik nog leren ook, maar vanavond heb ik geen tijd meer, want het is al elf uur. Huiswerk heb ik nog niet gedaan. Maar omdat 't Chanoeka is, heeft haast geen één leraar huiswerk opgegeven, alleen Noach (Duits, assimilant, wel vriendelijk en aardig) maar ik heb morgen 't 1ᵉ uur vrij, dan leer ik 't wel. Vanavond is de familie Vromen hier. Ze komen elke woensdagavond en mama en papa gaan elke zondagavond naar ze toe. Dan whisten (kaartspel) ze altijd, als ze bij elkaar zijn.

Mama moet op 't ogenblik alles zelf doen. Dit komt omdat niet-Joodse meisjes niet bij Joden in dienst mogen zijn. En wij hadden 'n N.S.B.-ster en die is maar gelijk naar Berlijn (Duitse hoofdstad) vertrokken. Ik hoop dat ze er nooit meer levend vandaan komt (gemeen hè?). Op ons atelier hebben we een vriendin van die N.S.B.-ster. Ook zo'n mooie!

Voor 1940 hadden we op ons atelier 17 mensen, maar nu hebben we geen confectie meer en werkt papa alleen maar met één meisje. Hoelang nog?

't Gerucht gaat al rond, dat 1 januari 1942 al de Joodse textielzaken sluiten moeten. Wie weet, wij ook, al is papa kleermaker. Maar we hebben een paar stoffen en die kunnen de moffen misschien (ik geloof haast heel zeker) goed gebruiken.

Rachel is op een kolenkantoor. Wij vragen ons ook af: hoe lang nog? Ze verdient 30 gulden per maand. Misschien met januari opslag.

We hebben al een poosje (sinds *3 oktober "de grote schrik") geen schietpartijtjes meer, maar volgende week is 't weer lichte maan, en dan beginnen ze vast weer te poffen op de Engelsen, die Duitsland willen gaan bombarderen. Soms doen ze dit in Rotterdam ook en als ze iets goed geraakt hebben, stijgen de Duitsers op en gooien bommen op de burgerbevolking. Tenminste, dat zeggen wij: Engelsgezinden, maar de krant denkt er anders over. Ze hebben dan zo'n grote bek. En er zijn altijd wel 'n paar vliegtuigen neergeschoten. Geloof jij het? Ik niet.

Nu moet ik maar naar bed, maar voor de eerste keer is 't wel genoeg. Dit was eigenlijk 'n overzicht van de toestand, als ik het later nog eens overlees, weet ik het tenminste. Van de bonnen en punten vertel ik de volgende keer.

1. BEZETTING, 1941-1942

Donderdag 18-12-1941

Nog geen 24 uur is 't geleden dat ik geschreven heb en nu begin ik alweer.

We hebben vanmiddag de Chanoekamiddag van onze school gehad. 't Was reuze: een echte goeie middag.

Ik ging erheen met Hetty Corper (schoolvriendin; aardig). 't Was nog vroeg. Toen we binnenkwamen stonden daar de leraren met hun vrouwen, onze opperrabbijn Davids met z'n vrouw, en Vorst (leraar Joodse lagere school) ook met z'n vrouw. De zaal was een beetje kerstmisachtig versierd. Groen met rode linten. Maar daar hebben ook assimilanten voor gezorgd.

Openingsrede door Bob Maarssen (voorzitter van de Schoolbond). Daarna heeft *Carolina Eitje gesproken: was heel goed. Zionistisch, legde uit wat Chanoeka betekent: vrijheid van geest en niet overwinning op militair of politiek gebied van de Makkabeeërs.

Jaap Querido speelde na de speech piano: iets van Liszt en Chopin. Hij speelde reusachtig: ik heb al een tijd niet zulke goede muziek gehoord, alleen zat er in de vleugel niet veel klank. Maar toch was 't reuze, dat pianospel!

Als 4^e nummer kregen we 't hoogtepunt van de middag: 4 verschillende *Horra's. De jongens waren gekleed in donkere broeken en wit overhemd, en de meisjes in lichte zomerjurken. 't Was reuze mooi. Op een gegeven ogenblik moest ik me werkelijk tegenhouden om niet ertussen te gaan staan en mee te dansen. Wiet speelde ook mee.

Daarna pauze, limonade en koekjes rondgedeeld. Rondgelopen, met iedereen gekletst. Ik ben wel driemaal om Brandel zijn vrouw heengelopen. Zij is erg chique, geschminkt, leuk gekleed, enz. Ik wist niet dat Brandel getrouwd was. Dr. Wijnberg (onze rector) is met zijn vrouw geweest, Noach (Duits) met dochter + vrouw, Spanjar (Frans) + vrouw, dr. Stein + verloofde; dr. [van] Rees en zoon (vreselijke assimilanten) zijn niet gekomen, omdat ze niet aan dit St. Nicolaasfeest doen.

Na de pauze heeft rabbijn Davids gesproken. Hij heeft ons ieder een circulaire gegeven. Hij zei dat hij 't ons als jeugd 't eerste geeft, omdat de jeugd toch alles is voor 't Joodse volk. 't Moet 't Joodse land opbouwen. Ter symbool overhandigde hij 't persoonlijk aan Bob Maarssen. Hij eindigde in 'n climax met de hoop: leve Israël! 't Was indrukwekkend.

Leni Wijler (nichtje van Wiet) las daarna een stuk voor uit "'t Huisje aan de sloot" door Carry van Bruggen. Was heel aardig. Weer pianospel van Jaap Querido. Daarna heeft Clara Haagman 'n gedicht gedeclameerd. Ze heeft 't prachtig gedaan (maar dit doet ze altijd).

Tot slot speelde Rob Frieser met zijn pa cello + piano: Brahms, Beethoven, Chopin. In lange tijd hoorde ik zo'n concert niet. We hebben namelijk sinds Pesach 1941 onze radio in moeten leveren. Als toegift speelde hij Träumerei van Schubert. Ook mooi! Dr. Wijnberg sprak 't slotwoord. Hij liet alles nog eens de revue passeren. Telkens hebben we geapplaudisseerd. 't Was reuze geestig. Toen was de geslaagde middag geëindigd. Met de tram ging ik naar huis.

Toen ik uitstapte, zag ik Max Hachgenberg ook uitstappen. Hij zit in 5b. Liep me eerst erg na. Nu gelukkig niet. Hebben even gezellig gekletst, liep met me mee naar huis.

Vanavond hebben we met Saartje en Etty Vromen gemonopolied. Dit is 'n leuk spel. Ik heb gewonnen, want ik had 2 hotels in Amsterdam: dit is gewoonweg prachtig. Nu zijn ze net weg en ga ik slapen. Morgenmiddag krijgen we fijn 3 weken vakantie.

Donderdag 26 Dec[ember 1941]

Hier ben ik weer, heb al een tijdje niet geschreven. Had vandaag de club bij me, 't was een sof middag, we hebben "spelletjes" gedaan, maar niets viel in de smaak van de kinderen. Vanochtend hadden we vergadering. Zondag gaan ze wandelen. 2 uur verzamelen, Oostzeedijk.

1. BEZETTING, 1941-1942

Milly de Leeuwe, Sonja Taub en ik zijn een beetje blijven nakletsen. Milly heeft opeens een hekel aan Felix Zwick gekregen. Ze ging zo'n beetje met hem. Gisteren gaf hij haar 'n ring. Ze was zo overrompeld dat zij hem aangenomen heeft. Ze vond hem gisteren dan ook nog aardig: hij heeft officieel gevraagd of zij met hem lopen wil.

Maar vandaag, toen met kwartetten weer eens bleek hoe onontwikkeld hij wel is, kreeg ze 'n hekel aan hem. Ik heb haar dan ook aangeraden de ring terug te geven, omdat zij dan zonder verplichtingen jegens hem is. Maar ze durft niet. Morgen wilde hij weer met haar afspreken, maar zij wil niet. Toen heb ik gevraagd of ze bij me komt, dat is dan 'n goed smoesje voor d'r.

Met Toos en Wiet is 't niet officieel aan. Zij wil wel, maar hij is daar te verlegen voor, om te vragen of zij met hem lopen wil. Overigens vind ik Wiet helemaal geen jongen daarvoor. Veel te serieus!

Zaterdag gaan Wiet, Felix en Milly bij Toos monopoliën (dit is 'n nieuw spel). Felix en Milly komen pas om 3 uur en Wiet om half drie, zodat Toos en Wiet 'n half uur alleen zitten. Daarom hoopt Toos dat Wiet haar zal vragen om met hem te lopen. Ik begrijp niet dat dit zo officieel moet gaan. Hij kan toch gewoon een goede vriend van haar zijn... zonder meer. Maar dit wil Toos niet, die wil meer! Alhoewel meer dan 'n goede vriend bestaat niet. Vriend, levensgezel is de hoogste titel die ik iemand geven kan. Milly zegt dat hij Toos ook aardig vindt. Ik geloof 't nog niet zo erg. Misschien?!

Ikzelf zou 't erg jammer vinden, want ik vind hem ook aardig... maar niets aan te doen, dit is 't Schicksal.

Vorige zondag hadden we van onze club 'n Chanoeka-bijeenkomst. Was niet zo bij. Jaap van Straten zou spreken, maar op 't laatste ogenblik belde hij af. Toen hebben we Sam Brandes gevraagd of hij spreken wilde. Hij heeft 't gedaan. Toen hadden we 2 toneelstukjes, de eerste met Wiet, Toos e.a. Deze was sof, omdat Toos 'n lachbui had en iedereen stikte. De tweede was met Milly en Felix e.a., die kenden hun rol niet goed. Maar toch was deze beter dan de 1ᵉ.

't Was bij Felix, omdat hij ook jarig was. Mevrouw en mijnheer kwamen binnen bij de toneelstukjes en brachten heel de visite, die er gekomen was voor hem, mee: mevrouw + Fella Lipfrajnd, mevrouw Narva, Rosenberg, enz. 't Was zoals Bobby Herschberg heel terecht opmerkte net een oude mensenvereniging. Sam Brandes heeft 'n heel goed gedicht over Chanoeka samengeflanst, vrij geestig.

Nog iets voorgelezen, de menora aangestoken, gesnoept. Maar toch, zoals ik al zei, 't was niet zo bijzonder leuk. Nu moet ik de kopjes afwassen, die de club vuil gemaakt heeft. 'k Had ermee moeten beginnen, maar eerst moest ik iets aan mijn dagboek vertellen, nl. van Toos, Wiet, Felix en Milly (met haar heb ik echt medelijden, omdat ze niet weet wat ze doen moet, en niemand haar in zoiets, ik bedoel gevoelskwesties, kan raden).

Utrecht, 29 dec[ember 1941], maandag

Gisteren ben ik naar Utrecht gegaan. Hier woont tante Dora, dit is 'n zuster van mama. Zij is niet getrouwd en woonde met nog 2 ongehuwde broers in Polen, maar in december 1938 kwam ze voor een paar maanden naar Holland. De oorlog brak uit in september 1939, toen kon ze niet meer terug. Onkel Mondek vluchtte met 't hele leger naar Roemenië (nu is hij in Engeland) en Onkel Iziu trekt nu alleen met zijn trouwe hond Waldi van de ene stad naar de andere, want hij wil niet in een getto (Jodenkwartier) leven. Toen Duitsland ons bezette, werd tante Dora al gauw van de kuststrook weggestuurd en nu woont ze alleen op een kamertje. Ik ga haar in de vakantie weleens opzoeken. Nu heb ik in de laatste vakantie hier met een paar aardige zionistische meisjes kennis gemaakt. Met Ted Andriesse en Pauli de Vries correspondeer ik nog altijd. Vanochtend ben ik naar Ted geweest, ze was niet thuis toen ik

1. BEZETTING, 1941-1942

kwam. Met Mirjam (haar zuster) en haar moeder heb ik gesproken. Later kwam Ted, ze was erg blij mij te zien. Vanmiddag wilde ik dat ze bij me kwam, maar eerst moet ze 'n paar boodschappen doen, dan Joop (haar broer, is op hachsjara) van de trein halen, dan een paar brieven voor haar vader typen. Ze wil dat ik bij haar moeder 'n beetje ga lezen (ik lees Herzl's Tagebücher op 't ogenblik), maar ik heb niet veel zin, zit veel liever lekker warm thuis, want buiten is 't zo koud. Ze woont wel niet zo ver, maar ik ben zo gruwelijk lui, dit is een slechte eigenschap van me, die ik erg goed weet, maar niet overwinnen kan. Ze komt me straks wel halen, dan ga ik mee.

Ik had de eerste keer beloofd om iets van de bonnen en de punten te vertellen. In gewone tijden ga je naar de winkel, en koopt 'n stof voor 'n jurk of 'n ons thee, enz. enz. Maar nu is alles gerantsoeneerd. Ieder mag maar van een artikel 'n bepaalde hoeveelheid kopen. We krijgen daarom 'n kaart (bijv. boterkaart) met 20 bonnetjes, waar men op elk bonnetje 'n half pond boter krijgt. Nu krijgt men elke 20 dagen 'n nummer toegewezen (wordt bekendgemaakt in de krant), waarop men 'n half pond boter krijgt, als men 't inlevert. Gewoon in 'n zaak en natuurlijk betaald. Dit is zo met alles, kaas krijgt men 1 ons per week per persoon, alles gaat per persoon (behalve kolen). Thee en koffie en eieren (en nu havermout en rijst) krijgen we helemaal niet. Alleen koffiesurrogaat op de bon, maar hij is nog te drinken.

Maar bij de zwarte handel kun je alles krijgen, als je maar betaalt. Een ei kost 28 cent, vroeger kostten de eieren 3 cent in de zomer en 9 cent in de winter, toen moesten we al zuinig zijn, want het kostte 9 cent! En nu kost het 30 en eten we ook... Boter kost 5 gulden per pond. Thee 4 gulden per ons, koffie weet ik niet. Dit is voor levensmiddelen.

Voor kleren geven ze weer punten. Ziet eruit als bonnen. Ieder krijgt 100 punten per half jaar. Als men stof voor 'n jurk koopt (als men nog stof kan krijgen) is 't 40 punten. Katoenen stof minder: 28 punten. 'n Paar kousen 5 punten, pyjama

25 punten, enz. Vroeger was 'n mantel 30 p. maar nu mag, volgens de laatste verordening, alleen maar op speciale vergunningen mantels gekocht of gemaakt worden. Daarom heeft papa op 't ogenblik niet zoveel te doen, want een speciale vergunning wordt haast aan niemand uitgereikt. Alleen als de dames gehamsterde stoffen meebrengen, mag papa 't maken. Gelukkig hebben we nog niet te klagen gehad.

Als de oorlog nou maar gauw afgelopen is. Maar Churchill, de Engelse minister-president, heeft gezegd dat ze in 1942 zullen laten zien wat ze kunnen, en in 1943 is 't afgelopen. Als 't zolang werkelijk zal duren, zal 't er voor ons Joden heel slecht uitzien, dan zullen we onze zaak ten eerste uitgezet zijn, ten tweede ons huis uitgezet zijn en in 't getto, ten derde met eten zal 't vreselijk zijn, en nog meer verschrikkelijke dingen. Maar laten we 't beste hopen!!

's Avonds

Vanmiddag kwam Ted me halen. Ik ging met haar mee naar huis, daar was Joop en 'n nichtje van hen, Stella Hartog (aardig meisje, 30 jaar; vlot). Heb 'n beetje gelezen, geluisterd naar de kantoorverhalen van Stella, toen ging ik weer naar huis. 't Was niet zo gezellig geweest. Maar wel lekker warm, want bij t[ante] D[ora] is 't zo koud...

Rotterdam, Woensdag 21 Jan[uari 1942]

Het vriest, -15 graden Celsius. Vreselijk koud overal. Maar ik kan en wil niet schaatsen, daarom heb ik vanmiddag, toen we ijsvrij hadden, in plaats van een tocht naar de Rottemeren te maken, 3 kilo peentjes schoongemaakt. Vervelend werk!

Met de vereniging gaat 't voor mij niet goed. Vorige zaterdagavond hadden we bestuursvergadering. Opeens zegt Wiet: "We hebben klachten over je gehad, je doet niet veel, niet actief genoeg". En zij vonden dat de aanklagers gelijk hadden, want ik had nooit eens 'n idee. Toen zei ik, dat ze dan maar moesten herkiezen. Maar ik had raak moeten antwoorden, maar ik was overbluft...

Nu zal Milly de Leeuwe wel voor mij in de plaats komen. Ik gun 't haar niet! Want het was toch wel gezellig, maar zelfs als ze me nog zouden vragen toch te blijven, zou ik 't niet doen, want ik ben in mijn eer getast. Want zoals papa mij later de *"zeichel" gaf: hoe weten de leden wat er op de vergadering besproken wordt. Of Felix heeft gekletst, of de jongens willen mij eruit hebben. Toch geloof ik 't laatste niet. Ik zei 't zondag tegen Felix, maar hij zei: "Dat merken de leden toch", hij draaide er een beetje omheen. Hij wil zeker Milly bij zich hebben...

Op 't eind van de middag hebben ze weer herrie gemaakt. Altijd deden we hetzelfde, waarom geen toneelstukken? Enz. enz. 't Bestuur te laks, wil 'n nieuw bestuur hebben, oudere leiding.

Milly had al zo'n praats alsof ze in 't bestuur zat, alhoewel ze er nog niets van weet. We hebben geld opgehaald, maar toen vroeg ze wie of 't zou meenemen? Zij? Maar ik zei: "Neen, geef 't aan mij!" Toen heb ik 't meegenomen.

's Avonds belde Felix op, dat hij Milly op zou bellen, dat zij i.p.v. mij aan 't bestuur was, maar ik heb gezegd, dat daarvoor gestemd moest worden, maar heb veel te zachtjes opgetreden. Toch heeft hij 't geloof ik ter harte genomen, want hij zei: "Je hebt gelijk". Wiet wilde ik 't hele verhaal ook doen, maar als ik me niet vergis, loopt hij me uit de weg, hij durft me niet meer onder ogen te komen. Misschien vergis ik me, ik zal wel kijken wat ervan komt.

Milly vroeg me een paar weken geleden of ik de ring aan Felix terug wilde geven op 'n bestuursvergadering, want zij had er geen gelegenheid voor. Ik heb 't gedaan, hij was er een beetje verlegen mee. 's Avonds heeft zij 't telefonisch afgemaakt. Ik begrijp niet hoe hij nu nog verder met haar nog om wil gaan, maar oude liefde roest niet.

29 Jan. [1942], donderdag

Wiet al 'n hele poos geleden gesproken, nieuw bestuur gekozen, geen school al 4 dagen. 't Dooit. Ik zal even al deze gebeurtenissen apart behandelen.

1e: 't was al de donderdag na die zondag dat ze die herrie hadden gemaakt, en nog had ik Wiet niet gesproken. Maar vrijdag zag ik hem om half één zijn mantel aandoen en naar de stalling gaan. Toen heb ik me ook gauw aangekleed en hem achterna. 't Was misschien wel opvallend, want hij was de 1e die bij de stalling kwam en ik de 2e die er achterna kwam gehold. De 3e heb ik helemaal niet gezien, want toen was ik allang weg.

Enfin, hij wilde al gaan, toen zeg ik: "Je bent helemaal niet nieuwsgierig naar zondag of heb je alles al gehoord?" "Ja," zegt hij. "Jij moet naar de Witte de Withstraat hè? Ik ga zover met je mee". Toen is hij helemaal tot huis meegereden. Was echt gezellig (voor mij, voor hem weet ik niet). Ik heb hem 't hele verhaal gedaan, dat ik meer de indruk had dat ze over 't hele bestuur niet tevreden waren (Rachel voorgekauwd), enz. hij zei: "Kan wel, maar wie wil je dan hebben?" En hij heeft gelijk, er zijn er zo weinig die geschikt zijn. Over 't programma van zondag gehad en over school.

2^e: zondag hebben we ieder apart laten zeggen wat ze eigenlijk willen. Herman wilde 'n hele revue op touwtjes zetten en daarna voor 't weeshuis of Oudeliedengesticht voordragen. Dit is aangenomen. <u>Milly</u> wilde <u>grondiger</u> <u>zionisme</u>: d.w.z. van een ervaren persoon die iets weet, en niet zomaar testen waar je niets van leert. De rest zei ja en amen.

Toen had ik nog 'n woordje. Ik zei: "Ik heb gehoord dat er klachten over mij zijn binnengekomen, en nu wilde ik graag aftreden". Verontwaardigde stemmen: van wie en wat voor klachten? Gepraat en per slot van rekening wilden ze <u>helemaal herkiezen</u>. Eerst heb ik gestemd: Sam Bosman, Wiet Wijler en Arthur Goudsmid. Gekozen werd: Sam, Wiet, Felix. Dit waren 3 jongens, mocht niet. Toen gestemd: Sam, Wiet, Tootje.

1. BEZETTING, 1941-1942

De laatste omdat ik wist dat ze toch niet gekozen zou worden en ik op Milly niet wilde stemmen. Uitslag Sam, Wiet, Milly 3, Betty 8 (ik 2). Nu tussen Milly en Betty overgestemd, Betty gewonnen met 9:2. Sam is nu voorzitter (9 stemmen), Wiet secretaris (6 stemmen).

Maar naderhand realiseerde ik me, dat ik heel stom gestemd heb. 't Had moeten zijn Sam, Felix, Betty, want Felix is toch de actiefste van ons drieën geweest. Maar niets aan te doen, ik heb automatisch de namen Sam, Wiet opgeschreven, maar ik heb er spijt van als haren op mijn hoofd.

Zondag hebben we 'n sneeuwgevecht gehouden. Maar er was droge-natte sneeuw (gekke combinatie), maar droog, omdat je er geen ballen van kon maken, en nat, als je hem in je gezicht kreeg. Felix kwam op me toe en heeft me ingewassen, toen heb ik aan Sam gevraagd of hij revanche wilde nemen en hij heeft 't gedaan ook, hij lag er helemaal onder. Maar toen heeft Felix weer revanche op mij genomen. Ik was haast gestikt. Hij gooide me op de grond en stopte alsmaar sneeuw in mijn mond, ik kon niet meer. Op 't eind hebben ze me bevrijd uit de klauwen van het roofdier.

3^e: Maandag ben ik wel met de tram naar school gegaan. In de tram zag ik nog een kind uit de 2^e klas en met haar heb ik gekletst. Opeens horen we een jongen die bij de halte staat roepen: "Geen school vandaag", maar wij geloofden 't niet, want hij kwam geloof ik van de Joodse school. Toen we bij school kwamen, kwam ons 'n heel stel tegemoet: "Ga maar weer terug, de verwarming is bevroren". Wij terug. Toen ik thuis kwam ben ik stilletjes naar boven geklommen naar de badkamer, en riep: "Mama, ik kom je helpen wassen". Ze schrok zich ziek! Toen heb ik mama fijn helpen wassen.

Dinsdagochtend heb ik opgebeld naar school (het nummer 20478 zal ik geloof ik nooit vergeten, want ik heb 't wel 100 keer gedraaid in de lopende dagen). Maar de verwarming was nog altijd bevroren, woensdag idem. Maar woensdagmiddag is het gaan dooien. Een modderboel, verschrikkelijk! Vanochtend belde ik op: de verwarming is ontdooid, maar toch nog geen school (zeker te grote modder, want daar in de duinen lag 't wel een meter diep, de sneeuw). Maar morgen om kwart voor tien present zijn. Is niet erg, want 1 dag maar, שבת [sjabbat] en zondag hebben we toch weer vrij.

Zondagochtend hebben we cursus van zionisme. Deze wordt gegeven door Tilly Bosman (zuster van Sam) en Sam Wijler (broer van Wiet). Vroeger werd deze cursus door Harry Meijer (neef van Wiet) gegeven, maar hij studeert nu in Amsterdam. Dus dat gaat niet meer.

Maar vroeger gaf Til ons o.l.v. Harry les en Sam heeft ook nog nooit 'n cursus geleid, dus ik weet niet of hij erg goed zal worden. Til belde me gisteren op: om kwart over tien bij haar thuis zondag. Wel erg vroeg, maar om 12 uur heb ik Hebreeuwse les (vroeger om kwart over 1 tot half 3, maar dit is verzet). Erbij zijn Betty Posner, Herman, Hetty, Tootje en ik. Maar nu zei Tilly dat Hans Rippe er misschien bij komt, dit is 'n jongen uit onze klas, maar voor zover ik weet geen zionist. En dus nog nooit cursus gelopen, en weet er dus niks vanaf. Wij hebben toch al de naam van "rommelcursus" en nu ook dat er nog bij... 't zal mooi worden. Maar als we morgen op school komen, zal ik 't hem wel even vragen. Sam is 'n heel aardige jongen, tenminste, dat vond ik vroeger, en nu? Ik weet 't niet! Hij zat met Tilly en Hannele Franken en Rachus in 't bestuur van Haäwodah. Zodoende kwam hij dikwijls bij ons, maar ik ben altijd doodverlegen, en vooral als hij kwam wist ik me geen raad. Als hij convocaties bracht, vroeg ik hem niet binnen, maar liet hem op de gang staan en nog meer van deze onnozele dingen. Toch stelde hij me altijd op m'n gemak. Nu is hij op *hachsjara gegaan, wat ik zeer in hem waardeer, maar toch denk ik nu niet zo erg meer aan hem, zodat ik denk dat het toch niet zo erg met die liefde aan hem gesteld moet zijn. Vroeger als ik hem 'n week niet zag, dan was 't al erg, maar nu... als ik hem weer elke week zal zien, zal misschien weer hetzelfde liedje beginnen. De tijd zal 't leren. Afwachten!

Gisteravond wilde Rachus naar de cursus van haar gaan bij Flip van Bueren in Blijdorp. Papa zei: "Ga maar, het is bewolkt en alles is wit, dus ze zullen niet schieten". Rachel was al onderweg, maar ze kwam weer terug, want het was zo glibberig buiten. Ze had geen zin om te gaan. Ze ging naar Etty Vromen 'n patroon maken voor een schort (ze hebben beiden sinds vorige week naailes). Mevrouw en mijnheer Vromen kwamen naar ons toe (woensdag), maar om half 9 beginnen ze me toch opeens te poffen, en luchtalarm. We wisten niet wat we hoorden. Sinds de vreselijke avond van 3 oktober (toen we dachten dat we er allemaal aan zouden gaan) hadden we nog geen echt luchtalarm met bommen gehad. We stonden allemaal aangekleed in de tussenkamer met de distributiebescheiden, geld, rugzak. Maar we hebben gezellig gekletst, zodat we niet zo erg bang zijn geweest. Om half elf was 't weer veilig.

Rachus kwam thuis en zei dat ze weer op de dood gewacht hadden. Allemaal (4 kinderen van Vromen en 'n oom) in de gang, en 5 bommen over hun hoofden gefloten. Dit hebben wij allemaal niet gehoord. Stokvis (fietsenfabriek) stond in brand. Ze hebben zeker weer eens verkeerd gegooid. En misschien niet!

Zondag spelen Betty en ik samen: zij viool (tamelijk goed) en ik piano (tamelijk: 5 jaar les gehad, nu niet meer). 4 stukjes. Ik hoop dat het goed zal worden, we moeten morgen nog repeteren.

Donderdag 5 Febr[uari 19]42

Mijn samenspel met Betty P. is niet doorgegaan, want wij kenden het nog niet. Misschien 'n volgende week.

Zondag hadden we club om kwart over 10. Ik kwam natuurlijk weer 10 over half 11. Ze waren woest. Hans Rippe was er ook en bleek toch 'n zionist te zijn. Was weleens in *Zichron geweest. Herman Koster voelde ook wel iets voor 'n zionistische club, zei hij, en komt er waarschijnlijk ook bij. Ik hoop dat ik de volgende keer op tijd ben, alleen om Sam en Til te laten zien dat ik dit wel kan.

We zijn pas dinsdag weer met school begonnen. Maar toch vind ik dit vrij niet zo leuk, want we moeten toch ook iets leren, anders kun je net zo goed van school gaan. Bob Maarssen kwam woensdag naar me toe en vroeg of ik ook 'n klein rolletje in de revue wilde vervullen. Ik zei "als 't erg klein en gemakkelijk is wel, want ik heb nog nooit gespeeld". (Zelfs nog nooit op het toneel gestaan, als er mensen in de zaal zijn) Nu heb ik een rol als huishoudster die weg moet, omdat 't januari is (nieuwe verordening) en d'r komt een nieuwe huisknecht i.p.v. zij. Het is 'n erg leuk stuk, maar ik moet ongeveer maar 4 zinnetjes zeggen in 't begin. Dan af.

Om 1 uur zei Sanders (gymjuffrouw): "Wil je mee dansen? Ik heb je wel nog nooit gym zien doen, maar dinsdag tussen de middag repeteren". Je moet weten, ik ben zo stijf als 'n lat en kan geen ritmische beweging uitvoeren, maar ja, als het niet gaat, zal ze me wel congé geven.

Woensdagmiddag hebben we al gerepeteerd voor "'t Meisje voor halve dagen" (dit is de huisknecht). Ik kwam natuurlijk weer 15 min. te laat. Ze waren bezig met de proloog; ik moet ook nog met het refrein meezingen. Dit doen allen, die met de revue voor *Poerim meespelen. Het is reuze aardig! Naderhand zijn Harry Drielsma (mijnheer) en Frits Levison (huisknecht) en Jaap Querido (regie) apart gegaan en we hebben gespeeld. Maar we hadden nog geen rollen, dus het ging nog niet. Ik was veel te houterig en heb mijn rol vlug achter elkaar afgebrabbeld. Maar dit zal wel beter worden.

Zondagmiddag weer repeteren. Maar nu heb ik de club bij me gevraagd. Dus zal ik al die lui even moeten afbellen.

Donderdag 12 Maart [1942]

Wat een tijd geleden, dat ik je bijwerkte. Maar vanavond zal en moet ik iets schrijven, al heb ik morgen 3 repetities: 2

1. BEZETTING, 1941-1942

meetkunde en 1 boekhouden. Maar er is niet zoveel aan, dus ik heb even de tijd.

De revue waarover ik de vorige keer schreef is niet doorgegaan. Mocht niet van de autoriteiten (laten ze stikken, *oemein!). 1^e: het stuk dat opgevoerd wordt moet 2 maanden van tevoren opgestuurd worden ter controle, 2^e: het stuk mag niet door een Jood geschreven zijn, en er zou een Poerimstuk opgevoerd worden... enz. enz. Allemaal belemmeringen. Toen moest er holderdebolder een andere revue in elkaar gezet worden, wat dan ook gedaan is.

Nu de dans! Deze mocht ook doorgaan. Ik was reserve tot het aller-, allerlaatste ogenblik toe. Heb me dood gerepeteerd, alle dagen tussen de middag en na schooltijd, zondagochtend om 10 uur. Maar tevergeefs. Maandag dacht ik nog dat ik een kans zou hebben mee te doen. Lieneke van Praag (aardig, maar eigenwijs) mocht niet meedoen van haar moeder, maar deed het toch, stiekem.

Later hoorde ik van Hetty Wijler waarom ze niet mee mocht doen. Juffrouw Sanders had tegen haar moeder gezegd, dat Lieneke 't niet zo mooi deed, en dat ze mij liever had. Ze vond het naar tegen haar te zeggen, daarom deed ze het maar tegen de moeder, en mevrouw heeft het zeker tegen Lien gezegd, ik weet niet hoe het verder was, in ieder geval, Lieneke deed stiekem mee. Maar maandagavond verzwikte ze ineens haar voet. Ik moest invallen. Maar ze verzekerde dat het dinsdag wel goed zou zijn. De volgende ochtend hadden we generale. Sanders was niet gekomen, daar haar moeder plots een hartaanval gekregen had. 's Middags zou ze komen, wat ze inderdaad gedaan heeft.

Maar nu de generale. Lieneke deed mee, maar ze stond nog niet of ze zwikte door haar andere voet. Ik weer invallen. Vlug nog wat geoefend. Naar de rest van de revue gekeken, alles ging even slecht, de horrah's die ze weer deden waren tamelijk. De proloog, die ging nog helemaal niet... In één woord sof! Maar ik heb laatst gelezen, dat de generale altijd vreselijk slecht is; de eigenlijke middag reuze geslaagd. Nu, dit is uitgekomen.

's Middags was het weer reuze gezellig, maar ik wist nog niet of ik wel mee moest doen of niet. Iedereen vroeg het, maar niemand wist het. Eerst hadden we openingsspeech van Bob Maarssen, toen weer 'n zionistische speech van Drs. Tiny v/d Heyden. Was wel goed. Cello spel van Rob Frieser met zijn pa (als pianobegeleider). Horrah's (reuze goed). Pauze, waarin de dansgirls zich verkleden moesten, zodat ik achter het toneel ging. Daar ben ik 'n hele tijd gebleven, eerst tot de dans af was, toen tot de volgende schetsjes afgelopen waren, want ik mocht er niet door.

De dans is reuze geslaagd. Lieneke deed mee, maar je moet niet vragen hoe... Ze schuifelde maar zo 'n beetje mee, want ze kon natuurlijk niet springen! Jammer dat ik niet meegedaan heb! Maar Sanders verzekerde me dat de volgende keer ik absoluut in aanmerking kom. Maar wat hebben we er nu aan?

Daarna hadden we wat aardige toneelstukjes. Maar na die middag heb ik geen tijd om op of na te kijken, altijd maar repetities, werk, werk en nog eens werk. Ook nu ga ik weer aan mijn werk, als ik nog tijd heb zal ik verder schrijven.

Zondag 15 maart [1942]

Eigenlijk hebben we nu bijeenkomst met de club bij Tootje de Haas. Zij is jarig dinsdag. Maar ik ben erg verkouden en heb 'n beetje koorts, dus ik mag niet op straat van mama. Ik zou 's middags bij Tootje mijn brood opeten, daar ik het van Hebreeuwse les naar huis en dan weer terug naar Blijdorp niet kan halen in één uur. Er was bij haar thuis toch niemand aanwezig. Nu moest ze alleen eten. Dinsdag ga ik haar even persoonlijk feliciteren. Ik móest iets lekkers komen halen, anders is ze eeuwig kwaad op ons. Als ik op de fiets ben ga ik. Dan is alles vlugger. Maar in de tram is het gezelliger, daar zitten allerlei leuke lui uit school, o.a. Max Hachgenberg. Toen er nog geen school was met september hadden we een paar cursussen van Dr. Stein en Mr. Spanjar. Na afloop kwam een "gekke" jongen met een rood gezicht op me af en vroeg of hij zover mee mocht. Ik zei natuurlijk ja, maar ik kende hem helemaal niet. Hij woonde vlakbij en had mij blijkbaar weleens gezien. De volgende dag hadden we weer een cursus. Hij was er ook, maar ik vond het zo'n "verschwarzte Narr" en nog voordat hij er gelegenheid toe gevonden had om te vragen of hij mee mocht, had ik me aan een meisje vastgeklampt en gevraagd waar ze heen moest. Toen we met zijn tweeën fietsten kon hij er als derde natuurlijk niet bij komen. Logisch!

Het meisje was Nieke Bril. Ik ging haar gelijk het zionisme in prediken, of ze wist wat het was, of ze ervoor voelde, enz. enz. Maar toen kwam haar vriendin, zodat ze wegging. Maar ik was gered uit de klauwen van het roofdier. Ik weet niet, maar ik had zo'n antipathie tegen het lachende, rooie gezicht. Toen het Lyceum begon, was hij er natuurlijk ook. Zit in 5B: knap, want hij is geloof ik pas 17 (of 18?) en doet dit jaar eindexamen. Ik was op de fiets; hij ook. Ik fietste weleens met één van de meisjes [Van] Dan[t]zig mee naar huis, of soms met Wiet. Eens, ik had mijn fiets tegen de school staan, kwam Max, met zijn lachende gezicht: "Ga je naar huis? Mag ik zover mee?" Toevallig moest ik een boodschap doen in de buurt, dus ik zei: "Nee, moet nog een boodschap doen." "Duurt dat lang?" "Tamelijk". Toen zei hij: "Dan de volgende keer eens. Ik ging naar de Zwartjansstraat, maar met een omweg, omdat ik de weg nog niet zo goed weet. Maar ik kwam daar, en tegen wiens rug kijk ik op? Max. Hij wilde zeker weten of ik wel de waarheid sprak. Maar ik trapte vlug door, zodat hij me niet zag. Thuis vonden ze me allemaal flauw dat ik die jongen zo blameerde. Mama zei, dat als geen van de Joodse meisjes iets van hem wilde weten, hij een niet-Joodse zou nemen en hij voor de Joodse gemeenschap verloren

[ging]. Maar zo'n vaart zal het wel niet met hem lopen.
 Hetty Wijler was (eens) vorig jaar jarig. Rachel was er natuurlijk ook en... Max Hach[g]enberg. Ze zitten allebei in de 5^e. Zij in 5 gymnasium. Maar sinds dit ogenblik is hij 200% in achting in mijn ogen gestegen. Als hij goed genoeg is voor Hetty, dan is hij toch zeker goed voor mij?!?!
 De volgende dag vroeg hij of hij mee mocht? Ja, zei ik, ik ga naar huis. Toen hebben we heel gezellig gekletst. Nog weleens een heel enkel keertje mee gefietst. Maar na die sneeuwmisère ga ik met de tram. En hij ook, dus zitten we dikwijls samen uit school met nog een stel. Maar wij moeten samen uit de tram, en dan wandelt hij met mij naar huis en dit is altijd heel gezellig, want hij is zo'n clown. Sam Wijler heeft hem zelfs gedoopt als Joe Brown. Soms staan we allebei op de tram te wachten 's ochtends. Dat is dan leuk, dan is heel mijn dag goed (behalve als ik een paar onvoldoendes krijg).
 Op de dag van de uitvoering hebben we 3x bij elkaar in de tram gezeten. Eerst 's ochtends. Hij stond er, ik kom aangewandeld, het eerste wat hij zegt is: "Ik kan niet met de horrah meedoen, voet verzwikt." "Sof," zeg ik. "Bernard Maarssen mag waarschijnlijk ook niet, ruzie met de rector. Maxje Nathans, reserve, die kan er niets van... alles eigenlijk is sof."
 We gaan in de tram: hij is altijd erg galant, laat me voorgaan, wacht wel een uur tot ik alles bij elkaar gezocht heb, maar wacht... om mij te laten voorgaan. In de tram kwam er nog een heel aardige jongen uit onze klas, Ab van Dam, daar heb ik toen een beetje mee geflirt. Dit vond Max geloof ik niet leuk. Na die generale zaten we weer samen, maar dan met z'n tweeën in de wagon. We leken net een getrouwd stel: zo naast elkaar zittend. Hij vertelde dat hij een grammofoonplaat heeft: *"Bomben auf Eng[e]land" en hij liet mij zien een sigarenbandje met de kop van Hitler erop, ingeplakt op zijn schoolkaart. Schandelijk vond ik het en ik heb het hem gezegd ook: uitgekafferd heb ik hem. Met zijn voet ging het iets beter. 's Middags heb ik de eerste de beste tram genomen die

er was, want het was al laat, naar het Hofplein, en daar overgestapt op lijn 16. Daar zat Max ook in. René Bril (neef van het meisje dat ik toen op die cursus aangeklampt heb om Max te ontlopen) is een heel aardige boy. Dit was dus de 3e keer dat we bij elkaar zaten. Terug was ik iets vroeger.

Vrijdag heb ik toch zo gelachen! Ik kwam bij de halte. Max stond er ook, maar hij heeft geen les het eerste uur, alleen de helft van zijn boeken vergeten. Dus moest op school leren. Maar ik had het 1^e uur een repetitie boekhouden, dus moest op tijd zijn. Ik neem altijd maar de eerste de beste tram naar het Hofplein en stap daar over, want daar is meer keus. Ik heb toch een vier-rittenkaart per dag. Dit is wel iets duurder, maar dan hoef ik niet altijd zo lang in de kou te staan. Max heeft maar een twee-rittenkaart. Dus die vrijdag wachtte ik al 7 minuten en 17 kwam maar niet. Toen zei ik: "Welke tram er komt, ik stap in, kan me geen cent schelen wat jij doet". 14 kwam, ik stap in, hij niet (te gierig). Misschien kan hij het niet betalen, want ze zijn niet zo rijk!

Ik zit net, komt 17 aan. Ik kon er niet meer uit! 17 is natuurlijk voor ons op het Hofplein, zodat ik er niet in kan overstappen. Maar 1 komt achter 14. En deze is veel vlugger dan 17, daar de laatste erg omrijdt. Dus ik stap over in 1, nog een paar kinderen uit de school. Ik zou eerder zijn dan Max, wat natuurlijk mijn bedoeling was, anders zou hij me uitlachen. Maar laat ik nu een halte te ver meerijden. Het hele stuk terug gelopen... Ik kwam op school, Max stond bij ons in de klas. Ik groet hem of er geen vuiltje aan de lucht is. Hij brengt me de groeten van Rachel, die bij hem ingestapt was op 17. Ironie des levens! Maar ik heb gelachen.

Nu we het toch over vlammen hebben, Sam is er ook nog altijd één van me. Die is nog niet vergeten. Zal ik ook wel nooit vergeten. Want ja, waarom eigenlijk? Ik weet het niet. Meestal weten twee mensen het niet, waarom ze met elkaar getrouwd zijn. Omdat ze van elkaar houden! Waarom? Omdat de ene iets aantrekt in de andere. Wat? Weten ze niet. En zo is het bij Sampie (mijn lievelingsnaampje voor hem) ook zo.

    Rachel is gek op Bram de Lange. Ze wil het niet bekennen, maar je merkt het uit alles, misschien vergis ik me, maar ik geloof het niet. Het is wel een aardige jongen (ik heb op een heel gekke manier kennis met hem gemaakt: hij was bij ons met een actie busjes lichten, en hij bood ons een busje aan, ik zei "we hebben er één", hij zei "niet", ik zei "wel", hij: "niet" en zo stonden we maar; tenslotte heb ik het maar aangenomen, maar dit busje was toch niet van ons, ik kan me er nog kwaad om maken). Het was van een juffrouw, waarvan ik het busje gelicht had op de Graaf Florisstraat, en diens busje was kapot. Dit heb ik opgegeven. Maar ze hebben misschien verkeerd begrepen, en ons het busje gestuurd. Dus ik had gelijk. Maar hij wilde dit niet begrijpen. Dit is al 3 à 4 jaar geleden. Nu hoort hij bij het clubje van Rachel, die studenten. Hij heeft al kandidaats en is volgend jaar al klaar: drs.

    Gisteren was zijn zuster Borah hier en hij ook even (haar gebracht). Borah is een lief, zacht meisje. Ze bleef eten, was heel gezellig.

    Bram belde vanmiddag op, of Rachel mee ging fietsen, want al de anderen waren aan het bridgen en hij heeft daar een hekel aan. Rachel was niet thuis en nu vroeg ik of hij vanavond niet langs wilde komen, want dan zou ze vast meegaan. Dit zal hij doen. 'k Ben benieuwd wat dat worden zal, maar hij geeft niet om meisjes, zei hij gisteren. Hij gaat alleen maar ergens naar toe om piano te kunnen spelen. Hij speelt mieters, dus volgens hem louter egoïsme.

    Net kwam Rachel thuis. Ze zei, dat het zo'n mooi weer was, ik zei: "Heb je zin om te gaan fietsen?" "Ja." "Nu, Bram belde op, of je meegaat". Ze kreeg een donkerrode blos. En dit moet mijn vermoeden bewaarheden. Tenminste, volgens "men". Ik krijg altijd een donkerrode kleur alleen al als iemand me iets vraagt. Stel je voor dat dit bij mij een teken van verliefdheid moest zijn...

1. BEZETTING, 1941-1942

Voor vandaag genoeg. Ik heb zelfs vergeten aardappels op te zetten. Mama is naar Utrecht; wat zal papa woest zijn als hij straks zijn spruitjes krijgt.

Dinsdag 7 April [19]42

Dit hoofdstuk wordt weer aan Bram de Lange gewijd.

Sinds de vorige keer is er al een heleboel met Brammetje gebeurd. Een eerste die keer dat hij opbelde of zij (Rachel) 's avonds met hem wilde gaan fietsen. Toen is hij gekomen en gebleven. Zijn even naar de familie Fekete gelopen, want het was al te donker om te fietsen, om een boodschap te doen. Toen ze terug kwamen heeft hij piano gespeeld. Mama wilde dat ik zong (ik doe 't wel graag, maar niet goed), maar ik was snipverkouden, zodat ik 't niet deed, zodat hij me nu nog altijd plaagt als hij bij ons is dat ik moet zingen. Hij heeft me zelfs laatst blameert [geblameerd] bij een heel gezelschap, de club van Rachel die bij ons was. Maar toch heb ik het niet gedaan.

Maar ik had het nu over die 1^e zondag. Goed en goed, ik heb op 'n reuze manier met hem geflirt, 't was erg gezellig. Hij bleef tot half twaalf (wat hij altijd doet). Woensdag is hij Rachel van club bij Flip van Bueren gaan halen. Is weer eens bij ons blijven plakken. Donderdag was Borah bij ons. Maar ze was erg down. Zij is hier kookster in het *Isr[aëlitisch] Weeshuis. Als het gewone tijden waren geweest, had ze voor lerares koken doorgegaan, maar nu... Maar zij staat nog ingeschreven in Hoogezand en de verhuisvergunning is nog niet gekomen, dus ze mag niet in Rotterdam zijn. Maar dit is nog niet zo erg, daar ze nog niet zo erg controleren. Maar nu schreef haar vader haar, dat waarschijnlijk alle Joden uit Hoogezand weg moeten naar Amsterdam of Drent[h]e ((werk)kampen), dus dan zou de politie (die de mensen komt halen) haar missen. Ze wist maar niet wat ze doen moest. Ze had afgesproken dat ze het met Bram zou bespreken, dat zij en Rachel naar Bram zouden komen. Maar met dit plan kwam ze pas 9.30, ze was verlegen, omdat Etty Vromen erbij was. Dus wilde ze niet zeggen dat ze weg moest. Maar eindelijk hebben Rachel en Etty haar naar de tram gebracht. Maar 'n half uur later komt... Bram, en vraagt waar Borah is, hij heeft een hele tijd gewacht en toen zij niet kwam, maar naar de Witte de Withstraat 59a gestapt. Wat nu te doen? Opbellen kan niet, want waar Bram woont, Mol, is geen telefoon. Dan maar wachten tot Borah terug is in 't Weeshuis, en toen is Bram daarnaartoe gegaan, waar ze elkaar juist troffen. Alles viel nog wel mee. Ze had het te zwartgallig ingezien. Sjabbath is Rachel naar Bram geweest met Borah en Hannele. Zondag weet ik niet meer. Kan wel dat hij hier was, zeker weet ik het niet.

    Dinsdag ging hij haar halen bij Flip, maar onderweg begint me daar opeens luchtalarm. Ze schuilen eerst bij 'n dokter, maar lopen langzaam door. Toen ze bij ons waren zijn we in de tussenkamer gaan zitten (dit doen we altijd als het erg is, want dit is verder van de ramen), en daar had ik 'n heleboel jurken naar beneden gehaald en neergelegd. Nu laatst nog, vroeg hij, of de jurken er nog lagen. Maar ik heb ze netjes weer naar boven gebracht. Dit was flink, vond hij. Toen 'n hele tijd niet gezien, ik geloof zaterdag. Ze zijn met Borah naar de Maastunnel, die ze 3x gezien hebben, gaan kijken. Zondagmiddag was Rach bij Hannele, waar Bram ook kwam. Zondagavond was het hele stel bij elkaar. Sampie Wijler was er ook, we hebben ons naar gelachen met hem. Hij doet zo gek!!! Carel Kaufmann (heel aardig, danst beautiful) en Sam zouden de divan op de gang zetten, maar hij was te breed, toen hebben ze 1-2-3 boem gedaan. De hele tijd een stoot tegen de deur, we hadden allemaal buikpijn. Nou, je had ze daar moeten zien staan. Wij hebben gedanst. Ik ook een paar keer, met Sam niet. Die doet zo eigenaardig, die danst haast nooit. Soms eens 'n keer met Tilly Bosman of met Hetty (zijn zuster). Vorig jaar heb ik een keer met hem gedanst, maar dit ging helemaal niet goed. We waren de hele tijd uit de maat.

Met Bram wel gedanst, heeft me zelfs nog een pas geleerd. Maar Bram was veel te ingenomen door Rachel. De hele tijd heeft hij ongeveer met haar gedanst. Zij zat even op de divan. Kwam die naar ons toe, en zei "nee jou niet, jou niet, jou niet, kom jij (Rachel) maar". En dan sjorde hij haar mee. Het stel ging weg om 10.45. Bram zei tegen mij in de gang: "Bah, met de vervelende mensen naar huis gaan, niets geen zin". Toen zei ik: "Blijf dan nog wat, dat is gezellig". En hij deed het. Heeft helpen opruimen en afdrogen. In de keuken ging hij zitten en zei dat hij het idee had dat ze zich bij ons meer permitteren als bij een ander. Die herrie zouden ze niet maken. Hetty zou niet op 'n divan de hele avond hebben gelegen, wat ze bij me wel gedaan had. En dit vond hij rot!!

Ik zei: "Ik ben er anders ook niet bij", maar dan is Sam er meestal ook niet, en die was de herrieschopper. En er was al 'n hele tijd niet zo'n bijeenkomst geweest, en nu wilden ze zich eens echt laten gaan. Ze hadden zich al de hele dag erop verheugd. Want Tilly had het er al 's ochtends op club over (ik heb van haar en Sam cursus). Even voordat mama en papa van Vromen kwamen ging hij weg.

Dinsdag kwam hij afscheid nemen, want hij ging met Borah naar Hoogezand. Ik heb hem toen even aan het werk gezet. Met Rachel maakte hij z'n Franse thema, en met mij boekhouden. Mijnheer Vromen was er ook (die is er trouwens haast altijd als Bram er is; hij zal 't wel gek vinden, maar stil laten vinden, want er is toch nog niets). Roerend afscheid genomen. Woensdag kwam hij ineens 's ochtends iets lekkers voor Pesach brengen van *Weyl uit Gouda. Mol heeft namelijk een vertegenwoordiging van hem in Rotterdam voor, en hij woont daar, dus zodoende... 't Was reusachtig aardig.

's Middags is hij weggegaan en komt pas over 10 dagen terug (dit is van vandaag af gerekend 5 dagen). Zaterdag zegt mama: "Bram had al kunnen schrijven", maar Rachel zegt: "We hebben afgesproken dat ik schrijf." Uit aller mond: "Hè???" Wat gek!!! Waarom? Ze gaat naar boven om weer direct met een vuurrode kop terug te keren met een blauw boekje in de hand van de Schocken Verlag. "Dit heb ik van Bram gekregen, laatst dinsdag, toen ik de familie Vromen naar beneden bracht, 't is een kleinigheid voor Pesach, zei hij. Begrijp je nu waarom ik eerst moest schrijven?" aldus R. Er stond in: 'Aan Rachel' en daaronder een citaat van Heine over het tragische leven van de Joden.

Zondag heeft ze hem geschreven, maar ik heb 't niet gelezen, daar ik in Utrecht was. Zondag en maandag ben ik in Utrecht geweest. Zondagmiddag hebben we visites gemaakt. Daar heb ik Lea opgebeld. "Heb je zin om bij me te komen?" vroeg ik. "Yes, all right, I shall come" en hing de haak neer.

Toen Pauli laten raden, wie er aan de andere kant stond. Maar zij was niet zo vlug te overreden om bij mij te komen. Er is niemand thuis, kom maar naar ons toe. Goed. 's Avonds zijn we gegaan. Was heel gezellig. Om 10 uur weer terug. Was erg donker.

Maandag is er visite uit Rotterdam: mevrouw Bialer gekomen. Ook heel gezellig geweest. Toen vlug eten en weg naar huis. De treinen waren geweldig vol, ook de trammen. Toen ik thuiskwam, hoorde ik dat Rachel bij Vromen was, want daar was Simon de Haas, dit is 'n "pianist". Alles wat je wilt speelt hij, en prachtig. Hij heeft al in een cabaret ook gespeeld. Vandaar die artiestenallures. Hij doet alsof hij voor 'n grote zaal speelt, knipoogt tegen een meisje, laat haar kleuren, maar meent er niets van, weet zelfs niet tegen wie.

Vandaag heb ik niets bijzonders gedaan. Kasten opgeruimd en in mijn dagboek geschreven. Ik heb nog tot volgende week dinsdag vakantie, maar de tijd gaat zo vlug...

Donderdag 9 April 1942

Ik ben nu weer eens van plan elke avond 'n beetje te schrijven, want ik slaap toch alleen boven. Wij hebben voor de oorlog allemaal boven geslapen, maar na de oorlog was er dikwijls middenin de nacht luchtalarm, zodat we beneden in de gang gingen staan. Toen hebben we de bedden naar beneden gesleept, zodat Rachel en ik in de tussenkamer slapen. Mama in de achterkamer en papa in de huiskamer. Maar laatst ben ik naar boven gegaan en blijf er ook vooreerst. Dan heb je de ruimte en leef je als een mens! En kan ik ook schrijven.

Vandaag was het de laatste dag van Pesach. De matzes waren lekker, maar weinig, want op de bonnen hebben we maar een bepaalde hoeveelheid gehad. Ik geloof 10 kilo, tegen vroeger 20 kilo. Maar we zijn uitgekomen: eieren hadden we ook nog genoeg.

De laatste dagen niet veel bijzonders gebeurd. Ik ben vanmiddag bij de kapper geweest: was een erg goeie, maar dure kapper. Ik had fl 2,- bij me. Watergolf + wassen kost fl 1,50. Maar nu zegt die juffrouw dat ik ook een beetje verdund moet worden, dus ik heb 't laten doen: fl 0,50. Kon ik 't mens maar 11 cent geven, wel wat weinig, ik schaamde me dood, maar enfin...

Gisteren antwoord van Bram op Rachels brief, doodgewoon, één keer maar heeft hij geantwoord op een vraag van Rachel: "Lief kind, hoe kom je erbij?" Heel teder, maar heeft niets te betekenen.

Morgenavond schrijf ik niet, want vrijdagavond, שַׁבָּת [sjabbat].

Maandagavond 20 April [1942]

't Is al 1 ½ week geleden dat ik voor het laatst schreef. Mijn belofte niet nagekomen, maar dit kwam omdat ze vorige zaterdag schoten, en ik niet boven mocht slapen, dus ook niet geschreven. Zondag en maandag had ik nog vakantie en dinsdag weer naar school, juist op tante Dora's verjaardag 14 april. Nu zitten we weer volop in het werk en de repetities. Vanmiddag heb ik gespijbeld van school, want ik had 'n tikkeltje buikpijn, mijn lessen voor 's middags niet geleerd en waarschijnlijk aardrijkskunde schriftelijk, en de zon scheen zo mooi, en ik had nog zoveel andere dingen te doen. Dus ging ik 's middags naar huis. Heb gegeten, kamer gestofzuigd en boodschappen gedaan. Was wel gezellig.

Gisteren was ik in Den Haag. Net word ik zaterdagavond ongesteld ('mijn tante kwam op visite', noem ik dat) en dan heb ik altijd vreselijke pijnen. Ik ben al bij de dokter geweest, maar die gaf mij poeiers, die niets helpen. Hij zei, dat ik maar eens onder de lamp moest, als het zo erg bleef. Maar het blijft zo erg en mama wil de dokter niet opbellen of hij komt met de lamp. Wij zijn niet zo dokterig. Maar ik heb altijd zo'n pech. Als ik al ergens naar toe moet, dan komt 'mijn tante op visite' en moet ik thuisblijven. Na 4 uur is het meestal over, dan heb ik overgegeven en trappel niet meer met mijn benen, maar lig rustig en ga slapen. Als ik opsta, is het dan voor 99% verdwenen. Maar zaterdagavond voelde ik nog niets en heb rustig geslapen. Toen ik opstond, had ik pijn en heb van alles geslikt en het elektrisch kussen op mijn buik genomen. Doorgezet en weggegaan. In de trein beetje pijn nog, maar verder niet. Sonja was heel aardig. We zijn naar Scheveningen gegaan, naar een meisje (cursusleidster), waar een gezellige bijeenkomst was, meest *Mizrachisten. Ze voerden een Poerimstuk op, omdat het meisje dat de regie had ziek was en zodoende kregen we na Pesach een Poerimstuk. Sonja was Esther. Wel aardig gedaan. Kennissen waren er haast niet, ik ken ze alleen maar van Gideon en die was er niet. Jongens waren er helemaal niet.

Maar mijn middag was verstoord door een buurmeisje van Sonja, dat er ook was. Het kind heeft luizen. Je zag ze op en neer wandelen. Vreselijk. Ik werd er gewoon misselijk van. En ze kwam de hele tijd naar me toe, en ik ging maar van haar weg, want ik heb geen zin ze weer te krijgen, want ik heb ze gehad. Rachel heeft ze geloof ik uit kantoor meegebracht en zo ik ook. We hebben 't flink uitgekamd en ingesmeerd met één of ander goedje. Nu hebben we alleen maar eieren, als die uitkomen worden het luizen, maar daar waken wij voor. 's Avonds heb ik bij Sonja gegeten. Was erg lekker: kwam pas 9 uur thuis. De rest was er nog niet, kwam pas 10.30 uit Woerden, waar Daisy Rynderman jarig was.

Met Bram gaat het goed. Komt ± 3 maal per week Rachel van cursus halen en sjabbathmiddag wandelen, 's avonds met Borah pianospelen en zondag fietsen. Dag, ik ga slapen, het is al half twaalf.

Woensdagavond 22 April [1942]

Gisteren niets bijzonders gebeurd. Aardrijkskunde niet schriftelijk gehad. Voor een letterkunderep. 7 ½, was goed.

Vanochtend 1^e uur hadden we Mannie (Hamburger, geschiedenis), maar was ziek, 2^e uur was Sanders er niet, toen ben ik met Leny van Zwanenbergh en Clara Haagman gaan wandelen. Onderweg zijn we Max Hachgenberg en Bernard Maarssen tegengekomen en zijn met z'n vijven gaan spazieren. Was heel gezellig. Hebben koekjes zonder bon gegeten, waren tamelijk vies (nog niet eens zo bij). Max heeft vrijstelling van 4 van de 5 vakken van het mondeling examen, omdat schriftelijk zo goed was. Reuze knap!

3 mei hebben we een fietstocht naar de bloembollenvelden. Ik ga er waarschijnlijk heen met Louki van Dantzig als partnerin. Ik verheug me reuze op die tocht.

Dinsdagmiddag 12 Mei [1942]

Ik ben vanaf vrijdag al erg verkouden en heb in bed gelegen. Maar vandaag ben ik opgestaan, maar mag van mama nog niet naar school, dus benut ik die tijd om te schrijven. Overigens heb ik 't zo druk. We zitten middenin de rep. Maar ik maak me niet zo druk, "alles sal reg kom". Van die fietstocht (zie hierboven) is natuurlijk weer niets terecht gekomen. Als ik ergens aan mee doe, komt er meestal niet veel van terecht, of ik kan niet meedoen (tante komt) of het gaat helemaal niet door. Zo ook met de fietstocht.

Woensdagavond kwam ik thuis van school, zit mama met een meewarig gezicht bij de tafel met de krant voor zich. 'Nieuwe verordening'. Wat nou weer? "Zal zo erg wel weer niet zijn," dacht ik optimistisch.

*"We moeten sterren dragen". 'n Gele ster, zwart omlijnd, waarin met zwarte letters staat 'Jood' (met imitatie-Hebreeuwse letters). Op de linkerkant ter borsthoogte. Mama zoekt al met gele en zwarte stof. Ieder vindt het verschrikkelijk. Vromens komen 's avonds, wordt haast over niets anders gekletst dan daarover. Maar de volgende dag, op de Jodenschool, komt men meer te weten. Men kan 'de Jodensterren' kopen, 4 op één punt 4 cent per stuk. 's Middags heeft iemand er één. Hij wordt direct bestormd. Iedereen wil hem zien. Grappen worden gemaakt. Ik voor mij vind de ster niets erg. Wat geeft het. Ik ben er trots op dat ik Jood ben, en of ik nou gekenmerkt loop of niet... voor de Joden en 90% van de Hollanders maakt het geen verschil. En voor de rest, die NSB'ers... laten ze naar de pomp opduvelen. Ik zeg dat wij ons niet moeten schamen. Als wij eens in Palestina onze Joodse staat zullen hebben, en wij de Arabieren met een bordje 'Arabier' eronder laten lopen, dan zouden wij Joden ons moeten schamen, en niet de Arabieren. Zo zal ik er wel altijd over blijven denken. Ik ben nou eenmaal zo eigenwijs. Maar papa denkt er anders over. Die durft gewoon niet op straat en gaat ook niet. Wij plagen hem altijd, want hij gaat een beetje uit het raam kijken en dan zegt ie: "Fijn is dat, die frisse lucht, zie je wel dat ik niet op straat hoef". En als hij dan buiten 't raam kijkt, roep ik: "Pas op, als je eruit valt, moet je een ster hebben beneden". Mama vindt het ook naar op straat. Voor Rachel, als enige Joodse op kantoor (daar moet ze hem ook dragen) is het ook niet zo prettig. Zal morgen wel zien wat ik doe, ik vind het zonde om hem op al m'n jurken te naaien, want hij staat toch niet overal op... Zelfs daarmee nog ijdel. Dan maar op elke jurk een bolerootje.

1. BEZETTING, 1941-1942

Maar nu op die fietstocht terug te komen... Zondag was juist de eerste dag dat we hem dragen moesten, dus dat zou teveel opzien baren (4 groepen van 10 mensen), zodat hij opgeschort is. Voilà. Altijd pech. Is het niet met 'n tante, dan wel met 'n ster. Maar hij zou toch misschien niet doorgegaan zijn, want het stormde reusachtig.

Bram komt nog geregeld. Haalt Rachel zelfs nu en dan af van kantoor. Verder niets bijzonders gebeurd, als ik me goed herinner. Morgenmiddag is er oudermiddag op school. Mama gaat misschien. Donderdag is het Hemelvaartsdag, dan lekker weer vrij. Mieters!

8 Juni 1942 Maandagavond

Er is zo'n tijd al voorbijgegaan dat ik vanavond móet schrijven. Mijn verkoudheid is allang over, heb zelfs nog van Bram bloemetjes gehad, want ben 'n hele week thuis geweest. Die was volgens afspraak. Gisteren wilde ik gaan kanoën met Leny van Zwanenbergh (wel aardig kind, misschien worden we wel mettertijd vriendin), maar ten eerste waren alle kano's verhuurd en ten tweede was het wel wat koud. Vrijdag en zaterdag was het prachtig weer, maar juist als ik weg wil, is het koud, dit noemt men pech. Ik ben maar met Leny mee naar huis geweest en ben de hele dag gebleven. 's Avonds heeft Bram bij ons gegeten (zalm) en is de hele avond gebleven. Was reuze gezellig. Heb zelfs nog even gedanst met Ra (zo noemt hij haar) en Bram.

Vandaag natuurkundeproefwerk ingehaald in de 4^e klas. Ik had alle definities op m'n blocnote geschreven en op nog 'n ander los blaadje, dat ook in de bloc zat. Toen vroeg hij (Van Rees) mijn bloc om de vragen op te schrijven, ik was doodsbang dat hij hem houden zou, want dan zou ik erbij zijn, en lelijk ook. Hij vroeg het boek even te zien, en heeft het gelijk gehouden, maar dit was niet zo erg, want ik had er toch twee bij me. De eerste vraag heb ik vlug opgezocht in het boek, ik kende hem half en ik wilde dat Mundi Kindler, die achter mij zat, hem voorlas, maar hij durfde niet, echt flauw. Later heeft hij het toch gedaan, dus deze heb ik goed. De 2ᵉ vraag was definities, die heb ik uit mijn bloc overgekalkt want ik kreeg hem terug. En de 3ᵉ heb ik half. Dus ik hoop dat ik minstens een 6 heb. (N.B. die heb ik ook gekregen)

Vandaag zijn alle leraren weer teruggekomen na een week afwezigheid. Er is nl. een algemeen Joden reisverbod. Dus de leraren van buiten de stad mochten niet komen. We hebben de vergunning van de SS gekregen, waardoor ze komen mogen. We hebben er anders helemaal geen profijt van gehad, want we kregen altijd vervanging van andere leraren.

Hanny Bialer (nu Lipszyc, met Sally, ze zijn vorige maand getrouwd) zijn al weg, waarschijnlijk in België, misschien zijn ze al verder gegaan naar Zwitserland of onbezet Frankrijk. De hele familie Kornfeld is al ongeveer weg, behalve de kinderen. Marthel [Kornfeld] + Abraham [van der Stam], Leo [Kornfeld] + Jetty [Cohen], Henny [Bialer] + Sally [Lipszyc], Henry Wagschal + Elly (kennissen), allen weg. Ook Mijnheer Rynderman en Mijnheer Taub zijn foetsie, de laatste is als allereerste gegaan (wat een woordspeling). We waren allen woest, want hij heeft helemaal geen afscheid genomen, zelfs niets ervan gezegd. Bah, echt geniepig zoiets: echt iets voor de Taubs.

Oh ja, laatst heb ik iets ergs naars gehoord, ik ben er nog altijd niet overheen, heb nog enige hoop: Sampie gaat zich <u>verloven</u> met een niet-Joods meisje: *Henny v/d Broek. Lief meisje, maar wat heb ik eraan? Zij gaat over tot 't Jodendom! Toch een reuze assimilantische streek van hem. Jammer!

Maandag Juni 15. 1942

Vanmiddag is het een clandestiene middag. Ik heb nl. vrij genomen, want mijn buik rommelt nog een beetje na (zaterdag is m'n tante gekomen, vreselijke pijn gehad) en we hadden toch niet zoveel soeps vanmiddag, dus ik nam het kloeke besluit om thuis te komen.

Gisteren hadden we 'n knalfuif thuis. 't Was reuze gezellig. Aanwezig waren: Carel Kaufman, Tilly Bosman, Bram de Lange, Rachel, Hannele, Simon de Haas I (de pianist), Hetty Wijler, Tijn Wolf, Etty Vromen, Simon de Haas II (Mathenesserlaan, Etty is dol op hem, geloof ik), Jaap de Haas, broer van Simon (tikje saai) en ik.

Er is ongeveer niets anders gedaan dan gedanst. Ik heb ook nog 'n paar keer gedanst met Bram, Tijn, Simon I, met Carel niet (dit kwam zo gek uit) en de rest van de heren dansten niet. Ik ging van 10.30 tot 10.50 naar boven om nog even m'n Frans na te kijken, want ik had er nog niets aan gedaan. Ik kwam van boven natuurlijk uit het volste licht naar beneden, en daar hadden ze nog geen licht aan. Je zag gewoon niks meer. Volslagen duister, daarbij heb ik nog met Simon en Bram gedanst. Reuze gezellig, stemming. Simon kan Bram geloof ik niet uitstaan, want toen ik met Simon danste speelde Bram piano, en de hele tijd zei Simon: "Wat is dit nou? Eerst een slow-fox, dan een fox, nu weer helemaal niets, totaal geen ritme". Ik merk dit niet zo. Ik ben al blij als Rachel en ik al bij muziek kunnen dansen, en dan nog wel zulke goeie als Bram's. Voor ons speelt Bram reuze.

Mama en papa kwamen thuis om 11.15. Even hebben we 't licht maar aangedaan. Om half 12 is ongeveer iedereen verdwenen, behalve de Hazen en Bram, die nog een bordje aardbeien zijn blijven eten. Toen allen weg. 't Was reuze geslaagd. Nu hebben we nog de overblijfselen, de grammofoon van Hannele en de platen van Hetty, zodat ik ze de hele tijd draai. Reuze fijn. Nu heb ik 'n reuze tango op. Maar ik moet nu mama helpen 'n bed over te trekken, ik bedoel nieuwe lakens te geven.

Vrijdag 19 Juni 1942

Ik heb er een broer bij, want Bram is mijn zwager geworden. Wat klinkt dat. Gisterenmiddag heeft hij aan mama en papa gevraagd of het goed was, en natuurlijk all right. Papa nam mij gisteren in de middag terzijde en zei: "Bram wordt je zwager!" Het was natuurlijk zo onverwachts ineens: ik schrok geweldig en kreeg een vreselijke kleur. Toch geweldig leuk, want dit gebeurt niet elke dag. Zij verloven zich nog niet officieel: officieus blijft het, maar ieder zal het wel gauw weten. Als hij vanavond komt, weet ik nog niet wat te zeggen. Mama heeft net bloemen voor ze gebracht, om het toch feestelijk te maken.

Carel was vanavond bij ons, om ons te waarschuwen dat men de naaimachines weg komt halen, en nu is er net bij ons iemand van de politie gekomen om te controleren in de werkplaats. Hij schreef op hoeveel machines we hebben (2 met motor, elektrisch) en de voorraad stoffen: 20 mantels. Als het teveel is krijgen we een Verwalter, anders gewoon sluiten en alles waarschijnlijk afgeven. Vroeger hadden we een groot bedrijf: 10 machines, snijmachine, veel personeel, maar we hebben alles verkocht op die 2 beste machines na. En nou gaan die waarschijnlijk ook vandaag of morgen, maar in andere handen... en waarvan moeten we dan leven? We zullen nog wel zien, het is nog niet zo ver.

Papa krijgt net het ingenieuze idee om bij iemand als coupeur te gaan werken, als het nodig mocht zijn, en als het zal mogen. Hij en ma zijn erg down, en Rachel zit maar dat we het huis moeten verhuren, want we hebben anders niet genoeg geld om te leven, enz. enz. Echt Rachel. Ik zeg: kop op!

Donderdag 16 Juli [1942]

Van die naaimachinerommel gelukkig nog niets gehoord. Wel andere vreselijke dingen gebeurd deze maand. Ten eerste: de beschikking fietsen inleveren, het is verboden aan Joden fietsen tijdelijk te verhuren of te verkopen. Dus voor Joden is het uit met 't fietsen, wat reuze jammer is (ook voor de vakantie). Maar als je nog mocht trammen, dan was het nog niet zo erg

1. BEZETTING, 1941-1942

geweest, maar ook dit... is verboden, evenals van de trein gebruikmaken, dit was al lang zo, maar stond nog nooit officieel in de dagbladen, wel in het *Joodse Weekblad. Dit was al de 2e beschikking voor ons Joden. Ook stond er nog in, dat je je na 8 uur 's avonds tot 6 uur 's ochtends niet buiten je eigen huis mag bevinden, inkopen doen tussen 3 en 5 's middags (alles lopende natuurlijk), goederen niet thuisbezorgd mogen brengen (dus alles zelf sjouwen), men mag niet bij niet-Joden komen en dan nog een heleboel beroepen die we niet mogen uitoefenen. Papa en Rachel gelukkig werken nog.

Wat de 3e beschikking zal brengen? Ik geloof heel wat slechters, maar ik hoop natuurlijk niet zwaarder, want op de kop beschouwd zijn al deze dingen nog wel te doen, behalve dan, die mensen die van hun beroep beroofd zijn: drogisten, accountants, veilingmeesters, venters, enz. enz. Het besloeg een halve bladzijde haast.

Om op die 1e beschikking terug te komen: wij waren eerst niet van plan de fietsen in te leveren. Maar papa vond het toch te riskant om ze te verkopen, zodat we ze toch maar naar het kerkhof brachten. Mijn fiets was nog pas 2 jaar oud, met prima Dunlopp banden (1 lek nog maar pas), maar de banden heb ik eraf laten halen, en heb er andere op laten zetten, alhoewel ze nog veel te goed waren. Bewijs: toen ik hem inleverde, accepteerde men hem direct: prima-prima!!! Rachel en Bram (die een heel oudje van hem ingeleverd heeft, die een paar jaar op zolder onder de modder gestaan heeft) moesten hem afstoffen, anderen weer moesten een lek laten maken, of een bel kopen. Idioot gewoon. Maar er waren ook gekken bij, die een nieuwe fiets met een reservebuitenband erbij inleverden (dit stond namelijk in de verordening). Die zijn stápel. Toen ik er vandaan kwam, had ik zo'n medelijden met mezelf en toch is dit niet juist gezegd, ik kon wel huilen, omdat we zo stom geweest waren dat ik hem ingeleverd heb. En van alle mensen vind ik het zo stom, bah, dat we nou niks durfden. En toch is 't een groot risico, want ik hoorde laatst van een dame die met 'n ander die de fiets bewaarde opgepakt is. Wat heeft ze eraan? Ze kan er toch niet meer op fietsen. Zeker door vuile NSB'ers verraden!

Dinsdag was de promotie: ik ben over met tamelijk goede cijfers (3 achten, 7 zevens, 2 zessen en één 4 voor natuurkunde). Dus behalve dit laatste, wat niet door mij maar door Van Rees komt (natuurlijk!!!) is het vrij behoorlijk! Alle meisjes van onze klas zijn over. Jongens zijn stuk of 5 blijven zitten. Kan je toch zien, dat meisjes veel knapper zijn dan jongens (maar wij hadden in 't geheel maar 5 meisjes tegen 22 jongens). Toch had dan juist 1 meisje verhoudingsgewijs moeten bakken. Alle kennissen zijn ook overgegaan (behalve Hetty Corper), jammer, want is wel 'n aardig kind.

Maar zij kwam ook van de *M.M.S. en is gewoon naar de volgende klas gegaan, dus... nu is ze toch blijven zitten en ik met glans over!

Sam Wijler was ook op school, "zomaar". Toen ik hem zag, was ik zo blij verrast. Ik schreeuwde haast: "Dag Sam!" Het was geloof ik echt gek, maar het kwam echt van harte, dus ik geloof (nee, het is wel haast zeker) dat ik hem nog erg aardig vind, want als er gesproken wordt over een man voor mij (uit de grap, of course) vergelijk ik die met hem, of denk ik aan hem, dus... afwachten. De liefde bij mij is geduldig. Maar het kwam misschien ook omdat ik hem al een tijdje geleden gezien heb (2 weken). De club was namelijk op zondag, maar nu heb ik een tuinbouwcursus op die dag, dus dat vervalt: club. Maar nu hebben we het misschien op vrijdag, tenminste: I hope so. Andere dagen heb ik geen tijd. Maandagochtend: wassen, helpen. Middag: Ivriet leren, 's avonds les tot 8 uur. Dinsdag, donderdag, zondag: tuinbouw. Woensdag: pianoles = 's middags, dus 's ochtends extra studeren. Vrijdag: niets bijzonders, maar wilde dagboek schrijven, maar zal wel niets van komen, omdat er altijd zo verschrikkelijk veel andere dingen te doen zijn. Zaterdag שבת [sjabbat], dus volkomen rust! (van de hele week hard werken) En 's avonds meest piano spelen: 2 uur, want dit verlangt Iskar Aribo. Dit is 'n half-Jood, heet eigenlijk Cohen, maar vond dit te gewoon klinken, vandaar zijn pseudoniem Aribo. Hij is een tamelijk bekend iemand, heeft het zelfs nu nog erg druk met concerten, woont in Leiden, om woensdag (1 keer per week) naar Rotterdam te komen om les te geven. Hannele Franken heeft les van hem, zij speelt tamelijk behoorlijk, wilde mij zelfs lesgeven, maar ik heb mijn zinnen er nu eens opgezet, om van een zeer goed (en beroemd) iemand les te hebben. Maar hij neemt alleen maar talentvolle leerlingen aan: en daar ben ik nu dankzij Hannele's goede voorspraak toe gepromoveerd. Ik had zelfs niet durven hopen op les van Rita Kattenburg, en nu nog wel Aribo (alhoewel ik vroeger nooit van hem gehoord had, Louki van Dantzig was toevallig wel laatst op een concert van hem). Vreselijk duur, de les: fl 5,- per uur. Ik heb een half uur per week. Mieters, je leert reuze veel van hem. Ik speel alleen maar etudes voor de techniek en om mijn ontwende vingers weer eens in te laten spelen. Augustus is hij met vakantie, dus geen les. Misschien 1 keer als hij overwipt in september nog les, verder heb ik geen tijd, veel te veel met schoolwerk te doen.

De tuinbouwcursus is ook heel gezellig. We zijn voorlopig met 15 kinderen, allemaal van onze school: Wiet, Joop, Joop Slagter (17 jaar), Doris Slagter (14 jaar), nog een paar snertjochies uit onze klas, Jenny van Dantzig, aardig meisje, ga ik tegenwoordig nogal eens mee om, en dan nog een paar.

Nu voorlopig spitten we met ons allen het hele veld om en dan krijgen we ieder ons eigen tuintje en mogen we planten (zaaien), wat ze zelf willen. Mij vinden ze er reuze vlijtig, wat me weer opwekt om nog harder te werken, dit is altijd zo bij mij, als men tevreden is doe ik er nog een schepje bovenop om 't vertrouwen niet te beschamen. De leider is Arie van Thijn, een hele aardige man, ± 20 jaar, getrouwd. (we hebben zelfs vorig jaar les, Hebreeuws, met z'n vrouw samen gehad, is nog erg jong en aardig). Maar ik heb soms de rare gedachte in mijzelf dat ik die man best van zijn vrouw af zou willen troggelen, Arjéh is erg aardig. Niet dat ik zijn vrouw hem niet gun, maar... Ik heb al meer dan eens gedacht, en dan dacht ik erbij: "Niet bepaald hij, misschien toch maar een andere man". Toch is het niets voor die lieve zachte Carry, maar een mens kan toch nooit weten... En dan denk ik weer aan Sam, misschien haal ik Sam nog weleens van Henny af, maar dan mag hij in ieder geval nog nooit verloofd of getrouwd zijn, want de 1^e echte liefde is toch echt. En de 2^e, heb ik zo'n idee, is surrogaat. Dus is heel die gedachte van een man aftroggelen waanzin, omdat volgens de 2e theorie (die de juiste is) ik nooit met hem zou trouwen. Hoe het zit, weet ik niet. Ik hoop alleen maar dat ik gelukkig met de ware trouw en niemand er ongelukkig (hoogstens verliefde bakvissen), maar wel gelukkig (m'n ma, pa Ra, schoonmoeder + pa) mee maak. Amen!

31 Juli 1942 Vrijdag

Misère, overal vreselijke misère. Vertwijfelde mensen!

Hier in Rotterdam is hetzelfde gekomen als in Amsterdam. En dit is? In Amsterdam werden een paar weken geleden alle Joden van 16 tot 40 opgeroepen (zonder keuring, waarbij er soms nog een paar vrij komen). Zij krijgen een bevelbrief, waar opstaat dat hen bevolen wordt (zij worden er niet netjes toe uitgevaardigd) om 2 dagen later te verschijnen voor de Joodse Raad (waar ze richtlijnen krijgen, wat mee te nemen, enz.) en 's avonds om half 3 in de *Joodse Schouwburg komen waar de SS is en Duitse politie en nog van die rotlui.

Daar worden ze gecontroleerd of ieder aanwezig is en 's nachts, opdat de 'anderen' geen relletjes maken, weggestuurd (geëxporteerd). Peretz en Frida (neef en aangetrouwde nicht) Hochfeld hebben ook een oproep, maar Peretz was 'gelukkig' net ziek en heeft tot 8 augustus uitstelling gekregen. Wat hij dan doen zal, zullen we nog wel zien. Elk uitstel is wat. Van Juchoes en Diny (neef en aangetrouwde nicht)

Hochfeld hebben we niets gehoord. Wel brief naar hun geschreven, maar niets teruggehoord. Zeker van de aardbodem verdwenen, d.w.z. ondergedoken. Zij zijn dan zeker bij niet-Joodse mensen op een kamer gegaan, waar ze niet meer vanaf gaan, daar ze bang zijn dat andere mensen ze zien zullen en dan zijn ze erbij, en hadden net zo goed naar Duitsland kunnen gaan om te werken onder "politie-toezicht" (zoals het in de oproep staat). Dus dit onderduiken is ook niet geheel zonder risico en voor je zo een adres gevonden hebt…

Maar nu hoorden wij vorige week donderdag van een kennis die bij de Joodse Raad in Amsterdam werkt, dat hier precies hetzelfde zou komen. Wij trokken het ons wel erg aan van Amsterdam, maar toch, het raakt je zelf nog niet zo. Roland Frederikstadt (die kennis) zei dat je het je ook niet kon voorstellen hoe erg het is als je het een transport hebt zien weggaan. Mensen vallen flauw en worden gek. Ik heb het nu zelf gezien. Deze jongen heb ik een paar keren vroeger al gezien, toen was hij de rustigheid in persoon, en nu? Een zenuwpatiënt: knippert met zijn ogen en is vreselijk zenuwachtig in één woord.

Ik heb mijn best gedaan voor een *baantje bij de Joodse Raad, want die zou uitstel krijgen, zei men, ik kwam onder protectie van Arjé van Thijn in de keuken. Rachel was als typiste. Bram had al 'n aanstelling: inlichtingen Rotterdam-Amsterdam, reizen met reisvergunning, die tegenwoordig niemand meer krijgt. In Rotterdam is onderhand de leeftijdsgrens verhoogd tot 50 jaar. Dus heel het jaar 1926 en 1892 (geboren in) gaan mee. Dus ik ook, al ben ik geen 16. Mama zou waarschijnlijk vrijstelling krijgen, omdat pa 51 is (gelukkig!). Woensdagavond werden de eerste 200 oproepen verzonden. Wij waren er gelukkig niet bij. Donderdagsochtends kwam ik bij de Joodse Raad om 8 uur, stonden er drommen mensen. Aan een politieagent toonde ik mijn aanstelling. Hij liet mij door. Terecht zei hij: "Hoeveel mensen werken hier wel niet?" Inderdaad, wie je sprak, ieder had een aanstelling bij de Joodse Raad. Ik had nog niemand gesproken die ging, want de Joodse Raad had voorlopig uitstel. 's Middags hoorden wij dat de hele Joodse Raad geen uitstel had op 'n 20 lui na, de leiders (er werkten 1500 lui: mensen die in aanmerking komen voor Duitsland zijn 5 à 6000). Dus het was een overdreven verhouding. Wij hebben het voor onszelf verpest. 's Middags ging ik naar de *Loods Stieltjesplein (waar we ook de fietsen moesten afleveren). Er stonden allemaal schoolbanken. Die heb ik met Hetty Corper afgestoft. Mevrouw Corper was er ook om te helpen en Herman van Coevorden. Daarna hebben we koffie geschonken voor al de werklieden, borden afgewassen en afgedroogd en gesorteerd. Ondertussen kwamen 3 hoge Duitse officieren binnen, zeker om alles te controleren of de Joden niet al te mooi ontvangen zouden worden. Toen pas merkte je wat er was, waarom je er was. Eerst had je nog een beetje een vredig gevoel, dat je de Joden een beetje probeerde het leed te verzachten. Maar als je die moffen zag, kreeg je een elektrische schok. Vreselijk. Thuis waren ze ook zo vreselijk down. Papa huilde, mama doodsbleek. Rachel werken van 's ochtends 6 uur tot 's avonds 8 uur: richtlijnen typen. Op straat vroeg ik een politieagent de weg, hij vroeg of ik ook weg moest. "Nog niet," was het antwoord. Misschien krijg ik er morgen één. Wie weet!

De eerste mensen kwamen al om half 5. Zij kregen koffie voor niets of limo voor 5 cent. Ik waste af. Mevrouw Corper schonk in en sprak de mensen moed in. Plotseling zag ik ook Max Hach[g]enberg met... een lachend gezicht. Hij was er heel flink onder. Nog even aan zijn broer voorgesteld: 22 jaar. Ik kende hem geloof ik wel als schoolfotograaf. Volgens hem zetten we de vriendschap nog door. Ik heb er een hard hoofd in. Ik geloof niet dat er velen van terug zullen komen, dan zal Duitsland nog op het laatst revanche op de arme Joden nemen. Zo was het altijd, zo zal het altijd blijven voor het Uitverkoren Volk.

Mensen stroomden binnen en tegelijkertijd stromen er

1. BEZETTING, 1941-1942

mensen naar 'het buffet'. Ik waste, ieder dronk koffie, werden de kopjes bij mij afgeleverd en... ik heb van mijn leven op een dag nog niet zoveel afgewassen als toen. En ook afgedroogd, dit hoorde er ook bij, als er geen anderen waren om dit te doen.

Eensklaps valt mij Clara Haagman in het gezicht. Ik laat de afwas stikken en hol naar haar toe. Zij vertelde dat de oproep pas om 1 uur 's middags bij haar was, omdat zij eerst naar een verkeerd adres geweest was. Zij moest dus in 5 uurtjes alles nog doen. Voor de kleren zorgen, alles merken, naar de Joodse Raad om inlichtingen, apotheek meenemen (allemaal spulletjes), haar af laten knippen (voor ongedierte), enz. enz. En de zenuwen die erbij komen. Zij was helemaal alleen. Had een trainingsbroek aan en windjäcke en stond te springen omdat ze de broek zo leuk vond. Zij was ook reuze flink. Clara Slager, een schat van een meisje uit de 4^e klas gym (ik had dus dikwijls les met haar) was tamelijk koud, onverschillig, maar in haar hart huilde ze, geloof ik, was er ook. Haar vader, veearts, hebben ze laatst als gijzelaar opgepikt en nu is haar moeder helemaal alleen. Dus vreselijk zielig. Ook Joop Slagter was er. Hij vroeg of ik, als ik nog eens naar de tuinbouwcursus ga, zijn klompen mee wil brengen, want ze zijn daar moederziel alleen achtergebleven. Ook deze, meeste[n] van school, waren uiterlijk flink. Innerlijk? Weten zij alleen maar zelf! Er waren ook anderen, die stonden te huilen, en zelfs zo overstuur waren dat ze door doktoren en verpleegsters gekalmeerd moesten worden. Eén toneeltje zal ik nooit vergeten. Iemand kreeg een zenuwentoeval, werd door Dr. Hausdorff zachtjes naar de 'ziekenhuisafdeling' gebracht onder heftig snikken. Plotseling begint ze te trappelen, alsof ze gek geworden is. Het was een vreselijk gezicht, ik draaide mijn hoofd om. En nog meer van die gevallen. Allemaal en overal ellende! Plotseling hoor ik van Herman van Coevorden dat mevrouw Corper snikkend ook vervoerd is naar de afdeling voor zieken. Wat zou er zijn?

's Ochtends in de Joodse Raad zag ik mevrouw. Ik vroeg:

"Heeft u een oproep?" "Nee, maar mijn man hebben ze gevangengenomen". Later ging ik met haar naar het Haagse Veer (gevangenis) en vertelde ze me alles. Vorige donderdag haalden ineens 2 rechercheurs haar man af en ook twee vrienden: Polak en Naarden. Polak is teruggekomen. Hij vertelde dat ze verdacht waren van kopen en verkopen van wapens (en daar staat de doodstraf op). Waarom hij vrij is weet ik niet, zeker weer een staaltje van de onredelijkheid van de moffen. Ik heb mevrouw getroost met allerlei, maar bij mezelf dacht ik: "Wapens, hmm, is niet zo'n mooie zaak als je ervan beschuldigd wordt." Want hoe kun je bewijzen tegenover Duitsers? Zij zeggen het en basta!

Mevrouw zweerde me bij God dat haar man onschuldig was, want nooit ging hij alleen uit, waar Hetty was, was mevrouw en waar mijnheer was, was mevrouw. En dit is ook zo, want als mama het over de Corpers heeft, zegt ze: die kleine mensen, die nog zoveel van elkaar houden, alsof ze verloofd en nog verliefd zijn. Werkelijk!

Maar in de Loods zag ik haar plots zitten in een bank, helemaal wezenloos. Ik ging bij haar zitten en ze vertelde: "Ik heb ook een oproep! Aan mijn oude adres gekomen." (haar zaak is pas ingepikt en ze moest het huis uit, en wonen in een heel andere buurt nu) "Ik, die anderen heb getroost, heb zelf een oproep. Ik ga niet zonder mijn man, en ik heb nog niks gepakt…" Ze was radeloos. De zenuwen waren op haar benen geslagen, ze kon niet lopen. Ze wist niet wat te doen, of te blijven, [zo]dat ze kans had zonder iets mee te moeten van de Duitsers, of niet te blijven, [zo]dat de politie haar de volgende dag misschien zou halen. Ondertussen werd er omgeroepen, dat ieder die niets in de Loods te doen had weg moest gaan. Ik was bang, al had ik een bewijs dat ik de Loods vrij mocht verlaten, dat de Duitsers de Loods aan de laatste kant zouden afsluiten, want 's middags waren op alle schuifdeuren al sloten gedaan. Ik liet dus voorlopig mevrouw Corper zitten. Ik ga naar Clara Haagman, druk haar ontroerd voor het laatst de hand. Dan wil ik Clara Slager nog iets goeds wensen, maar mijn zelfbeheersing breekt, ik barst in snikken uit. In plaats voor de anderen nog een steun te zijn... Max Hachgenberg slaat een arm om mij heen en kalmeert mij zo. Nooit zal ik dit ook vergeten. De rust die ik toen weer terugkreeg. Een beetje kalmer geef ik hem de hand. Joop Slagter zag ik niet meer.

Ik loop naar het kantoortje zonder naar iemand te kijken, bang dat ik het weer niet zal uithouden. Hetty zie ik daar staan. Ik ga naar buiten, [daar] staat de SS en gewone soldaten en drommen, drommen mensen. Een Duitse vrouw komt aan, ze wil haar dochters wegbrengen. Een soldaat houdt haar tegen. "Ich will mich verabschieden von meinen Kinder!" schreeuwt ze. "Gertrude! Hilda! Hilda! Gertrude! Lass mich gehen! Ich will Abschied nehmen!" De soldaat geeft haar een duw. "Ich hab' schon lang genug von euch Juden" en nog iets, ik wil het niet horen en hol het trapje af. De vrouw blijft half gek daar staan.

Mensen met carriers komen nog aan, ook kennissen, maar ik wil niet kijken. Naast mij staat Hans de Jong. De jongste bediende van school. Hij is een Duitse vluchteling, tekent erg goed. Wij gaan samen weg. Ik durf niet meer om te kijken. Hij vertelt dat hij zijn broer [Walter] van 16 jaar weggebracht heeft. Nog een echt onzelfstandig kind, zegt hij. Hij zou graag voor hem meegegaan zijn, maar zijn ouders... die kan hij hier niet alleen laten. Ik begrijp het. Plotseling horen we gegil. De mensen vliegen uit elkaar. De Duitsers hebben ingegrepen en weggejaagd. Teveel belangstelling is niet goed voor hun propaganda. Het wordt weer rustig, de mensen blijven toch hangen. Wij lopen door. Om half acht kom ik thuis. Rachel is er ook. We beginnen samen een deuntje te huilen. Papa begint ook (omdat ik huil). Mama drukt alles in zich. De zenuwen vreten haar nog eens op. Bram komt ook. Hij is ook vreselijk onder de indruk. De avond verloopt rustig. We doen een beetje niks en denken aan de arme volksgenoten die hun dood (?) tegemoet gaan. Wat zal er van ons terecht komen?

Zondag 2 Augustus [1942].

Gisteravond weer 1000 oproepen verstuurd. Wij gelukkig niet bij. De toestand over het geheel is niet zo zenuwachtig. Temeer daar de opgeroepenen nu 2x24 uur hebben om zich reisefertig zu machen. (vorige keer kaum 24 uur, fout van de SS, te laat verzonden)

De Joodse Raad is rustig, vanochtend geweest. Heb mij als koerier aangemeld. Heb 2 uur gewacht, ben toen maar naar huis gegaan, was niets te doen. Wel wat brieven meegenomen onderweg. Er zaten al ± 15 jongens te wachten. Ik hoorde er, dat er tamelijk veel mensen nog terug waren gekomen, haast allen die bij de Joodse Raad werkten, daar hebben ze moeite voor gedaan. Fam. Pels, Pierot, Blik, Clara Slager (daar ben ik toch zo vreselijk blij om, heb direct een enthousiast kaartje geschreven en geïnformeerd hoe ze 'm dat gelapt heeft) en die broer van Hans de Jong. Ook dat vind ik reuze. Maar de arme anderen! Ikzelf heb niet zo snel kans op 'n oproep. Bram was gisteren in Amsterdam, heeft zijn zuster Froukje gesproken (privé-secretaresse van Prof. Cohen, voorzitter van de Joodse Raad van heel Nederland). Deze heeft de lijst volgens hem nagekeken en wij staan er alle drie op (Rachel, Bram en ik). Volgens mij heeft Froukje alle moeite gedaan om ons erop te krijgen. Maar niemand mag het weten. Wij krijgen vooreerst waarschijnlijk geen oproep: als wel, dan Froukje telegraferen en zij maakt het voor ons in orde. Reuze hè?

De vorige lijst van 1500 medewerkers bij de Joodse Raad is verscheurd, want van de 2000 oproepen werkten er 1100 bij de Joodse Raad, waardoor ze vrijgesteld zouden zijn en dit was te gek! Wij hebben nu ook geen onbeperkte vrijstelling, maar we gaan misschien wel met de laatste trein weg. Ik geloof wel dat we 4 weken uitstel hebben. En die hebben we juist nodig, want we doen moeite over de grens te komen. Legaal! Volgende keer uitleg.

1. BEZETTING, 1941-1942

Donderdag 10 September [1942]

In de tussentijd zijn nog 1 keer oproepen geweest, meeste van 45 tot 60 jaar (leeftijdsgrens is tot 60 verhoogd). Maar ik was nooit meer in de Loodsen. Nu gaat het om de gevangenen die op het Haagse Veer zitten (voor niks!!), dan krijgt de familie thuis bericht, dat ze met hun man meegaan mogen en koffers pakken moeten.

Dan zijn er ook nog oproepen voor de werkkampen verzonden. Papa was al goedgekeurd, wat je keuren noemt tenminste, want attesten leest de dokter met een half oog half door, klopt even, luistert niet eens en vliegt naar de volgende keurling. Voilà, en dit noemen ze nou keuren. Met de 1e oproep krijgt pa een oproep. Om te gaan werken zou zo erg nog niet zijn, want op de Veluwe, 't mooiste en hoogste plekje in Nederland, zijn de Rijkswerkkampen, maar je bent bang dat je doorgestuurd wordt naar Polen. Pa heeft onderhand ischias gekregen! Zodat hij niet weg kan. Hij is nu al 3 weken thuis. Vreselijk saai voor hem, maar moet in bed blijven, heeft de dokter gezegd in zijn attest en misschien komt iemand controleren. Onderhand proberen we via de Joodse Raad pa vrij te krijgen, omdat papa Leider Rugzakken enz. is op ons atelier. Maar met die lijst is iets verkeerd gegaan, zodat we daar maar geen hoop op hebben meer.

Nu komt het badkamerdrama!

Rachel en ik waren dinsdagavond om 11.30 in bad. We hebben wat hard gepraat en gelachen, en toen heeft één van onze buren iets gezegd van naar Polen gaan. Mama en papa vlogen naar boven en scholden ons de huid vol. Ogenblikkelijk waren we stil, maar tevergeefs, want de volgende dag hoorden we via de groenteboer (erg gek hè!) dat dat mens, dat geschreeuwd had, een N.S.B.'ster, al langs de andere buren gegaan is en gevraagd [heeft] wie er nog last of zoiets van ons had. Naast ons hebben wij ook N.S.B.'ers, dus die zullen het ook wel hebben... en nu zijn we doodsbang dat ze ons bij de SS aan gaat geven wegens 'burengerucht' en dan gaan ze ons met de overvalwagen halen en dan naar Westerbork en dan naar Polen en dan... dood? Maar we hopen er het beste van. We zijn erg stil nu, verduisteren precies op tijd, gillen niet, kortom voor ons doen voorbeeldig. Of het iets zal helpen? In ieder geval, we zitten in de put. Met het geval *Weinreb zit het zo: Weinreb heeft aan de Duitse regering eens een dienst bewezen. Toen heeft de Duitse regering hem en 30 families beloofd het land te verlaten naar onbezet Frankrijk. Lijkt natuurlijk fantastisch, en is het ook. De man die dit beloofde zit hier op een kantoor en in Berlijn, zodat morgen [het] verstrekte visum van Vichy (hoofdstad van onbezet Frankrijk) is aangekomen. Doortochtvisums voor België en Frankrijk zijn aangekomen, we zijn gekeurd; hier echt, maar iedereen zei hier natuurlijk dat hij kerngezond was. Dus alles is in kannen en kruiken om te vertrekken. We hebben al richtlijnen gekregen: 4 jurken meenemen, 6 paar kousen, 6 stellen ondergoed, geen tandpasta, 1 pyjama, verder zo weinig mogelijk. Een man van de Wehrmacht komt ons 's avonds na 8 uur waarschuwen (dan mogen de Joden niet meer op straat, later dan 8 uur) en de volgende dag om half 10 gaat de trein weg. Nu wachten we elke avond tot er iemand komt. Koffers zijn grotendeels al gepakt. Alleen is het gek, dat de ene instantie van de Duitsers (SS) niets mag weten van de andere instantie (Wehrmacht) die ons de toestemming gaf. Froukje (zuster van Bram) waarschuwt ons erg om niet te gaan, temeer daar in onbezet Frankrijk pas 11.000 Joden weggestuurd zijn naar Polen (dus net eender als hier). Maar we denken dat het illegalen zijn. Binnen enkele dagen zal ze van officiële zijde er meer van weten, en dit zal ze ons vertellen. Dus, vindt zij, moeten we allereerst afwachten. Maar op één kant hebben we hier niet veel te verliezen (badkameraffaire, papa werkkamp), andere kant kan Froukje voor ons voor de deportatie iets doen. Dus nu weten we weer niet wat te doen. Ik geloof wel dat we zullen gaan, 'n idee van mij, naar Polen, toen met de oproepen, had ik geen idee dat we gingen. Tot nog toe is het

1. BEZETTING, 1941-1942

uitgekomen maar mijn voorvoelen zijn meestal niets. Dan die van mama, die komen altijd uit, en over dit geval kan ik maar geen poolshoogte van d'r krijgen wat ze ervan denkt. Ik geloof wel gaan, maar daar niet zo rooskleurig. Maar als we daar rustig kunnen leven (ik ben van plan in de tuinbouw te gaan) en geen angst voor oproepen, oppikken, enz., dan is het wel prettig, dus ik hoop op goede berichten van Froukje.

Sjabbath en zondag is het *Rosh Hasjana, hopelijk is het een beter en gelukkiger jaar voor ons Joden dan het was. In vrede. Oemein!

Maandag 14 Sept[ember 1942]

Gisteren in *sjoel geweest. Dienst was prachtig! Rokach was voorzanger, maar hij had assistentie van een koor. Drie jongens en dit klonk net [als] een grammofoonplaat. Rokach had er één van het koor: Sam de Jong, erg laag. שבת [sjabbat] waren Rach en ik, zondag mama, ik, later pa. 8 uur kon natuurlijk niet. Bram was ook even. Vond het ook mooi.

Vorige maandag ben ik weer naar school gegaan, was reuze gezellig, want we zaten met z'n drieën in de klas. Net privaat les. Daarvoor had ik spit, waardoor ik niet woensdag op school kon komen. Ik moest voor de Joodse Raad een boodschap doen op het postkantoor: ik was klaar en wilde weggaan, maar nee, ik kon niet lopen ineens. Toen voetje voor voetje doorgezet. Dit was op 15-jarige leeftijd dat ik voor 't eerst spit had. Een gedenkwaardige dag!

Toen ik op school kwam, was elke docent erg blij mij te zien: weer een leerling erbij! Maar mama wil niet meer dat ik naar school ga. Ik moet in de huishouding wat helpen, vooral nu met het geval van koffers pakken, enz., en ook nog zolang ik hier ben voor mijn vrijstelling zorgen bij de Joodse Raad. Dus heb ik woensdagmiddag Dr. S. Wijnberg (rector) vaarwel gezegd. Maar hij liet me niet gaan, ik moest in ieder geval tot maandag blijven. Ik moest ook een beetje om de docenten denken (zei hij met andere woorden, want die hebben vrijstelling, en als er geen leerlingen zijn, moeten zij ook naar Polen). Maar toen ik thuis kwam hoorde ik de gevolgen van ons badkamerdrama en toen dachten we er geen van allen meer aan, zodat ik nu 's ochtends bedden opmaak, de was doe, stoffen enz. enz. en 's middags ben ik koerier. Gelukkig is er in de Loodsen niets te doen. Een paar van school zijn er ook koerier, o.a. Eddy Heidt (wel aardig, tikje saai) en Wiet Wijler, Dolf van Dantzig (broer van Louki van Dantzig) was er ook. Men zegt dat hij een tikje getikt is, maar ik heb er nog niet veel van gemerkt. Hij studeert en in zijn studie is hij in ieder geval erg knap. Dit komt wel eens meer voor: geniën, een beetje gek in het dagelijks leven. Hij heeft manies van iemand uren achter elkaar aan te kijken. Ik had er al van gehoord en was bang dat ik vandaag aan de beurt zou komen, maar gelukkig niet, alleen een kort: mejuffrouw!

Hij vroeg Wiet hoe 't thuis was. "Goed". "Hoe gaat het met Sam?" "Doet voor zichzelf thuis iets, werkt." "En Hetty?" "Helpt thuis, en soms Joodse Raad." Ik keek erg spottend. Later kwam Rachel Wiet nog tegen, en vroeg of ze goede berichten van Sam en Hetty krijgen. "Ja," zei hij. "Ze maken het goed." Nu kan het ook wel dat 'ze maken het goed' slaat op dat ze nog thuis zijn, maar dit zal wel niet, of ze zitten in Zwitserland of ze zijn ondergedoken, want je ziet ze nergens! En dit is helemaal niks voor de Wijlers. Wiet is ook pas de laatste weken op komen dagen. Was zeker ook al ondergedoken. Maar waar bemoei ik me mee. Ik zou het alleen verschrikkelijk tuttig vinden als ik Sam ergens in onbezet Frankrijk tegenkwam. Dat ik 't zionistische deuntje (*Hatikwa) fluit en dan Sam terugfluiten... fantastisch gewoon, maar... de wonderen zijn de wereld nog niet uit.

Froukje was laatst hier op een weekend met Roland Frederikstadt. 't Was reuze gezellig. Froukje is 25 jaar, nog niet verloofd of getrouwd (misschien wel gauw met Roland, maar die is pas 20, alhoewel veel verstandiger). Je voelt je direct met haar op je gemak, een echt lief meisje. Met Brams verjaardag 4 september was ze er ook even. Echt een aanwinst voor de familie is zij. Misschien zorgt zij voor Rach wel voor een reisvergunning naar Amsterdam als ze jarig is 5 oktober, dat is over 2 weken, dan kan Rach ook gelijk Joechoes en Peretz opzoeken. Peretz heeft uitstel omdat hij ziek is: vallende ziekte. Joechoes is weer terug, Diny was ziek! Heeft militair werk. Dus ook dit is uitstel, alhoewel ze nu in Amsterdam alfabetisch de mensen 's nachts uit de huizen halen, 1 uur tijd voor pakken en dan foetsie. Vanavond beginnen ze geloof ik met de J. Ik hoop dat als het hier ook zo ver komt, wij al lang en breed weg mogen zijn (erg egoïstisch), of voor allen 't beste: Vrede!

Donderdag 24 Sept[ember] 1942

Eergisternacht heb ik toch zo mieters en leuk gedroomd. Ik weet niet hoe ik er opeens aan kwam, of eigenlijk wel, omdat ik nog altijd aan hem denk, terwijl hij al lang ondergedoken is. Ik heb namelijk gedroomd dat ik met Sam W. samen geluncht heb op de Joodse Raad. Ik was vroeger dan anders naar de Joodse Raad gegaan. Op de Diergaardesingel kwam ik hem tegen. Ik omhelsde hem, zo blij was ik. Hij was ook erg blij en bracht me weg naar de Joodse Raad. Hoe dichter we erbij kwamen, hoe langzamer we liepen, zoveel hadden we elkaar te vertellen. Toen we vlakbij kwamen, heb ik hem uitgenodigd om te blijven lunchen op de Joodse Raad: ik had brood bij me. We gingen samen zitten op een raam, heel knus en gezellig. Toen we klaar waren, bracht ik hem een eindje weg. Recht uit eerst (op een grasveld met allemaal kleine hondjes). Toen weer een zijweg in: Sam gaf me geloof ik een arm, zo liepen we een eindje nog door. Opeens zegt hij (een beetje op de manier van Bram): "Als je me omhelst en meetroont om te gaan lunchen, dan kan ik er toch geen weerstand aan bieden", en we liepen en kletsten maar weer heel dicht naast elkaar door. Tot op een gegeven ogenblik we uit elkaar gingen.

Ik werd reuze voldaan wakker. Het was zo gezellig geweest! Echt om op te teren in de harde wereld.

Laatst hebben ze 's nachts mensen opgepikt, wel 100 mensen, Roemenen en Hongaren. Deze nationaliteiten werden beschermd door hun consuls, droegen geen sterren, net als *gojim. Maar laatst vertelde Bram al dat dit uit was en ze weer gewone Joden waren. Op die avond werden ze opgepikt. De volgende dag hoorden we het. Ook vele kennissen van mij: Ganz (de Joodse slachter van de Joodse gemeente), Fekete (waren pas bij ons nog geweest, hele goeie mensen, 70 en 75 jaar!!). Vreselijk, en nog zulke gevallen. Maar de volgende nacht werd ik 's nachts wakker en hoorde allemaal auto's en soldaten lopen, en was doodsbang dat ze ons zouden komen halen. 's Ochtends werd ik met hoofdpijn en misselijk wakker. Voelde me helemaal niet goed. 's Middags 38 koorts, 's avonds 38,7 en 's ochtends weer 38,5. Toen kwam de dokter maar, hij heeft me weer helemaal de longen beklopt en alles was all right. Daar hoefden we ons niet ongerust over te maken. Hij vond 't een lichte griep, kreeg een maagdrankje en maandag zou hij terugkomen ('t was zaterdag). Maandag was 't *Jom Kippoer, ik kon dus niet naar sjoel, maar heb thuis gebeden. Heb maar halve dag gevast (sinds m'n 12 jaar hele dag) omdat ik ziek was, mama wilde het. Dr. kwam, mocht dinsdag weer opstaan en donderdag op straat. Die tijd sliep ik beneden. Dinsdagnacht ging ik naar boven en droomde... Woensdag hoopte ik weer... maar droomde erg gek, wel iets met Wiet, dus blijft in de familie. Nu maffen, het is half 10. Tegenwoordig wordt er een beetje op me gelet.

Dinsdag 13 Oktober [1942]

Mijn droom is gedeeltelijk uitgekomen!

De zaterdag daarop (die droom!) ging ik naar de Joodse

Raad, langs de Diergaardesingel, en op een hoek, wie zag ik staan? Sam W.! Precies zoals in de droom: vroeger dan gewoonlijk naar de Joodse Raad, dit klopte, de hoek van de Diergaardesingel klopte (alleen de omhelzing ontbrak). We hebben gezellig gekletst over het stinken van het distributiekantoor naar V/d Berg. Hij spuwde erbij op de grond. Dit vond ik niet erg netjes, maar het kan ook van de NSB'ers komen. Over mensen die opgehaald waren. Die nacht gekletst, maar niet verder op ingegaan. Alleen hadden we het niet over stempels en dit is een prestatie in deze tijd.

Bij de tunnel namen we doodgewoon met een 'dag' afscheid. Met die stempels zit het zo.

De mensen die bij de Joodse Raad, Joodse gemeente, ziekenhuis enz. enz. werken zijn verdeeld door de personeelscommissie: Valk, de Liever, Messcher, in A, B en B2 en C lijsten. De A-groep 350 mensen in Rotterdam krijgen een stempel op hun persoonsbewijs, een stempel dat ze bis auf weiteres van tewerkstelling in Duitsland vrijgesteld zijn. B-groep valt in als A uitvalt ('onderduikt' of zoiets), B2 en daarna C krijgen in de kampen administratief werk of worden beschouwd als Joodse Raad lui die dus eerst 'bevoorrecht' werk krijgen. Volgens mij is alles 'kwatsch', behalve A dan, want die is werkelijk voorlopig vrij.

Vrijdagavond bracht iemand voor Rachel een oproep om zo een stempel in Amsterdam te gaan halen. Bram heeft er ook één, samen moesten ze 9 oktober de stempel gaan halen. Maar wij? Wij hebben er geen. Wij staan op de C-lijst. Froukje heeft alle mogelijke moeite gedaan voor ons ook (want Rachel en Bram hebben hem door haar), maar kon niets doen. Die vrijdagavond hebben we over niets anders gekletst dan over stempels. Rachel zegt, dat als wij weg moeten, zij ook gaat, maar wat helpt zij ons ermee? Wij blijven toch niet bij elkaar. Misschien Rachel en ik, maar wie verzekert ons dit? Laat tenminste één van ons gezin gered zijn. Maar wat heeft zij aan het leven zonder ouders + zus? Aan de andere kant heeft zij weer Bram, die toch haar toekomst is. Dus zij heeft in ieder geval nog iemand, maar ik? Als ik zou onderduiken en ma en pa zullen weggaan, dan zie ik ze waarschijnlijk nooit meer als ze doorgestuurd worden, of pa moest als kleermaker in Westerbork blijven. Zo dwalen we maar in een kringetje.

Toen ik die zaterdagochtend van de Joodse Raad af kwam, was Richard Goudsmid (kennisje, 18 jaar, ik vind hem niet aardig, zo vrij) bij ons, en was stomverbaasd dat wij niets wisten. Alle vrouwen en kinderen waarvan de mannen in de werkkampen zitten, waren die nacht opgepikt, ± 800 in Rotterdam. Pa had toch ook een oproep, maar was door ziekte verhinderd om te gaan. Wat een geluk was dat, anders waren we er allen niet meer, tenminste, niet in Nederland... In Holland hebben ze die nacht alle vrouwen opgehaald (van de mannen van de werkkampen), in totaal 13.000 Joden. Voilà, 't eten is op in Westerbork, en er is een grote hongersnood, daar de pakjes die we sturen niet aankomen. Zaterdagavond waren we doodsbang, maar gelukkig niets gebeurd. Ook de volgende dagen niet, behalve vorige donderdag hebben ze in Rotterdam alleen al 1500 mensen gehaald. Meest ouden van dagen, 60-65 jaar mensen, die goedgekeurd zijn voor de werkkampen. Het *Oudeliedengesticht is nog weer helemaal leeggehaald (t/m 90 jaar!!). Vreselijk!! Vrijdagmiddag waren er straatrazzia's. Mama wilde ondanks herhaalde waarschuwingen toch boodschappen doen tussen 3 en 5 uur (de Jodentijd), toen kwam een dame naar haar toe en smeekte haar terug te gaan, want op de Perniskade werden mensen de overvalwagen ingeduwd. Richard G. was donderdagavond nog bij ons en zei dat hij waarschijnlijk gehaald zou worden (vader was 65 jaar) en inderdaad, hij is weggehaald. Donderdagmiddag was het al bekend op de Joodse Raad. Nu is het 's avonds rustig. Misschien nog een paar avonden?!?! Wie weet het. Het liefste dook ik onder. Maar... daaraan zit zoveel vast!

2. Onderduik, 1942-1945

[eerste schrift]

De dreiging van een spoedige oproep om via Loods 24 naar Westerbork afgevoerd te worden, doet de familie Ulreich besluiten om onder te duiken. Carry wordt aanvankelijk naar Hoogezand gebracht, naar de ouders van Bram de Lange. Het idee was dat de nazi's zich aanvankelijk op de Joden in de steden richtten en een verblijf op het platteland daarom veiliger was. De eerste twee dagboekfragmenten – van 16 en 20 oktober 1942 – zijn daar geschreven. Binnen een week blijkt echter dat ook de Hoogezandse Joden opgepakt zouden worden. Carry wordt alsnog verenigd met haar familieleden op het – vanaf dat moment – gezamenlijke onderduikadres bij de familie Zijlmans te Rotterdam. Vanaf 22 oktober 1942 is dat de locatie waarop het dagboek wordt voortgezet.

16 oktober 1942

Heel nieuw leven begonnen. Bevalt me tot nu toe best. Verveel me nog niet. Heb vanochtend voor 2 dagen aardappelen geschild, omdat ik dit op שבת [sjabbat] niet doen wil. Verder lees ik en stop kousen (dit trouwens pas 1x gedaan, vanochtend in bed). Heb tot half 11 in bed gelegen, ontbijt op bed, ik word schandelijk verwend. Ik lag best eigenlijk, zo zonder ouders. Een kind moet dit wel een beetje worden, zal ik niks van krijgen. Wel benieuwd hoe het is met pa en ma. Zal ik misschien heel gauw of misschien ook nooit weten. Laten we hopen 't eerste.

20 oktober 1942

Gisteren *Tante op visite gekomen. Geen pijn gelukkig, 2 poeiers geslikt, verder erg verwend, zoals altijd. Ik lig tot 12 in bed elke dag. Stop en lees in bed, ontbijt krijg ik boven, dus net een leven als een prinses...

Momenteel lees ik *'De Veroveraar' en 'Atie's huwelijk', toneelstuk van Simons-Mees. Gaat wel, ik ben dol op toneelstukken, vooral om te lezen. Heb er nu alle tijd dus voor. Tot nu toe gaat de tijd helemaal niet langzaam, gisteren Esperanto geleerd. Kan al iets, al 3 hoofdstukken van Robinson Crusoë gelezen (Esperanto!).

22 oktober 1942

Zoveel gewandeld dat ik blaren op mijn voeten had, later zalig uitgerust. Om 9 uur opgestaan (zoals voortaan altijd), kamer opgeruimd, aardappels geschild, schilderijen bekeken, enz. 's Middags gelezen en genaaid. 't Was een hele verrassing voor ons allen. Ik ben benieuwd of de oorlog werkelijk spoedig afgelopen is.

1 november 1942

Met de politiek gaat het prachtig. Nog tot 25 en dan... is het vast nog oorlog. Stel je toch eens voor van niet... we hebben het hier reuze met de mensen getroffen. Werkelijk schatten. We, tenminste ik, voelen ons hier net als thuis, zelfs al te thuis, want wel eens gil ik te hard met m'n piepstem, maar dan komt geliefde zus met "sst, sst".

Zij is wel wat al te overdreven, maar dit is wel goed. Straks als Bram nog komt, zal 't helemaal gezellig worden... maar liever niet zo gezellig en in eigen huis.

De dagen gaan rustig voorbij met kamer opruimen en aardappels schillen en 's middags wat leren of werken (scheikunde, Frans, Esperanto, steno). Maar ik schiet niet op. Was ik maar weer op school. Als je het hebt, wil je eraf en als... Enfin, zo is het nu toch ook altijd. Met september, als ik weer naar school ga, zou ik in normale tijden al einddiploma M.M.S. gehaald

hebben en gaan studeren en nu... pas in de 4^e. 'n Vervelende wereld is het maar. In alle opzichten!
Ik weet echt niet wat ik vragen moet voor mijn verjaardag. 'k Zal wel zien, nog zo lang de tijd...

[onbekende datum]

Eergisteren hadden we een gast! Mevrouw [Zijlmans] zette een heleboel Chinese kool op en ik zei er iets van, toen zei meneer: "We krijgen een gast". Ik erg ongelovig kijken. "Ja, Bram." Eerst geloofde ik het niet. Niets voor hem, maar Bob was hem tot de tunnel tegemoet gegaan. Toen zei ik tegen Rachel dat d'r haar niks netjes zat en mevrouw sterkte het aan. Toen Rachel naar boven. Onderwijl kwam Bram en ging ook naar boven. Begroeting van een half uur...
Verder heel gezellig geweest. Om 8 uur moest hij weer thuis zijn. Op mijn verjaardag komt hij waarschijnlijk niet. Verder gaat alles zijn oude gangetje. Deze week nog niets geleerd. Heb hoofdpijnen. Volgende week schade wel inhalen.
P.S. Bram bracht voor Rachel een boekje mee. *'De neger zingt'. Hij voelde er zich toe aangetrokken omdat hij zichzelf ziet gelijk de negers: als een paria der maatschappij. Zijn wij Joden dit?

15 november 1942

De grote dag is dan eindelijk voorbij en... was reuze gezellig. 's Ochtends kwam Bram vroeg en bleef met Rachel beneden zitten tot de familie Zijlmans uit de kerk kwam. Toen kwamen wij ook beneden, ik werd bestormd met felicitaties en cadeaus. Van pa en ma schattige rieten pantoffeltjes, beeldig gewoon. Direct natuurlijk de hele dag gedragen. Van Rachel *'De onbekende', dit boekje wilde ik dolgraag hebben, het is zo fijntjes geschreven; en fresia's. Van Bram een vijftal leerzame boekjes, om het leven aangenamer te maken. Wel aardig. Van Mies en verloofde een armband, van hout en handbeschilderd, ook een vluchtig hartelijk zoentje van Mies. Wat een verschil met vorig jaar, toen kreeg ik van pa en ma een gouden schakelarmband, schattig, die droeg ik altijd tot de verordening kwam van 'goud inleveren'. Jammer, dat ik niet zo van een armband hou. Van de rest van de familie werd mij door twee een boek *'Hoe vindt u het jonge meisje?' overhandigd. Ook wel aardig.

Dus alles bijeen wat de cadeaux betrof een hele goede verjaardag. Alleen jammer van de slechte berichten, die hebben ongeveer heel mijn dag verpest. Zaterdags kregen wij van Bram (die nog in huis wel eens de post gaat halen) 2 briefkaarten van Onkel Iziu. De eerste is een afscheidskaart van ons met het leven. Hij vindt het vreselijk om nog zo jong al dood te moeten gaan, want elk ogenblik vermoedt hij dat hij opgepikt wordt, en dan in barakken of zoiets, in ieder geval schrijft hij, kom je er niet levend vandaan. Maar in de tweede kaart staat, dat hij er door geglipt is, dus dat hij er nog is, de mensen waar hij bij woont, een vrouw die TBC heeft en een hele oude, zijn er niet meer. Dus hij moet voor de zoveelste keer weer verhuizen. Onderaan staat nog gekrabbeld dat mevrouw Better weg is. Dit is een schat van een dame, pa heeft haar dochter, tante Hela, met man en zoon uit Berlijn in 1938 naar Palestina geholpen. Zulke mensen heb ik nog niet meegemaakt, zulke schatten!!!

Nu krijgen we nog wel eens bezorgde Rode Kruis brieven van ze uit Palestina. Mama, die heel vroeg op 10-jarige leeftijd haar moeder al verloor, kwam dikwijls bij mevrouw Better. Zij wás steenrijk, had de mooiste villa in Krakau pas laten bouwen. Laatst woonde ze met 8 personen op een kamer. Woonde ze er nog maar! Nu is ze leider al foetsie, wie weet al dood? Arme tante Hela!

Hoe kan ik dan onbezorgd mijn verjaardag vieren? Iedereen vond me zo stil, maar kan ik er iets aan doen? Als mama zegt "ik voel dat ik na de oorlog mijn (Onkel) Iziu en (tante) Dora missen moet" (en haar voorgevoelens komen heel dikwijls uit), is dat dan tijd om vrolijk te zijn? Tante Dora is op het ogenblik nog in Amsterdam (Bram heeft haar laatst nog bezocht). Maar elke dag gaan er nog transporten van honderden mensen weg uit Amsterdam. Dus hoe lang kan ze er nog blijven? Konden we haar maar helpen! Groningen is laatst helemaal leeggehaald, behalve Hoogezand en randgemeenten, en daar wonen Brams ouders. Nu wachten ze wat er met hen gebeuren zal. We hopen naar Amsterdam gestuurd, daar ze gesperrt zijn, maar we vrezen direct naar Westerbork, en dit is zo goed als doorgestuurd naar Polen, naar de dood.

Dit alles was als een waas over de verjaardag. Verder hadden we het wel prettig. Mevrouw [Zijlmans] heeft een prachtdiner in elkaar gezet. We zijn het al echt ontwend. We barstten haast toen we van tafel opstonden. Ik mocht in de keuken helemaal niet komen, dus ben lekker lui neergeploft in een fauteuil.

's Avonds hebben we wat gekletst en *genasjt. Om 11 uur naar bed. Dus de dag op zichzelf was heel prettig, alleen de omstandigheden niet. Ook ben ik erg verkouden, heb keelpijn, maar dit gaat wel weer over voordat ik een jongetje word. Mama heb ik ook al aangestoken. We mogen hier niet ziek worden. Stel je voor: als we doodgaan, zegt mevrouw, legt ze ons op straat op een stoepje bij de N.S.B.'ers!

22 november 1942

Vreselijk verkouden geweest de hele week, 2 dagen in bed gelegen, op de 1^e daarvan is tante op visite gekomen. Geen pijn. Misschien ben ik daarom wel zo verkouden geweest, maar nu ben ik 't toch nog, al is tante verdwenen.

Rachel gisteren jarig geweest. Reuze prettige dag gehad. Bram kwam om half 8 al en maakte ons allen wakker, maar niet erg, want ik [ben] bij pa en ma gekropen en verder als sardines in een blik verder gemaft.

Rachel kreeg van pa en ma een beeldige ring met een maansteen (betekent succes), echt aardig, en zijkammetjes voor het haar; van mij visitekaartjes, Oud-Hollands papier nog; van Bram 2 boeken, zeep, sigaretten, bloemen, allemaal erg mooi; van Mies + verloofde broche, mooi wel; van de rest van de familie een boekje van de Palet-serie: Breitner, en nog een ander boekje van Speenhoff, ook wel aardig. Bram zei, dat al was de oorlog afgelopen, hij toch hier zijn verjaardag wilde vieren, omdat je dan veel beter bedacht wordt, en daar heeft hij geen ongelijk aan.

Verder hebben ma en ik de hele ochtend en nog een deel der middag in de keuken gestaan, om van alles schoon te maken: groenten, enz., want Rachel mocht er weer niet in komen. Verloofde van Mies kwam in rok, heel chique en zo met die pandjes, want Rachel had hem een paar dagen geleden eens officieel uitgenodigd voor de grap, dus... kwam hij heel officieel aan. Weer een uitgebreid diner, niet zoals bij mij (want toen was het tegelijkertijd ook nog zondag). Daarna Bram weg. Heb zelfs 'zomaar' nog een afscheidszoen gekregen. Na de afwas wat gelezen. Toen ik bovenkwam had ik opeens een verschrikkelijke zin een sigaret op te steken. Kreeg toestemming van Rachel (want waren van haar), was reuze lekker. Ik rook haast nooit, alleen van pa weleens. Ik was er Rachel echt dankbaar voor, want het bevredigde me echt, al zal ik nooit een verslaafde rookster worden. Wel een verslaafde snoepster, daar heb ik meer aanleg voor.

24 november 1942

Vandaag vroeg mevrouw [Zijlmans] de datum en toen was het alweer 24 november. Pas was het 19 november, wat vliegt de tijd. Net als toen ik thuis was...

[onbekende datum]

Een tijd niet geschreven. Er is veel en ook weer niks nieuws gebeurd. Brams ouders in Hoogezand hebben via Froukje's protectie een vergunning gekregen om met alle meubelen naar Amsterdam te verhuizen, wat natuurlijk zeer gunstig voor ze is. Nu gaat Bram waarschijnlijk bij hen wonen en voor Rachel is er ook een plaatsje in het nieuwe huis. Ze wil wel, maar of het wel mogelijk is... Denkelijk gaat dit laatste van Rachel niet door. Bram is hier laatst een avondje komen slapen en gisteren is hij weer gekomen en blijft tot vanavond. Momenteel ligt 't aanstaande echtpaar bij me in de kamer op de divan und neckt sich voor de grap, want het spreekwoord zegt toch: wer sich liebt, der...

Voor z'n hospita, mevrouw Mol, is hij met een reisvergunning naar Amsterdam. We leren in deze tijd toch zo goed liegen!

Eindelijk is men er in Engeland toch achter gekomen dat de berichten die daar allang binnen stroomden waarheid zijn. Ze hebben het nooit willen geloven, dat zich in Polen een massale afslachting onder de Joden afspeelt (geen goed gebruikt werkwoord, maar weet geen ander). En nu staan ze voor de feiten. De laatste week wordt er telkens door de Engelse radio gezegd dat er geprotesteerd wordt door de Engelse en Amerikaanse regering en een Palestijnse rabbijn roept alle Joden ter wereld bijeen om te protesteren! Maar wat helpt dat? Mijnheer Hitler doet toch wat hij wil en gaat door met die massale moorden. Reeds 1 ½ miljoen Joden hebben in Polen hun dood gevonden en dagelijks worden er nog duizenden vermoord. Ik begrijp er niets van hoe ze dat doen. Mama droomt elke nacht ongeveer, van alle mogelijke gruwelijke dingen. Ze is ervan overtuigd dat we allemaal door een molentje gaan daar. Vannacht droomde ma weer, dat Tante Dora aan mama 't doodsbericht bracht van Onkel Iziu, de lievelingsbroer van mama. 't Zal er toch nog eens van moeten komen als het lang duurt, want hij kan zich niet staande houden volgens zijn laatste kaarten. Een nog jonge man, pas afgestudeerd, nog niet zo lang dokterspraktijk, niet getrouwd, waarom moet hij dood? En dit kunnen we van duizenden anderen vragen. Waarom? Waarom? Ook van pa zijn al weg een paar broers en schoonzuster en nog nichten en neven. Allemaal zien we hoogstwaarschijnlijk niet meer terug. 't Dringt echt niet allemaal tot je door. Stel je voor, dat ik Rachel moest missen. Laat ik niet aan zoiets verschrikkelijks denken.

Gisteren was door de Engelse radio een uitzending weer over de Joden. Toen werd het gebed voor de doden eerst in Pools, daarna in Engels overgezet. Tenslotte heeft een *gazzen het gezongen. Zoiets ontroerends nog nooit gehoord. Een prachtige stem, zo huilend, hij zong echt voor ons Joden, van hart tot hart. Tranen van ontroering kregen we in onze ogen. Papa zelfs een hoorbare huilbui, zo precies was het alsof hij zong voor zijn broers en zusters. Om nooit te vergeten, dit gebed, zo prachtig.

Alleen begrijp ik niet dat het juist op שבת [sjabbat] voor de radio doorgegeven werd, dat mogen wij toch eigenlijk niet luisteren? En als we juist dit gebod niet overtreden hadden, dan hadden we dit gebed gemist. Ik begrijp het niet. Want zoiets werd toch voor de Joden uitgezonden. De christenen voelen mee, maar begrijpen zoiets toch niet.

Heb nog altijd hoofdpijn, tegen de middag komt het op, boven mijn rechteroog, en 's avonds, zo als we naar bed gaan, dan houdt het op. Vandaar dat het me belemmert in mijn werk. Zelfs als ik wil doorzetten, dan kan het nog niet en moet ik gaan liggen. Ik denk dat het komt van te weinig lucht. Toch ga ik geregeld lucht happen op dak.

Bram is erg lief voor ons allemaal. Brengt wel eens clandestien, d.w.z. op onze kamer, alleen voor ons, wat lekkers mee, want 's avonds hebben we dikwijls honger als we gaan slapen. En ook voor de hele gemeenschap bonnen. We hopen deze maand nog onze bonnen te gaan halen. Laten we hopen dat het lukt. Maar laat ik God allereerst smeken dat het vrede is, zo gauw mogelijk, want dan houden we nog iets van onze familie en ons volk over.

2. ONDERDUIK, 1942-1945

December 1942

De hele stad is weer vol van geval Weinreb, zoals onze speciale correspondent Bram schrijft. Zelfs machinisten spreken ervan (wat die ermee te maken hebben is mij een raadsel: misschien ons naar Frankrijk brengen? Enfin). Onbezet Frankrijk is een paar weken geleden door de moffen bezet. Van de reis zou toch niets meer komen, dus we hadden het al als afgeschreven beschouwd. Maar nu kwam Bram laatst met het nieuws dat de reis toch doorgaat: we gaan in 3 ploegen (degenen die in Westerbork zitten en die inderdaad door Weinreb vastgehouden zijn gaan natuurlijk eerst) naar Lyon. Daar krijgen we een transformatieformulier, dat een jaar geldig is en daarmee moeten we proberen naar Zwitserland of Portugal te komen. We vallen buiten de Jodenwetten dit 1^e jaar. Dus weer zo'n fantastisch plan. Iedereen gaat mee en ieder denkt ook dat het doorgaat.

Nu staan we weer in dubio. Wat te doen? Ik vind het zeer gevaarlijk om te gaan. Ten eerste moet je de moffen nooit geloven. Perhaps brengen ze ons met een omweg naar Polen, nadat ze ons de beste kleren en dekens afgenomen hebben. En als we inderdaad in Lyon zitten, kunnen we misschien niet weg omdat de verbinding met treinen verbroken is en we dus geen geld hebben en we juist van Amerika verwachtten dat ze ons zouden helpen naar Portugal te komen.

Voor degenen die geen andere uitweg hebben is dit een prachtkans, omdat dit inderdaad een kans is, een proef of de Duitsers werkelijk eenmaal hun woord houden. Die hebben toch niets te verliezen. Momenteel worden er uit Zuid-Frankrijk ook Joden weggestuurd naar Polen. Als wij daar komen zijn we vreemdelingen en als de Duitsers zeggen "jullie zijn Joden" en "wat heb ik met de Wehrmacht in Holland te maken, jullie vallen gewoon binnen de Jodenwetten", nou, dan hang je. Daar kun je niet 'zwemmen'. En ook hier in Holland is het gevaarlijk voor ons en voor ons 2^e tehuis. Wij zijn al 8 weken niet thuis geweest. Alle buren weten het, dus de hele straat en alle straatjes spreken erover dat we opgepikt zijn. Als we nu ineens weer komen opdagen spreekt weer iedereen erover, en ook de N.S.B.'ers achter en naast ons horen het. En als ze het gek vinden (wat ze ongetwijfeld doen) geven ze het aan bij de SS en wij allen zijn erbij. En laat staan dat ze het niet doen, we gaan toch legaal weg, dan moet alles thuis kloppen. De stoffen, persen, enz. Die zijn ook allang foetsie. Dus hoe je het bekijkt, ik vind het maar gevaarlijk blijven. Aan de andere kant mogen we de mensen hier niet nodeloos in gevaar laten blijven. Bram zal met Weinreb gaan spreken, zodat we dan iets anders zullen horen. De Wijlers gaan ook mee, van Mathenesserlaan 18 en 22 (beide families dus).

Jet is vandaag getrouwd met Dr. Henk Wijsenbeek, vast ook hiervoor. Jammer, in normale tijden zou ze zo'n prachthuwelijk hebben, en nu... Er was een ogenblik sprake van dat de Wijlers en nog een paar voorname Joden in Nederland naar *Barneveld zouden gaan, om daar geïnterneerd te worden, om voor de cultuur bewaard te blijven. Ook vast weer een truc van de Duitsers. Wat hebben ze graanhandelaars nodig voor de cultuur na de oorlog? Maar dit plan is afgeketst, want ze gaan met Weinreb...

28 december 1942

Een reuze gezellig weekend gehad. Eerste Kerstdag om 9 uur kerstontbijt, reuze gezellig en uitgebreid, alleen helaas (of eigenlijk ook niet, want tegenwoordig draait men er toch alleen maar katten doorheen) eten wij geen gemalen vlees op het brood. (1 à 2 's avonds bij het middageten voor de sterkte)

Onder het eten bemerkte pa ineens dat hij zijn trouwring kwijt is, vreselijke consternatie, na het eten onze hele kamer ondersteboven gehaald, maar niets... 't is weg. Nog op alle mogelijke plaatsen gekeken, maar is nog niet gevonden. Misschien vinden we hem juist als we er niet aan denken, maar

2. ONDERDUIK, 1942-1945

het kan ook zijn dat hij met handenwassen door het fonteintje is geglipt. Dit zou dan in één week twee ringen verloren zijn, want Rachel heeft haar ring, die zij van Hans Schmerling gekregen heeft, ook verloren met aardappelen pitten, van haar vinger gegleden en net toen ze het merkte werden de pitjes door de WC getrokken. Vreselijk zielig voor d'r, want het was een soort talisman, 'n soort verlovingsring beschouwde Rachel het, al was hij helemaal niet van Bram. Eens op een avond, vlak voor de oproepen, wilden we elkaar een herinnering geven, toen nam Rachel dit ringetje van d'r vinger en wilde het mij geven, maar ik nam het niet aan. Zij droeg het altijd, dus haar talisman, die ik haar in Polen niet wilde ontnemen... Toch was het reuze roerend, toen zij het van d'r vinger nam en nu is het helemaal weg... Dit moment zal ik niet vergeten van toen... op die divan. Maar ik dwaal af.

's Middags gesnoept, gelezen, tenminste: met een boek voor me gezeten, en af en toe een blad gelezen. 's Avonds om 6 uur kwam Bram. Toen hebben we de tafel 'netjes' gedekt en gedineerd tot half 9. Afgewassen, opgeknapt, thee (echte) gedronken, toen was het al heel gauw 11 uur (waar blijft de tijd?), gekletst nog wat en om half 12 naar bed. 's Avonds hebben we niks meer clandestien gegeten, want dat konden we echt niet meer. Na het diner heb ik zelfs zo'n maagkrampen gekregen (want ik was het overdadige en ook vette eten niet meer gewend) dat ik moest gaan liggen en corset uitdoen. Het kan ook dat het van het laatste kwam, omdat ik dit ook niet gewend ben. Rachel heeft natuurlijk weer een gat in de nacht gekletst met Bram. 's Ochtends heeft Rachel zich in een dikke peignoir gehuld en zijn ze naast elkaar gekropen. Dit zou ik nooit doen. Ik wil als getrouwde vrouw voor het eerst bij m'n man liggen en mij niet zo gedragen als Rachel, die denkt geloof ik zo nu en dan dat ze getrouwd is. Als Rachel dit zou lezen, zou ze heel verontwaardigde tegenwerpingen maken, alhoewel ze vindt dat ik gelijk heb, "maar," zegt ze, "het zijn geen normale tijden, stel je voor dat Bram opgepikt wordt, dan wil ik zoveel mogelijk alles meegemaakt hebben en zo gezellig mogelijk ook". Aan één kant gelijk, maar Bram wordt waarschijnlijk niet opgepikt (duikt onder), dus wat moet Bram er wel van denken, mocht de verloving nog eens uitgaan. Doch dit zal wel niet, ze houden teveel van elkaar. Maar je kan nooit eens weten, die mannen... en dan zal erover geroddeld worden. Maar ik zwam, want zo ver komt het niet. Ze zullen wel trouwen, ik wou dat het alvast zover was, want ik verlang ernaar bruidsmeisje te zijn. De laatste tijd kijk ik alle Libelles na, of er geen bruid met toebehoren in staat, want ik wil een avondjurk... Was het alleen maar vast na de oorlog, dan zou de studie van Bram vanzelf komen, en als Bram doctorandus is en een baan heeft, dan gaat Rachel trouwen en ik mag bruidsmeisje zijn. Dat zal elkaar als een vanzelfsprekendheid opvolgen. Dus voor de zoveelste maal: de vrede.

Gistermiddag ben ik alleen in de voorkamer op de zalig verende bank gaan zitten met alleen de kerstboom en de schemerlamp aan. Zoiets noemt men sfeer. Zalig gewoon, zo rustig te zitten en te peinzen over alles en nog wat. Later kwamen Bob en Canis bij me zitten en hebben ze me uitgelegd, hoe het met de evangeliën in elkaar zit: 4 personen hebben het leven van Christus opgeschreven, ieder met eigen woorden, maar feiten natuurlijk hetzelfde, soms een tikje uiteenlopend. Jezus is pas op z'n 31^e jaar openbaar opgetreden en op z'n 33^e gestorven, later weer herrezen. Jezus was ook de vervolmaker van de Joodse wet, volgens de katholieken. Ik ben haast overtuigd, het zit 'm alleen nog maar in dat 'haast'. Toch zou ik er later met iemand die er meer van weet, de Rabbijn bijv., over willen spreken. Zo iemand, die zoveel aanhangers kreeg, en die zoveel martelaren na zich had, zou die een gewone 'valse Messias' zijn? We doen haast niets anders dan over godsdienst praten, over zionisme (Bob en Canis zijn ervoor, mijnheer tegen: gaat niet, zegt hij), geloof, katholicisme en Jodendom, over van alles. Maar we worden niet overtuigd, dus elke keer wordt er weer een vraag gesteld, en elke keer begint er weer

2. ONDERDUIK, 1942-1945

een debat. Maar we kunnen ons niet helemaal uitspreken, want we willen hen niet kwetsen. Maar je kan er ook niet over uitgepraat raken, want we weten niet wie er gelijk heeft. Ieder voor zich denkt dat het het goeie is. Maar nu weet ik er iets meer van, en dat vind ik wel prettig. Tenminste weer wat geleerd.

Mies is met haar verloofde naar Wageningen, zijn ouders, en komt morgen pas terug. Je merkt het echt, dat ze er niet zijn, want het is zo rustig. Niet dat ze zo druk is, maar het is zo heel anders als zij er niet is. Een reuze gezellig type is het, maar begint al wat humeurig, oud, te worden; oude vrijster. Op deze titel mag ik mij ook beroemen. Ma zegt dat ik veel te netjes ben, en echt een type voor een oude vrijster, en toen heb ik maar besloten op een zolderkamer te gaan wonen met een poes, maar ik zeg erbij: niet omdat ik het wil, slechts bittere noodzaak omdat niemand mij hebben wil. En nu word ik door iedereen geplaagd met m'n zolderkamer, en zelf wakker ik het aan. Maar nu zei Mies laatst dat ze wil wedden voor ƒ 25,- dat ik vóór m'n 30^e getrouwd ben en Rachel ook, dus ik zal ƒ 50,- moeten dokken, want ik ben toch maar besloten te trouwen. Bob zegt zelfs binnen 5 jaar, maar ook dat geloof ik niet. Bob komt borstplaat eten, hebben we afgesproken, op de zolderkamer, een arme schilder die wat gezelligheid zoekt. Toch zou ik m'n leven dan wel gezellig inrichten. Een gemakkelijk ameublement met schemerlampen en indirecte verlichting, veel boeken, en een werkkring die me interesseert. Bob zou zeggen dat ik daar geen tijd voor heb, want met m'n kransjes zal ik m'n tijd wel vullen: kousen breien, en ondergoed voor de soldaten, want er komt natuurlijk weer een oorlog, of anders voor de arme kindertjes, of als het een ideaalstaat is, zodat er geen armen meer zijn, dan voor de naakte negertjes. Maar dit is maar gekheid.

's Avonds ging Bram weg. Afwassen, nog wat met ma de goeie tijden herdacht vóór de deportatie: de 'tuinbouw'-cursus, de school over het algemeen, nog de laatste Chanoeka-bijeenkomst. Wat lijkt dat lang geleden, hoe goed was het toen nog...

Later op de avond hebben Rachel, Bob en ik bij de schemerlamp in de achterkamer nog wat gepraat, o.a. weer over... godsdienst, dat de godsdienst ons Joden bij elkaar gehouden heeft. Tegenstander was het er niet geheel mee eens. Later toen ik met Rachel alleen zat, verweet ze me dat ik met Bob flirtte, maar toen ik zei dat als ik stijf was en niks zei het ook niet goed was, en nu ik een beetje vlot met iemand spreek, het ook niet goed is, was het maar als grapje bedoeld geweest. Ik geloof dat ze het niet van me gewend is, en daarom maar zoiets zegt, dat ik... enz. enz. Maar nu ik ineens zomaar altijd een paar broers om me heen heb, is het toch niet meer dan billijk dat ik een beetje vrijer in mijn bewegingen ben geworden; maar stel je voor dat iedereen dat vindt, dat zou ik toch ook weer niet prettig vinden. Nu zal ik een beetje opletten en me een beetje intomen, maar dan zal Rachel weer zeggen: "Wat ben je toch stijf!" Nooit is het ook goed.

Januari 1943

Oudejaarsavond ook alweer voorbij. 's Middags allerlei toebereidselen gemaakt, o.a. beslag geroerd voor appelpannenkoekjes. 's Avonds gezellig met elkaar gezeten en gekletst (en niet te vergeten gesnoept, want hieruit bestaat grotendeels hier de gezelligheid). Om even voor 12: souper. Huzarensla, heel grote schotel, prachtig opgemaakt (o.a. met mayonaise, heel grote luxe tegenwoordig). Toen sloeg in Engeland de Big Ben 12 uur, en hebben we vlug nog net een paar hapjes in het oude jaar gegeten. Precies 12 stond de familie Zijlmans op en wensten ze elkaar een zalig Nieuwjaar. Toen kwamen zij aan de beurt. Ma II en Mies hebben een zoentje gekregen. Opeens beginnen de boten te fluiten, Rachel kijkt naar buiten en ziet af en toe een groot licht aan de hemel, we gaan op dak en zien dat er lichtkogels afgeschoten worden. Net vuurwerk, erg leuk gezicht. Weer naar beneden, onze laatste slok likeur – triple sec – wordt gedronken, weer aan tafel, we souperen verder, allemaal een beetje onder de indruk van het Nieuwjaar. Als de koude schotel op is, begint mijnheer [Zijlmans] zijn Nieuwjaarsspeech (elk jaar houdt hij er één). Hij gaat alle belangrijke gebeurtenissen van het jaar na, wij worden natuurlijk ook niet vergeten, elk kind wordt op de beurt behandeld. Mies is altijd zo lief voor ieder, en Bob ook, doet flink z'n best, Canis ook grote steun, maar moet zichzelf nog iets beter leren kennen, moet meer in zichzelf kijken. Canis praat altijd zoveel, wil de hele wereld veranderen, de staat was niet goed voor de oorlog, enz., maar is nog veel te jong, veel te onervaren en dit kan mijnheer niet uitstaan. Ook worden er vele woorden aan Nederlands-Indië gewijd. Het was erg ontroerend en toen mijnheer klaar was, waren we er allemaal even stil van.

Zulke woorden moeten je in je leven bij blijven, en daarom vind ik het zo prettig alles op te tekenen, dan weet je later, als je nog eens aan dit Oud & Nieuw denkt, en dat zal ik ongetwijfeld doen, of iets indruk op je maakte of niet. Tenminste, als je het nog eens overleest. Of als je kinderen er eens naar vragen, hoe je dat vierde, toen je ondergedoken was, of je toen de hele avond op je kamertje gezeten hebt, kon je tenminste even naslaan hoe het precies was.

Bram was 's avonds even geweest (bij z'n hospita zou hij die avond doorbrengen, mevrouw Mol had hem al uitgenodigd) en gaf mij 2 boekjes, die ik Rachel na middernacht geven moest. Het ene was *'Vredesalbum', allerlei citaten over de oorlog, en de tweede... *'Baby's eerste levensjaar'. Toen Bram me de titel in het oor fluisterde vond ik het zo prachtig, en Rachel heb ik de hele avond nieuwsgierig gemaakt. Ik gaf 't in de familiekring, maar toen ze het openmaakte, overtrok een blos haar gelaat, eerst vond zij het flauw – maar later wel leuk.

Afgewassen, koffie gedronken, nog nagekletst tot 2 uur en naar bed. Verder niet veel bijzonders in de volgende dagen gebeurd.

[onbekende datum in januari 1943]

Bob heeft meegedaan aan een wedstrijd van *Paul Tetar van Elven (stichting). Eerst moeten er een heleboel schilders (± 60 uit Nederland, tot 35 jaar) een historische proefschets insturen. Bob stuurde in 'de Emmaüsgangers'. Een poosje later hoorden we dat hij met nog drie of vier anderen tot het proefkamp toegelaten zou worden. Wat natuurlijk een vreselijk grote eer voor hem is. Vorige week ging hij naar Amsterdam om daar de schets te maken: de verzoening tussen Tromp en De Ruyter door Willem III. Zelf vond hij het wel goed, en gister kreeg hij bericht dat hij tot de werkelijke wedstrijd is toegelaten. Dit zijn maar 2, hoogstens 3, schilders in Nederland. Heb ik nu geen recht om op mijn 'schijnbroer' trots te zijn? Stel je voor dat hij hem wint... dan krijgt hij een subsidie van ƒ 8000,- om te reizen. En niet dat alleen, maar de naam... Het laatste schilderij komt in een museumpje te Delft te hangen.

Rachel tobt weer. Ze doet niets anders. Prettig als je verloofd bent. Ik ga het ook vast gauw doen. Nu hebben ze weer het volgende probleem: Bram heeft nu een intieme vriend, Roland Frederikstadt. Hij schrijft Bram wel eens brieven, maar die wil Bram Rachel niet laten lezen, omdat ze niet voor haar bestemd zijn, aldus Bram. Maar Bram wil Roland na z'n trouwen behouden en zal met hem willen corresponderen en daarmee heeft Rachel dan niets te maken. Zij hoeft de brieven die voor Bram komen niet te lezen. Is dit juist? Voor mijzelf ben ik het er nog niet helemaal mee eens. Ikzelf kan mij eigenlijk zoiets moeilijk voorstellen, want ik zal mij aan mijn eigen man moeten aanpassen, tenminste, moeten leren aanpassen, maar daar ik er nog geen heb...

Na het trouwen zijn man en vrouw toch één. Dus is de vriend van de man ook de vriend van de vrouw. Dus mag de vrouw de brieven ook lezen, maar dit gaat niet altijd op. Wanneer de man een eigen leven leidt en de vrouw ook, dan kan het toch nooit een harmonisch huwelijk worden? Dan heeft de man soms zorgen voor z'n vriend en daarvan mag de vrouw dan niets weten. Dit is toch niet goed? Maar aan de andere kant kan ik begrijpen dat de vriend wil dat het niemand meer weet. Als ik Rachel een brief later zal schrijven, heb ik geloof ik ook liever niet dat Bram het leest. Brieven van vrouw tot vrouw. En zo is het misschien ook brieven van man tot man.

Maar, zoals ma terecht zegt, een man heeft zijn vrouw en die moet je volkomen vertrouwen en alles toevertrouwen en dan heb je geen behoefte meer aan een vriend. Die heb je in je vrijgezellenleven. Alles wat tussen man en vrouw gebeurt, hoeft niet direct aan derden verteld te worden. Dan kun je goede kennissen hebben, maar het zuivere vriend van man of vrouw is dan uitgesloten. Mies zegt dat als je verloofd of getrouwd bent, je geen intieme vriend meer nodig kan en mag hebben. De problemen moeten tussen man en vrouw zelf opgelost worden. Ik geloof dat ze gelijk hebben. Als ik verloofd of getrouwd ben, zal ik trachten een harmonisch geheel te krijgen, waarin ik niets aan derden van ons geluk zal vertellen, en dan vergaat de vriendschap vanzelf wel van mij en mijn vriendin (Sonja?). Dus dan is het brievenprobleem vanzelf opgelost, dan krijg je ze niet. Bram wil later ook nog met een oud-collega corresponderen, Froukje Mulder. Goed, maar waarom zou Rachel dit niet mogen lezen? Ze zal het misschien niet begrijpen, die economische termen, maar daarom mag ze het toch wel lezen? Natuurlijk! Tot de slotconclusie kom ik, dat Bram ongelijk heeft. Tenminste... hemzelf heb ik er nog niet over gehoord, als hij sterke argumenten heeft, zal ik er nog wel eens over denken en schrijven.

[onbekende datum in januari 1943]

Tante op visite gekomen. Nagenoeg niets van gemerkt. Volgens sommige berichten is er een transport door, waaronder ± 150 personen van de lijst Weinreb. Tot nu toe waren ze vastgehouden in Westerbork. Zou er nu niets meer van komen?

Het transport is wel uitgesteld, maar toch hebben ze nog hoop...

De Wijlers zijn toch maar naar Barneveld vertrokken. Tenminste, degenen van nummer 18. Pa Jo Wijler van nummer 22 is gearresteerd. Waarom? Waarschijnlijk omdat hij Jood is. Vervelende geschiedenis. Hetty heeft al een brief uit Barneveld geschreven.

P.S. Paar weken later pa alweer vrij gelukkig.

[onbekende datum in januari 1943]

Tot nu toe haalden we nog altijd onze distributiebescheiden: of Bram of de verloofde van Mies is gegaan. Maar nu is een verordening gekomen dat als je niet zelf gaat, je een volmacht geven moet en op deze volmacht (die natuurlijk daar blijft) komt het persoonsbewijsnummer te staan van de gemachtigde. Nu zijn wij bang dat als de verloofde van Mies gaat, ze bij hem later nog eens kunnen komen en zeggen "jij hebt bonnen gehaald, waar zijn ze?" Ook moet er een lijst zijn van bepaalde personen. Wie weten wij niet. Of er ondergedoken Joden opstaan, en überhaupt niet of wij erop staan, want ons hebben ze waarschijnlijk nog niet gezocht. (De buren weten er tenminste niets van: op een ochtend waren we ineens verdwenen, zeiden ze tegen mevrouw [Zijlmans].) Nu gaat pa straks zelf even. Laten we hopen en God smeken dat alles van een leien dakje gaan zal en pa behouden met bonnen weer terug zal komen. Verloofde van Mies gaat een oogje in het zeil houden. Pa kan later (laten we het hopen) niet eens zeggen dat hij echt ondergedoken was, want hij is op straat geweest...

Vanochtend hoorden we dat er weer een *prinsesje geboren is, 't derde, leuk. Rachel heeft gisteravond gewed met Bob om 5 sigaretten. Rachel verloren.

2. ONDERDUIK, 1942-1945

[onbekende datum in januari 1943]

Pa is alweer terug. Alles goed gegaan. Geen kennissen tegengekomen, alleen 's middags op 't distributiekantoor zat een buurman van ons. Hij knikte pa toe. Hij is erg safe, dus als we eens in de penarie zitten, kan hij ons misschien onze bonnen nog wel geven. Dus over het geheel was het gunstig, dat pa zelf ging.

[onbekende datum in januari/februari 1943]

Benieuwd wat er vandaag weer gebeurt voor verschrikkelijks. We hebben namelijk al 2 weken achter elkaar op vrijdag vreselijke dagen meegemaakt. Twee weken geleden kwam ik na het stoffen van onze kamer beneden om koffie te drinken. Mijnheer [Zijlmans] vertelde dat er in het noorden en in Blijdorp huiszoekingen gedaan waren. Hele straten hebben ze 's nachts om 3 uur huis aan huis doorzocht. Mensen om persoonsbewijs gevraagd en weggegaan. Ze zochten namelijk een man, die in de Insulindestraat (Noord) aangeschoten was en toch nog ontsnapt, dus kon niet zo erg ver zijn, dus hij moest in die buurt zijn, dus hebben ze alles nagezocht. (De één zegt dat hij een politieke moordenaar is, de ander dat hij in Augustus een bom bij het Hofplein neergelegd heeft) Nu waren we doodsbang dat ze de volgende nachten weer in andere buurten zouden komen en dan... zouden we erbij zijn als er geen maatregelen getroffen zouden zijn. Dus... (hebben we besloten na lang geredeneer) als er gebeld wordt gaan wij naar het dak, achter een schoorsteen zitten (we hebben ons die volgende nacht dan ook haast niet uitgekleed), en onze mantels weer tevoorschijn gehaald. Mevrouw en mijnheer Zijlmans in ma's bed, Canis in mevrouws bed. Wij sliepen die nacht bij ma (want mocht niet beslapen zijn, het bed). Die nacht hebben we rustig geslapen, er is niets voorgevallen. Ook niet in de volgende. Nu denken we er al helemaal niet meer aan, maar toch zijn zulke voorbereidingen wel goed. Alhoewel ik geloof dat áls ze al komen controleren we verloren zijn. Als ze schijnen op het dak zullen ze ons heus wel zien achter een schoorsteen, maar we kunnen ook het geluk hebben dat ze niet op dak zoeken en dan... zijn we gered. Maar laten we hopen dat het nooit zo ver komt.

Vorige week vrijdag hebben we duizend keer meer nog in angst gezeten. Donderdagavond zijn Mies en Bob er niet bij het avondeten. "Oh, die zitten natuurlijk bij de verloofde van Mies," dachten we. Om kwart over 8 komt Mies alleen. Eerst geloofden we niet dat Bob er niet was, maar ze zwoer dat ze niet wist waar hij was. Mies had een beetje gekletst, daarom was het zo laat geworden. Het wordt al later, Bob is er niet. We gaan naar bed. Zal wel naar een kennis gegaan zijn en blijven slapen (doet hij wel eens meer, maar op zondag en dan zegt hij het van tevoren). Maar de volgende dag is het al 12 uur en nog is hij er niet. Mijnheer belt op, naar die bewuste kennis (waar hij wel eens blijft), maar Bob was er niet. In z'n atelier was hij ook niet, de andere schilders van de flat hebben hem ook niet gezien na 5 uur de vorige dag. Dus... wat moeten we ervan denken? Mevrouw dacht met een stelletje schilders wat gezegd (de prinses was pas geboren) en door de politie opgepikt, dus verwachtten we al dat de politie zo een inval zou doen, misschien was het wel iets met zwarte handel, uitgelekt, daarom gearresteerd, en politie het huis nazoeken. Alles kan.

Tot overmaat van ramp komt mijnheer 's middags langs ons huis en ziet de deur openstaan, en *Mussert voor onze ramen geplakt. Ze hebben het ontdekt dat we er niet meer waren (met inventariseren perhaps, bij Vromen waren ze ook al) waarschijnlijk. Dus nu brengen we weer het verdwijnen van Bob met ons huis in verband. In ieder geval een verschrikkelijke dag. Alles kwijt, onze piano, meubelen, we hadden nog een hoop dat ons huis nog staan zou als de vrede gauw kwam, maar...

Om 6 uur 's avonds (we voelen ons net als in de tijd van de

oproepen, als er gebeld wordt) komt het buurmeisje vertellen dat er 's middags opgebeld is uit Den Haag, dat Bob 's avonds thuiskomt om te eten. Ze hadden geen tijd gehad om het eerder te vertellen... En daarom hebben wij zo in angst gezeten. Maar toch begrijpen we er niets van. 's Avonds komt Bob weer niet, wel een kennis van hem, die schilder die ook mee mag doen aan die wedstrijd, *Kikkert. Mevrouw was 's middags bij hem geweest om te informeren. Als er visite komt vluchten we allemaal naar boven, het gaat erg goed; want voor die mensen de 3 trappen opklimmen hebben wij die ene al-lang gedaan. Alleen met eten is het lastig, al die borden... maar dan komt er niemand.

Kikkert vertelt dat hij hier en daar gevraagd heeft en te weten is gekomen dat Bob een vriend tegengekomen is, die hij al 6 jaar niet gezien heeft. Is meegegaan met hem naar Den Haag. That's all. 's Avonds komt Bob weer niet, maar we zijn niet ongerust. Volgende dag eindelijk na het ontbijt verschijnt hij na precies 2 x 24 uur verdwenen te zijn. We zijn allemaal woest op hem omdat hij ons zo in angst heeft laten zitten, maar het is eigenlijk een toevallige samenloop van omstandig-heden allemaal. Ons huis en dan die dame die dat telefoonbe-richt niet door kon geven... Het was allemaal niet zo erg geweest als hij die donderdag even voordat hij naar Den Haag gegaan was had opgebeld... ja, maar *wenn das Wörtchen 'wenn' nicht wär... Beterschap beloofd.

Gisteren hadden we een beetje een herhaling van vorige week. Weer waren Mies en Bob er niet bij het avondeten. Mies kwam half 8 (gekletst), Bob weer niet. Vanochtend hoorden we dat hij gisteren toen hij naar huis wilde gaan van z'n atelier in een put voor zijn huis gevallen is. Bewusteloos geweest, weer bijgebracht, naar kennis in de buurt gegaan. 's Avonds teruggekomen. Z'n neus bezeerd, grote wond, niet erg. Zo zit je in de war als er niets is en niet als er wel iets is. So ist das Leben nun einmal.

Verder ben ik deze week erg verkouden geweest, desalniettemin werk ik vlijtig. Heb een Frans vertaalboek (Fr-H) gevonden en ben ijverig aan het vertalen geslagen, vast oefenen voor september als ik weer naar school moet...

Ik heb mijn zinnen erop gezet om te 'trekken' deze zomer per fiets, maar ik geloof dat het blijft bij trekken door het huis. Maar ik wil zo graag dat het afgelopen is voor de zomer...

[onbekende datum in januari/februari 1943]

Zo gelachen, echt om op te tekenen en te laten zien later aan mijn man, wat voor gevaarlijke vrouw ik zijn kan. Ik zat op de divan gepropt tussen pa en Bob te lezen. Mevrouw ging naar de keuken, beloofde havermoutkoekjes bakken. Dus wilde ik op mevrouws plaats gaan zitten. Bob trekt aan m'n arm, ik mag niet weg. Even gerukt, eindelijk gooit hij mijn boek naar die stoel toe en zegt "ga maar, nu wil ik niet meer" en gooit ook zijn boek weg, maar dat was met vuur spelen, want nu wordt mijn haar door de war gemaakt (en daar heb ik toch al zo'n moeite mee om het een beetje te fatsoeneren). Ik probeer de pieken van Bob te bemachtigen. Na veel moeite gelukt. Maar nu begint de Kampf um Leben om het te houden. Onder veel gelach vechten we door, totdat ik plotseling een vlokje blond haar in mijn vingers houd. Eigenlijk is het geen vlokje, maar een hele vlok, een pluk. Ik begin te gieren. Het is dan ook geen gezicht, 2 kemphanen waarvan één met een pluk haar, werkelijk schandelijk van me. Maar ik wist niet dat ik zo hard getrokken had. En pijn moet het ook gedaan hebben, want Bob zei "och, het deed niet zo'n pijn", dus nu kun je wel begrijpen dat het wel erg was. Mama was woest. Ik mag niet meer vechten, zegt ze. Maar als je je de hele dag verveelt (zondag speel ik liever geen piano, met de hele familie weg, en ook dat gaat niet al te goed, want de één wil radio, de ander kletst, en het is zo warm...! Nee bah) en als je dan opeens de kans krijgt uit de band te springen... maar all by all, we (Bob ook) hebben reuze pret gehad. Voilà de gevaarlijke vrouw.

P.S. Bram probeert vandaag onze distributiebescheiden te halen, gelijk met het gesticht (Oudeliedengesticht, waar hij werkt).

P.S. II. Gelukt, niets gevraagd, weer tot april te eten. Wie dan leeft, dan zorgt. Fijn!!

Februari 1943

Pas is hier in Den Haag een zekere generaal *Seyffardt vermoord. Nederlands, maar grote verrader, N.S.B.'er, stuurde mensen naar het Oostfront en leidt ze op. Om ± 7 uur werd hij neergeschoten, vlak voor zijn huis. De volgende dag stierf hij. Hij heeft gevraagd of er voor hem geen bloed vergoten zou worden, wat heel sympathiek nog van hem is, want die arme gijzelaars gaan er maar aan. Maar nu worden de laatste dagen en nachten overal studenten opgepikt van de straten en van hun bedden gelicht. Ook scholieren van middelbare scholen. Van Canis' school 40 leerlingen. Hijzelf is gistermiddag naar huis gestuurd. De verwarming was kapot...

In het kosthuis van de verloofde van Mies hebben ze de zoon van de hospita meegenomen, alhoewel helemaal geen student. (was wel vroeger op de M.T.S. geweest) De verloofde van Mies op dak gevlucht, want die wist toch niet wie ze hebben moesten. In ieder geval is er in de stad een paniekstemming: geen jongeman durft meer op straat. De moffen zeggen dat het geen represaillemaatregel voor Seyffardt is, maar waarom is het dan? Zeker bang voor een invasie en ze wilden zeker liever geen jongemannen hebben in Nederland. De jongens worden door politieagenten en W.A.-mannen opgehaald, naar de loods gebracht (Stieltjesplein, waar wij Joden ook hebben gezeten) en naar Vught getransporteerd. Westerbork bestaat niet meer, verhuisd naar Vught. Half concentratie (straf) kamp. Amersfoort (ook een strafkamp) is verplaatst naar Vught. Nu zegt men dat zij daar naar toe gaan. Er zijn jongens bij van 16 jaar. Wie weet worden ze ook wel doorgestuurd naar Duitsland. Want ook daar gaat er een grote deportatie heen op grote schaal. Mannen tot 45 worden opgeroepen van kantoren, gekeurd en foetsie... Verschrikkelijke misère, overal, in elk huisgezin haast.

Mama heeft een boek gelezen, *'Napoleon', een kei van een boek, 800 bladzijden, en zei dat als ze het uit heeft, de oorlog ook afgelopen is. Nu is ze op de laatste bladzijde, dus vandaag of morgen hoort de oorlog afgelopen te zijn, want wat ma zegt komt meestal uit... Vannacht heb ik al van de vrede gedroomd. Ons huis was nog geheel intact. Het huis van Bram z'n ouders was leeggehaald. Maar ze hebben nog meubelen bij niet-Joden, maar die wilden ze niet teruggeven. Sonja heb ik gezien. Ik was erg blij dat ze weer terug was, ze kreeg een zoen van me. Ze was in Turkije geweest. Nog veel meer kennissen gezien. Het was natuurlijk reuze prettig! Zou die droom uitkomen? Slechts één keer is er bij mij een droom uitgekomen (en nog maar gedeeltelijk, misschien komt later de rest nog wel uit) en ook toen was het juist zo'n reuze beroerde nacht geweest. Überhaupt een beroerde tijd, zo nu weer! Wie weet is het gauw vrede.

Groningen en Friesland zijn geheel Jodenvrij gemaakt, alle gesperrden zijn opgehaald. Wat een geluk dat juist Brams ouders naar Amsterdam geïnterneerd zijn, nog geen 2 weken geleden. Als we Froukje toch niet hadden. Gelukkig hebben we haar wel. Roland is nog in Westerbork. Heeft veel kans doorgestuurd te worden... een beetje kans naar Vught te mogen gaan.

[onbekende datum]

Eindelijk is het dan zover dat we huisloos zijn en op een vrijdag... Vorige week kwam Pa II thuis en vertelde dat het raampje boven de buitendeur er helemaal uit was. Wie het gedaan heeft weten we niet. Nog een paar dagen later was Mussert

2. ONDERDUIK, 1942-1945

weg van onze ruiten. Dus hiervan hadden we al het bewijs dat ze in ons huis kwamen. Donderdag hing er een takel aan ons huis, maar die was 's avonds weer verdwenen, wat er niet uitgehaald was, had niemand gezien en vrijdag zijn ze intensief begonnen te plunderen. De huiskamer en het schrijfbureau zag 'men' staan in de verhuiswagen van Van Hoek, tel 44400. Erg down natuurlijk, toen we het pas hoorden, maar het was toch elk ogenblik te verwachten geweest, vooral nu het ook een maandje geleden verzegeld is geworden. Maar we hoopten altijd nog...

Misschien als we thuis geweest waren, had het nog zo'n vaart niet gelopen, want waarschijnlijk kwamen ze inventariseren, en waren we niet thuis. Ook had Froukje ons naar Amsterdam kunnen laten verhuizen met meenemen van al onze meubelen. Maar wat hadden we daaraan gehad? Als de oorlog dan niet heel, heel erg gauw afloopt worden we vanaf Amsterdam naar Polen gestuurd, en wat zouden we dan aan onze meubelen hebben? Nu hebben we tenminste ons leven en zo God wil, na de oorlog hebben we nog een beetje geld in Amerika, waarvan we nieuwe meubelen kunnen kopen. Ons leven of ons huis? Als we huis kiezen, wat hebben we er dan aan als we dood zijn? (waar we 99% kans voor hebben in Polen) En als we ons leven gekozen hebben, zoals nu, dan hebben we nog kans, misschien niet zo mooi, om alles terug te krijgen. Ik geloof dat menigeen nog met ons zou willen ruilen. Dus... flink zijn en weg downe stemming.

Bram kwam laatst uit Amsterdam en vertelde dat er weer 700 zielen waren opgehaald. Dus moeten wij niet gelukkig zijn dat we hier rustig zitten, en niet zo'n directe angst hebben? Ook vertelde hij dat er mensen ontdekt zijn, die ondergedoken waren. Iemand ging bridgen (kaartspel) bij iemand in een bewaakt huis, zodoende uitgekomen. Rachel is nu nog banger. Toch is bij ons ook de leuze: oppassen!

Tante Dora is ondergedoken!!! Hoe en wat weten we niet. Voor wij weggingen hebben we Tante Dora gezegd dat zij ook proberen moest te duiken. Maar hoe moet zij aan connecties komen? In het ziekenhuis in Utrecht kwam een gojse dame een kamergenoot bezoeken en daar heeft tante Dora eens mee gesproken over zwemmen, maar ze is niet meer teruggekomen, die dame, en tante Dora ging naar Amsterdam. Ze wist ook geen adres, maar misschien heeft die dame moeite gedaan. We vermoeden in ieder geval dat tante Dora bij haar is. Of heeft Froukje haar misschien geholpen? Dit blijft wel een vraag.

Met de politiek gaat het wel goed. Rostov en Charkov zijn weer eens in Russische handen. Churchill heeft geconfereerd met Roosevelt in Casablanca (Afrika) en heeft een 9 maandenplan opgesteld. In die 9 maanden zou de invasie vallen. Dus het vooruitzicht is allereerst 9 maanden en dan gaan ze zeker nog eens confereren en stellen ze nog zoiets op. Reuze vooruitzicht! Toch laat ik me niet down maken en leef in het prettige vooruitzicht van een spoedige vrede. Mama zegt ook dat de vrede gauw komt en ze heeft ook altijd gezegd dat ze ons huis net op het laatste nippertje zouden plunderen. En dit is al gebeurd, dus nu nog de vrede... Mama heeft wel een beetje een vooruitziende geest, maar met de oorlog wil het niet lukken, ze heeft vorig jaar ook al gezegd dat het gauw afgelopen zou zijn.

Na Seyffardt zijn nog een paar mensen vermoord. Eerst een aanslag op *Reydon en zijn vrouw gepleegd. Hij is pas tot minister gekozen. Jammer genoeg is hij niet dood, maar in zijn ruggenmerg gewond, dus heeft nog een schijn van kans te blijven leven, maar voor zijn gehele leven verminkt. Als Pa II thuiskomt, is de eerste vraag tegenwoordig: "Wie is er dood?" De laatste tijd is het antwoord 'niemand', maar in het begin was het de hele tijd een ander. Een W.A.-man, een officier, een burgemeester van Utrecht, maar dat laatste is waarschijnlijk niet waar. En tout cas zijn er een paar goeie naar de andere wereld geholpen. Niet alleen in Holland, maar ook in Bulgarije is een minister-president foetsie-foetsie.

2. ONDERDUIK, 1942-1945

De Mol's zijn naar Amsterdam verhuisd. Froukje heeft het voor ze gedaan gekregen, maar nu moet Bram verhuizen. Hij gaat naar Vorst, in dezelfde straat. Vorst is een reuze geschikte vent, godsdienstleraar, erg vroom en knap. Bram had nog een boekenkast op zijn kamer staan, die heeft Bob nu in z'n atelier. Alles wat Bram had aan oude rommel heeft hij meegegeven, zelfs lege blikjes en sigarendozen. Want, zegt hij, de moffen gebruiken alles. Toen wij wat uit huis wilden slepen zei hij: "Ach, waarom? Als je je leven redt dan heb je het niet meer nodig", maar nu hij er zelf voorstaat, geeft hij zelfs een kapot kleerhangertje mee. Zo kun je zien, als een mens rustig is, dat hij veel meer bereikt dan dat hij zo nerveus is.

Hij heeft nu aan ons gezien, dat alles zo goed is gelopen en nu heeft hij zelf veel meer moed. Toch hebben wij ook niet te klagen, omdat het meeste al uit ons huis was, op meubelen na. Maar ons zilver, goud, linnengoed en kostbare versleepbare dingen zijn ook ondergedoken... Als we ze maar terugkrijgen als het zover is. Maar daar denken we nog niet aan...

Pa of ma opperde laatst het plan om direct door te gaan naar Palestina als het zo ver is. Ik voel er wel iets voor, alhoewel ik eigenlijk toch wel eerst mijn school, m'n algemene ontwikkeling, zou willen afmaken. Eerst nog 2 jaar H.B.S. en dan misschien wel de cursus voor analiste volgen. Daar voel ik toch wel iets voor. Als ik toch oude vrijster moet blijven, wil ik niet m'n hele leven op een kantoor of in de huishouding slijten, maar een werkkring die me trekt: proeven nemen in de chemie. Maar ik weet niet of ik wel goed genoeg ben in scheikunde en ik weet ook niet of ze zo iemand nog in Palestina kunnen gebruiken, want vroeg of laat moet mijn toekomst toch daar zijn. In een eigen land móet de oplossing van het Jodenvraagstuk liggen. En toch, als ik denk over later, denk ik mijn toekomst hier, in Holland. Maar wie weet vind ik toch nog 'n levensgezel, en met hem samen zal ik graag naar ons nieuwe land trekken. Of zou ik die gezel daar in Palestina ontmoeten? Ikzelf denk nog altijd aan Sam, als levensgezel, maar wie weet heeft hij zich (omdat het zulke tijden zijn) toch al officieus verloofd met dat niet-Joodse meisje? Jaloers, Carry?

Maart 1943

Allereerst News of the Day (van een maand geleden al, want ik heb schandelijk dagboek verwaarloosd): Jet Wijler krijgt een baby. Pa Wijler was in de stad naar de dokter en toen heeft Bram hem gesproken. Ik vind het prachtig, zo'n kind-vrouw-moedertje. Ook zij is in Barneveld. Toch jammer voor haar, dat ze in zulke omstandigheden d'r eerste baby krijgen moet.

Roland Frederikstadt is naar Vught overgeplaatst. Goed is het daar niet, maar toch beter dan Polen.

2 weken geleden vrijdag, let wel: weer vrijdag, is het *Joods Oudeliedengesticht, ziekenhuis en weeshuis leeggehaald. 's Ochtends kwam er een hele afdeling W.A.-mannen en moffen en rechercheurs en Hollandse politie met verschrikkelijk veel overvalwagens, en bezette eerst het ziekenhuis volledig, zodat er geen kip meer uit kon. Etty Vromen en Tilly Bosman kwamen net aan om naar kantoor te gaan en gingen vlug rechtsomkeert naar huis toe, gelukkig. Nu zijn zij tenminste nog gespaard gebleven. Bram zag het ook en ging vlug het Oudeliedengesticht in en zei tegen een paar jongens: "Probeer te vluchten!" (want in het Oudeliedengesticht zaten de moffen nog niet) Maar de woorden waren nog niet koud of die pestlui kwamen al aanzetten. Wijzende op de open deur, vroegen zij aan Bram of er iemand weggegaan was. "Weet ik niet". Voorbijgangers van hun fietsen gesleurd en de W.A. achter die paar jongens aan en allen achterhaald. Bram had een band van de Joodse Raad omgedaan (die had hij net een paar dagen geleden gekregen) en was zodoende vrij, anders had hij met de rest mee gemoeten. Iedereen, letterlijk iedereen, die in het ziekenhuis of het Oudeliedengesticht was moest mee, zelfs een paar die in sjoel waren. Bram vroeg nog clementie voor een

2. ONDERDUIK, 1942-1945

blinde, maar neen! Alle zusters, alle patiënten, mee! Arme mevrouw Van Zwanenbergh, arme Dora Landau, arme duizenden anderen. Een meisje van Frenkel was net één dag gaan helpen wegens drukte, ook mee. Mijnheer Rokach, voorzanger, was als geestelijke in 't ziekenhuis, mee! En geneesheer-directeur Dr. Elzas, mee! Zoontje van de rabbijn, zogenaamd kokje, mee! Kortom; alles! En Bram, Bram Geluksvogel, door het oog van de naald geglipt, en is vrij. Wat een geluk. Is het nou niet waar dat God met ons is? Natuurlijk!

Bram had het juist zo goed in het O.L.G. [Oudeliedengesticht]. De Mols zijn al verhuisd en Bram at in het Gesticht: pap en 7 glazen volle melk per dag, borstplaat, in één woord prachtig. Hij zat er nog geen week of die misère weer. Hij was sinds een paar weken volledig directeur geweest, want *mevrouw [Den] Hartog, directrice, is ondergedoken. We hadden er nog een hele discussie over, of ze wel goed gedaan had haar post te verlaten, want zij is toch verantwoordelijk voor het Gesticht. Toen zij weg was, zijn ze allen erg zenuwachtig geworden, want ze dachten dat het al leeggehaald werd... De zusters wilden extern worden, maar Bram heeft alles gesust. Aan de andere kant zien we dat ze gelijk had met weg te gaan, wat zou ze geholpen hebben, hoogstens nog één meer mee naar de dood! Dit is volgens het verstand, maar het gevoel zegt toch anders!

Toen sliep en at Bram maar bij Vorst en ook soms bij ons. Voor mevrouw Vorst was het te moeilijk, altijd een kostganger erbij, vooral nu ze weer een kindje krijgt... Maar nu heeft Froukje beweerd dat Rotterdam eerdaags leeggehaald wordt en moet Bram naar Amsterdam verhuizen. Hij sliep al de hele week of bij ons of thuis in Amsterdam, want bij de Vorsts was het al te gevaarlijk, en eergisteren is hij voorgoed verdwenen. En we zien hem pas weer als het weer te gevaarlijk in Amsterdam wordt en hij moet gaan duiken. Laten we hopen dat het nooit nodig is, want dat er dan vrede is.

In Rusland winnen de moffen het weer een tikje. Charkov

is een stukje weer in Duitse handen en straks gaat het weer terug en dan weer terug, en zo een paar jaar door. Rachel beweerde in het begin van de maand dat morgen de invasie er zou zijn en nu zegt ze al volgende maand. Ma, "de helderziende" (ik geloof echt in haar – anders – nu hoop ik ook dat het zo mag wezen) beweert dat het begin volgende maand afgelopen is... door een wonder... We zullen zien, zei m'n zuster Sien. Ik denk eind dit jaar: oktober, november. Nu is het al zo'n zalig weer. Net zat ik op het hoogste trapje bij het dak en de zon was al zo warm, ik heb echt even gezonnebaad, maar ik ging naar beneden om een zonnebril te halen, toen ik vond dat het wel eens tijd voor dagboek werd, et voilà.

Peretz, of wat waarschijnlijker is: Juchoes, zit in Vught. Hoe en wat weten we niet, waarschijnlijk Wehrmachssperre, daarvan zijn er een heleboel opgepikt. Gisteren zijn hier van de weg ook Joden opgepikt. Enkelen zeggen ondergedoken... 15 huizen verder... Anderen zeggen weer razzia.

Wij krijgen dikwijls van Groesbeek plattelands-aardappelbonnen, die moeten dan in een dorpje ingewisseld worden. Canis gaat dan naar Zoetermeer, bij Leiden, op de fiets en brengt zo 30 kilo mee. Tot nu toe is het goed gegaan, tot hij vorige week aangehouden werd en opgeschreven werd. Omdat hij minderjarig is, zouden ze eens met z'n pa komen praten – wat ze dan ook deden. Ze zeiden, dat ze 15 kilo nog wel doorlieten en ze kletsten wat, en Pa II moest bekennen dat Canis met medeweten van hem was gegaan en toen ging de controleur weer foetsie, waarschijnlijk f 6,- boete. Valt mee! Maar nu is de controle verscherpt, zodat ze geen aardappels meer doorlaten. Maar Ma II heeft een kennis, die moffen op kamers heeft, en die kennis heeft aangeboden toen ze van de aanhouding hoorde, dat die mof de aardappels wel met de Wehrmachtswagen zou halen met die zwarte bonnen. Dus ook dit moeilijkheidje is uit de weg geruimd. Ma II zou zeggen: zie je nu wel, alles komt goed, het moest zo zijn.

Overigens kan ik me niet voorstellen dat we al haast 5

maanden hier zijn. Omgevlógen zijn ze! Werk heb ik nog wel voor 5 maanden, maar toch had ik liever vrede. (daar kom ik weer met m'n oude stokpaardje: de Vrede) Misschien schrijf ik de volgende keer wel weer in mijn eigen oude dagboek over de Vrede.

P.S. Ma heeft erge pijn in d'r oor gehad en in heel d'r linker kaakhelft: kou gevat of zenuwen! Nu is het gelukkig al bijna over. We dachten er al haast aan om Dr. Koning te moeten roepen (dit is hier de huisdokter, 100% te vertrouwen, volgens hen).

Mijn tante komt tegenwoordig ook pijnloos gelukkig. Van Onkel Iziu krijgen we via Froukje post. Hij ging al naar de barakken, maar het is gelukkig weer uitgesteld. Familieleden, kennissen of patiënten zijn er niet meer. Als Vrede of Invasie niet vlug komt, komt het hier ook zo ver. Het lijkt er trouwens al veel op.

[Wat later niet te doen met mijn kinderen:]
1. Nooit met een jongen plagen, vooral niet als hij erbij is.
2. Niet zinspelen (plagend) over verliefdheid als ze vriendschappelijk met elkaar omgaan (vriendschappelijk als er bijv. geen sprake is van huwelijk door godsdienstverschil of dergelijk).

[tweede schrift]

11 Mei 1943.

Het mocht niet zo zijn als ik gedacht had: namelijk in mijn oude dagboek verder gaan. Daarom heb ik al zolang niet geschreven, want elk ogenblik dacht ik: misschien tóch... Maar nu vond ik het al welletjes. Alhoewel de vrede nu best gauw kan komen, want de Duitsers zijn al uit Afrika verdreven. Een week voor mijn verjaardag kwam ik zondagochtend voor het ontbijt naar beneden en toen vertelde "men" dat de *Amerikanen in Afrika geland waren. Eerst begreep ik de betekenis er niet van, want de Engelsen, die vechten er allang zo'n beetje. Maar van die dag af kwam de victorie. De Moffen vlogen achteruit. Ik dacht dat ze zelfs al veel eerder weg zouden gaan, maar in Tunis hebben ze standgehouden, d.w.z. de Engelsen wilden ze daar nog niet zo vlug uit verdrijven, want dan zou er ergens in Europa de invasie komen, en daar waren ze blijkbaar nog niet op voorbereid. Maar de laatste paar weken ineens rukken ze weer op en de Moffen zitten nog maar in een heel klein puntje van Afrika: Tunis en Bizerte. Vorige week maandag werd de Mateur (vlakbij Bizerte) ingenomen en ma zegt: "Maandag goed, hele week goed", en warempel, dinsdag valt nog een klein plaatsje, enz., de hele week door. Vrijdagavond zegt de Engelse radio: "Nog drie kilometer van Tunis af". Wij allemaal blij. Pessimist Mies zegt: "Oh, misschien woensdag hebben ze 't al". Objectieve pa zegt: "Misschien zondag al", maar de volgende ochtend, zaterdag, horen we dat én Tunis én Bizerte gevallen zijn. Hiep hiep hoera! De troepen zijn allemaal op een klein schiereilandje samengedreven, en nu moeten ze zich óf overgeven, óf in zee verdrinken. Dat is wel gunstig. Maar nu komt de invasie: waar zou die komen? Daar waar we hem niet verwachten, maar we verwachten hem overal. Zou hij dan nergens komen?

Aan de ene kant hoop ik dat er een revolutie uitbreekt in Duitsland, zodat het Duitse rijk vanzelf capituleert. En dan komt er vrede en dan is de invasie niet meer nodig, want reken maar dat er duizenden slachtoffers (ook onder de bevolking) zullen vallen.

*31 maart, wij waren net klaar met de lunch, zaten nog aan tafel, komt er luchtalarm en direct erna vallen er bommen. Vlakbij, het hele huis dreunt en schudt (à la mei 1940), afweergeschut gaat als een razende, 't lijkt wel of de wereld, en vooral de wereld voor ons, vergaat. Vreselijke toestand, ik zie ineens het gordijn scheuren. Later gaan we kijken als het la-

2. ONDERDUIK, 1942-1945

waai gezakt is, in de huiskamer, en zien dat er een scherf van een bom binnen is gekomen. Door de ruit, vitrage, overgordijn heen... door zo'n grote ouderwetse leunstoel, een crapaud, en zo de muur in, waar hij een stuk eruit gehaald heeft en op de kachelplaat teruggekaatst is. Juist dwars door de stoel waar Ma II altijd zit. Ware het dus 5 minuten later gebeurd, dan zou mevrouw er weer ingezeten hebben (doet ze altijd, na het eten) en mevrouw zou dus getroffen geweest zijn: een stuk gloeiend hete bom tegen het hoofd. Maar gelukkig, God heeft het voor ons weer prachtig in het reine laten komen. In het hele westen zijn bommen terechtgekomen, en door de heftige wind is dan ook haast het hele westen verbrand. Bij ons op de weg zijn ze ook gevallen. Maar gelukkig is het ver genoeg van ons af, zodat de brand ons niet kon bereiken, waarvoor we nog vreesden. Doelpunten hebben ze haast niet geraakt, juist net ernaast. Er was ook zo'n wind, dat de bommen afgedreven zijn. Maar de daaropvolgende zondag hadden we weer luchtalarm en toen hebben ze wel effies raak gegooid. Tegenwoordig is er om de dag haast luchtalarm, soms loos, maar soms ook echt nodig. En dit 31 maart, was nog maar een klein voorbeeld van de invasie! Ik hou mijn hart vast, als hij hier komt, maar toch liever vandaag dan morgen.

23 april (midden in Pesach, juist na de Seider) moesten Zuid-Holland en Noord-Holland en de overige provincies (behalve Amsterdam) "Judenfrei" zijn. Gelukkig dat Bram al in Amsterdam zit, want hij had er niet meer gekomen. Het is zelfs zo dat diegenen die na 1 april in Amsterdam kwamen ook naar Vught moeten. Alleen mijnheer Van den Berg en Dr. Cohen mogen blijven (hoofd van Joodse Raad) en voorlopig later naar Amsterdam, en nog een twintigtal gezinnen.

Dit over de *Jehoedim. Met de niet-Joden gaat het al niet veel beter. Drie weken geleden stond in de krant dat de oud-militairen, de krijgsgevangenen, zich weer melden moeten, want ze hebben zich niet buitengewoon goed gedragen in vergelijking met de goedheid van de Moffen om ze vrij te laten na mei 1940. Quatsch natuurlijk, ze zijn alleen bang voor de mannen, als hier de invasie komt, dat ze mee zullen vechten. Donderdag stond het in de courant. En vrijdag staakten de mensen. Mies ook. We hadden een paar uur geen water. Meer niet. De staking is niet goed doorgevoerd, want een heleboel fabrieken waren er waar niet gestaakt werd. Zaterdag of hoogstens maandag werkte ieder weer. 25 mensen zijn gefusilleerd. Maar toch was het leuk. De boeren vertikten het om te leveren, en verkochten de goede melk aan iedereen of kiepten de kannetjes om. Zodoende krijgen we 12 dagen geen boter, heel Nederland, omdat de boeren één dag staakten, zodat we 24 dagen met een half pond doen moeten. En met het vleesrantsoen ook 2x zo lang, zodat we nu eenmaal in de twee weken op zondag een balletje gehakt krijgen. Voilà!!! Ja, we worden heus niet vet!! Alhoewel ik hoe langer hoe dikker word, maar dat komt omdat ik zo betrekkelijk weinig beweging heb. Vrijdag moesten de eerste beroepsofficieren opkomen. We hoopten op een spoorwegstaking, maar ho maar, niets gebeurd.

De verloofde van Mies moet ook, maar duikt waarschijnlijk onder! Maar ze hoorde van betrouwbare bron dat ze het waarschijnlijk bij de beroeps zullen laten, en de reserve nog niet zullen oproepen. Maar zelfs als dat gebeurde, zou hij nog op moeten komen, want hoe luidt de laatste verordening? Alle mannen van 18-35 jaar moeten zich melden en worden (waarschijnlijk in Duitsland) voor de Arbeitseinsatz gebruikt en later zeker naar het front, als ze goed en wel weg zijn. Ook Bob moet dus, maar is lid van de "Cultuurkamer" en die kan hem misschien wel vrij maken, anders gaat hij toch niet. Maar zo gaan er duizenden niet, en wat is hiervan het gevolg? Huiszoeking, en dan zijn wij er ook bij. We zijn vreselijk bang. Maar misschien bouwen we wel één of andere schuilplaats hier, waar we ons dan in verstoppen en als er dan een vluchtige zoeking komt, hopen we dat we niet gevonden worden. Anders is het natuurlijk, als we verraden worden, want dan halen ze het hele huis ondersteboven om ons maar te vinden en dan doen ze het ook. Als die plaats dan maar vlug gebouwd wordt, anders zijn we er al bij voor er begonnen is. Ja, het is niet gemakkelijk onder te duiken!!!

Pesach hebben we dit jaar natuurlijk zo goed als niet gevierd. De jaarlijkse Seider hebben we moeten missen. Laten we hopen dat ik hem maar eenmaal in mijn leven heb moeten missen. Maar in ons hart hebben we hem des te meer geëerd. Stel je voor, de uittocht, toen de Joden niet meer als slaven waren. L'histoire se répète. De slaven zijn teruggekeerd. Maar de vrijheid? Vast ook wel!

Pasen hebben we hier ook goed gevierd. We hadden zelfs een paasdinertje en Ma II heeft boterkoekjes gebakken. Ik heb ze niet gegeten, alles opgespaard, trouwens al het lekkers. En na Pasen had ik tenminste nog wat. Toen kregen we uit Amsterdam een oude buurvrouw van de familie hier op visite en hebben we een hele dag boven gezeten. Alles ging vlot. Toen zij de verwoeste stad ging bekijken, gingen wij naar de WC en kregen we eten boven.

Van Hetty Wijler kregen wij via Bram een brief. Zij heeft het daar tamelijk goed. Werkt hard, want haast alle leraren zijn ook in Barneveld, zodat zij nog eindexamen hoopt te doen in Amsterdam. Ook Wiet werkt voor zijn eindexamen. (als je denkt dat ik ook zo ver zou zijn) Verder zijn er veel ouderen daar, voor wie het niet zo prettig is. Het is er reuze behelpen. 15 personen slapen op een zaal en hebben daar nog heel hun hebben en houden (behalve meubels dan, want die mochten ze geloof ik niet meenemen). Het moet een groot buiten zijn, want je holt je er dood. Ook is er een groot bos bij, waar ze in mogen, zelfs tot 10 uur 's avonds!! Er worden cursussen georganiseerd. Hannele leest met nog een stel, schreef ze: Shakespeare. Jet maakt het niet zo goed, ze eet slecht, eind september verwacht ze de baby. Van Sam geen woord. Aan eten hebben ze nog geen behoefte. Wel heerst er in een paar gevallen roodvonk. Erger is het in Vught. Daar heersen verscheidene kinderziekten (zelfs zo erg dat de Duitsers toestaan dat er 2x per week een professor komt) en er sterven vele kinderen. Voornamelijke [voornaamste] oorzaak: slecht en weinig voedsel. Sommige Joden uit Vught werken aan de Moerdijkbrug. De Joden uit *Doetinchem (begunstigers van N.S. B.'ers, stuk of 15) zijn naar Theresiënstadt doorgestuurd. Daar moet het goed zijn, want de oudjes uit Duitsland zitten er ook nog altijd... Maar wie zegt dat ze er werkelijk zijn? Barneveld is ook al bang.

Momenteel lees ik een heel aardige Estische Roman: *Indrek van Tammsaare. Later wil ik een heel uitgebreide bibliotheek. 'Dé bibliotheek van C.U.', moet er gezegd worden. Maar waar haal ik, arme oude vrijster, het geld vandaan? Zeker van mijn armelijke analiste baan? (tenminste, als ik bij dat voornemen blijf) Vandaag schreef ik Bram een brief en vroeg of ze zulke mensen nog in Palestina gebruiken kunnen. Antwoord afwachten!

13 Mei [1943]

Even moet het belangrijke nieuws erin, dat ik gezonnebaad heb en haast zo bruin als een nikker zie. (overdreven, maar zo ver komt het misschien nog wel) Ik heb namelijk op het dak in een ligstoel gelegen in mijn (gebloemde) onderjurk + rok, zalig! De zon brandde. Alleen de zee ontbrak, anders kon je je zo voorstellen dat je in Scheveningen zat.

Vorig jaar heb ik ook een paar maal bij ons op dak gezeten, maar wij hadden geen plat, alleen maar een koekoekraampje waar ik dan opklom. Eenmaal zat ik er met Leny van Zwanenbergh, toen was het reuze gezellig. Ze kwam me halen voor een fietstochtje en toen lag ik net te braden, en heeft ze meegedaan. Gek, dat ik me dat nog zo precies herinner, maar toch geloof ik nooit die middag en Leny te zullen vergeten. Als de mensen er niet meer zijn, waardeer je ze pas. Zo ook zij. Toen ik haar nog had, vond ik haar al heel aardig, ben een paar keer met haar weggeweest, maar verder niets. Maar nu ze naar Polen (!) is, en ze waarschijnlijk niet meer leeft, zou ik haar nog zo dolgraag willen hebben spreken, vanalles. Maar... ach, misschien komt alles nog wel goed, en zie ik haar terug. Zo'n goede kameraad. Ik was eens een beetje ziek, ze kwam direct aanzetten met een grote tros druiven. Zo attent. Trouwens, ik vond heel de familie aardig. Maar ze zijn allemaal foetsie. Wat blijft er van ons Joods volk over??

Net ging het gerucht (zal vanavond misschien in de krant staan) dat alle radiotoestellen ingeleverd moeten worden, gewoon verbeurd verklaard. Vreselijk jammer, want dan weten we helemaal geen nieuws. Weer waardeer je de dingen niet als je ze hebt. Op pa ben ik altijd zo kwaad, want de hele dag zit hij aan de radio te prutsen, en dan moet je maar je mond houden voor Nederlandse nieuwsberichten, Duitse, Poolse, Belgische, soms Engelse en nog Duitse uit Amerika, alles bij elkaar wel 25x een kwartier je mond houden. Dus we verwensten de radio wel dikwijls. Maar nu, nu je je alles maar op je mouw moet laten spelden door de Moffen, is het ook verschrikkelijk. Want niémand heeft radio, dus niemand weet iets. Vroeger hoorde de één wel iets en bij de ander kwam het niet door, door de vele storingen. Dan weet je niet eens waar en wanneer de invasie er is, tenzij natuurlijk in Nederland. Maar tot nu toe moesten ze wel een beetje hun nederlagen toegeven, omdat iedereen het van de Engelse radio hoorde. Maar nu? Nu geeft het toch niet, want niemand weet de waarheid. Alhoewel ik geloof dat er heus wel een paar clandestien hun radio zullen houden. Nu zeggen ze al "laten ze hem maar komen halen, brengen doen we niet". Wij waren nog zo gek om hem af te gaan leveren.

30 Mei [1943]

Met de radiotoestellen is het inderdaad waar! 's Avonds stond het in de krant. Maar we hebben enkele kennissen die twee toestellen hebben, en er maar één inleveren... dus toch nieuws. Aanstaande dinsdag begint men in Rotterdam met de A. dus wij het allerlaatste en tegen die tijd is er misschien invasie. De verloofde van Mies zegt voor 1 juni (maar dan mag het wel heel erg gauw komen). En er hangt iets in de lucht. Duitsland wordt elke nacht met duizenden vliegtuigen gebombardeerd. Deze week Essen, Dortmund, Wuppertal en Rijngebied reuze grote aanvallen gehad. Maar zou daarin de oplossing zitten? Ik geloof dat zij iets positievers, iets groters moeten hebben. Engeland heeft al een geheim wapen, zegt men. Wat het is zullen we binnenkort wel merken. Churchill was pas weer voor besprekingen bij Roosevelt. Ik hoop dat die lakse Engelsen plannen hebben gemaakt nog voor 1943.

Vorige week zondag werd er om half 10 drie keer gebeld. Vlug de kopjes in elkaar gezet. Visite. Misschien de Van Dijks, die zouden nog eens komen en bellen altijd drie keer. Maar Bram belt ook zo en iemand zei ook: "Bram". Opengedaan en wie stond er voor onze neus? Bram in levenden lijve. Ik schrok geweldig, want dit is het teken dat het te warm is in Amsterdam voor de Joden. Donderdag hadden we al een noodbrief van Bram gehad, dat we hem heel gauw kunnen verwachten. Het was er vreselijk. Alle eens gesperrden, ± 4000, moesten zich melden, ± 800 opgekomen. Toen als strafmaatregel moesten de Joodse Raad zelf van de 12000 gesperrden 7000 een oproep sturen. Daartoe is een commissie benoemd van de chefs van de afdelingen. Bram vreesde dat hiervan niet zoveel op zouden komen en is weggegaan. Gelukkig net op tijd, want Bob vertelde (is deze week een paar keer bij Froukje geweest) dat er in de nacht van *dinsdag op woensdag verschrikkelijke razzia's gehouden zijn (ook 's middags) in centrum en Zuid. Er reden auto's rond met luidsprekers in de Jodenbuurten en die gilden dat de Joden op moesten staan en alles klaarmaken binnen één uur. Ontvluchten was geen sprake van, want om één uur mag niemand, laat staan Joden, op straat zijn. Alle straten waren afgezet en alle bruggen waren opge-

2. ONDERDUIK, 1942-1945

haald. Dus heel Amsterdam is zo ongeveer (behalve Oost) "gezuiverd" en niemand komt vrij. De hoogste pieten van de Joodse Raad nog niet. Mocht zelfs Froukje erbij geweest zijn, dan ook nog niets. Ja ja, een mooi 'nieuw Europa'! Is dat nog een leven, als je door gaat denken? Al je kennissen, voor zover niet ondergedoken, zijn opgepikt, en dan nog: zijn ze allemaal veilig die ondergedoken zijn? En je familie, wat weet je daarvan? Niet veel, maar wel dat er niet veel van overgebleven meer is. Je moet eens denken ook broers en zusters van papa en mama! Stel je voor dat Rachel weg was, bah. Je moet er niet aan denken, want dan word je gek, zoals Bram zegt. Hij is nog niet helemaal gekalmeerd, slaapt nog erg veel (zoals ook wij in het begin gedaan hebben). Roland schreef uit Vught een clandestiene brief. Vreselijk! Letterlijk en figuurlijk geslagen! Vooral geestelijk. Ook dit vindt hij het ergste. Hij is leraar, zorgt voor de aanleg van een bibliotheek... Maar is overgeplaatst naar een nieuw kamp in Amersfoort. Wat dat is, is nog niet bekend. De gemengd gehuwden ($\pm$ 300) in Westerbork hebben de moffen laten kiezen: doorgestuurd worden of sterilisatie. 57 hebben zich laten opereren. Dit is de 20e eeuw!!! Kultur!!

De professor Cohen doet ook moeite om naar Barneveld te komen (dan moet het toch al erg in Amsterdam zijn hè). Of hem dat lukken zal? Misschien mag Froukje mee. Maar is het daar zo safe?? In ieder geval een gunstig teken. Als de professor het doet. Maar wie weet worden ze later voor gijzelaars gebruikt. Het zijn allemaal intellectuelen en mensen die in rijksdienst waren daar in Barneveld.

We zaten erg in over Brams ouders, maar hij vertelde dat ze voorlopig voor twee weken 'uit logeren' zijn. Daarna gaan ze ergens in Amsterdam wonen met valse persoonsbewijzen. (alles is toch in de war daar, want alle papieren zijn verbrand) Veel is er al uit hun huis gesleept. Behalve boeken (en dat zijn er nogal wat en die zullen ze hier ook proberen te redden). Ma II is een schat, ze heeft er zelfs nog over gedacht om Brams ouders en zusje hier ook te nemen. Maar dit is onmogelijk: 8 personen. Bram is al weg, bij een boer, heeft het erg goed. Maar nu is toch alles al goed geregeld! Zou alles nog 'reg kom'?

1 Juni [1943]

Ons lot (Radio Oranje vertelt vanavond).

Van de weinige Joden die er nog over waren van de 3 miljoen in Polen is een groot getto gemaakt in Warschau. 50.000, dit aantal bleef constant, daar er uit andere landen aangevoerd werd. Er is (of liever: er was) een Joodse Raad. Deze moest elke dag 6000 Joden afleveren. Deze werden of tegen de muur gezet en doodgeschoten, of weggevoerd naar het onbekende. Wat wordt er daar mee gedaan? Waarschijnlijk werken tot ze erbij neer vallen of zelf doodschieten. De *voorzitter van de Joodse Raad kan het, zoals ik het me best begrijpen kan, niet meer uithouden en schoot zich voor zijn kop. De ergste graad van Doden: zelfmoord!! De Poolse regering in Engeland hoorde wat voor verschrikkelijks gebeurde en liet wapenen binnensmokkelen in het getto. De Joden, die zagen dat er toch niets meer te verliezen was, *vochten!! Wat deden de moffen? Sloten het getto af, sloten de waterleiding af en ze gooiden brandbommen!! Levend verbrand zijn de mensen. Zonder water om te blussen!!! Ja, kinderen, dit schrijf ik voor jullie, opdat je weet hoe je volk behandeld is. En voor mij zelf, opdat ik mij herinner waar we tot nu toe voor gespaard zijn gebleven! Want blijven we leven, dan kan ik het jullie voorlezen, en als niet, als we ontdekt worden en hetzelfde lot zullen ondergaan, dan zal dit schrift wel vernietigd worden door de laffe moffen. Zijn dat nog mensen? Nee nee, nee, verscheurende beesten!!! Waarschijnlijk geen Jood meer over in Warschau. En laatst hebben ze ook iets gezegd over Krakau, daar zal het wel niet veel beter zijn. Van Onkel Iziu al sinds april geen bericht. Als hij niet is ondergedoken (en ik geloof van niet), dan is hij ook al dood. Wat heeft hij van zijn jonge leven gehad? Opa heeft niet mogen beleven dat zijn zoon afgestudeerd was. Toen hij klaar was en al een goede praktijk in Krakau, al enige bekendheid had, brak de oorlog uit. Hij wilde graag naar Amerika, maar kon niet binnenkomen in het land. Maar mijn vertrouwen in God is erg groot. Hij zal alles geregeld hebben, hoe het goed voor ons was. Tot nu toe is ook alles van ons zo prachtig uitgekomen. Als de oorlog nog heel vlug afloopt hebben we misschien kans dat er nog een paar van de naar het 'onbekende' gevoerde Jehoedim terugkomen, maar ik vrees... ik vrees het allerergste.

26 Juli [1943]

Mijn dagboek is ondergedoken, daarom zo lang niet geschreven. Straks meer daarover.

Amsterdam is vrijwel Judenfrei. Nog ± 100 (van de 7000) hebben een speciale Joodse Raad Sperre (ook Froukje) en mogen voorlopig (!) blijven. Hoelang? De andere zijn in twee keer opgehaald. Zelfs op een *zondagochtend. Om 5 uur komt ineens een auto in centrum, geloof ik, en roept om via een luidspreker dat de Joden zich gereed moeten houden en maken, de gojim mogen niet op straat. Ook bij hun hebben ze huizen gecontroleerd. ± 4000 opgehaald tegelijk! Froukje hoorde het op het laatste moment en is toch weggegaan. Onderweg opgepikt. Bob was in Amsterdam om haar te spreken, maar zei dat ze in Den Haag besprekingen voerde. Wilde ons niet in ongerustheid brengen. De volgende dag is hij weer gegaan en vertelde ons dat ze vrij was. 3 dagen en nachten heeft ze gezeten en zij is als enige eruit gekomen. Maar was ze thuisgebleven, dan was er niets gebeurd, want toevallig (of voorbestemd?) hebben ze haar huis overgeslagen, en nog enkele anderen. Een oom was bij haar thuis. Dit is de enige van Brams hele familie die overgebleven is. Zelfs de *Rabbijn is al doorgestuurd naar Polen!! Maar en tout cas zijn we dankbaar, dat

Froukje er nog is.

Woensdag 16 juni heeft de Engelse radio omgeroepen dat er bericht binnengekomen was dat in heel Nederland op 17 juni persoonsbewijzen in huis en straat gecontroleerd zouden worden. En vrijdag 25 juni begin van de huiszoekingen. Gelukkig hebben we een schuilplaats!

In Ma II's kamer hebben we een tweede muur voor de eerste gebouwd, van latten, bespannen met linnen, beplakt met behangselpapier en toen de hele kamer uitgekalkt. Voor het gat waar we in moeten stappen staat een zwarte eikenhouten linnenkast. Als je zo in de kamer komt merk je er niets van. Het is prachtig gedaan. Alleen als je goed achter langs de kast kijkt (als je hem wegschuift natuurlijk) zie je een donkere plek van het gat. Daarin hebben we ook een rugzak gehangen met alle papieren van ons, Joodse boeken, agenda's, foto's, en... het dagboek. Vandaar de term onderduiken. Wanneer er nu 's nachts gebeld wordt, moeten we met z'n allen in de kast. We (Rachel en ik) slapen op de grond met een deken, die in geval van nood op het bed van pa en ma gegooid moet worden. Met Rachel geeft het elke avond strubbelingen, want zegt ze, ze komen vannacht toch niet, maar dit kun je toch nooit van tevoren weten. En principe is principe. Zelfs al gaat zij wel eens op de divan liggen, ik doe het niet. Je slaapt op de grond ook best. Beter dan in Vught.

Bram slaapt beneden op de huiskamerdivan met een mantel. Mocht er dan wat zijn, dan slaapt Ma II in Ma I's bed, en Bob in het bed van Ma II, en wij zijn foetsie in de kast. De 17e en 25e juni is natuurlijk niets gebeurd, maar sinds die dagen zijn we wel op ons hoede. Bob wordt wel gewaarschuwd door één of ander, maar daar kun je meestal toch nooit op bouwen.

Onze radio is al een maandje weg. Maar we hebben er twee veel betere voor in de plaats. Eén heel klein toestelletje van een kennis en een groot, heel goed, mooi ding gekocht. Maar daarop luisteren we nooit, die is voor na de oorlog en voorlopig ook in de kast ondergedoken. Op het kleintje luisteren we elke dag een paar keer trouw en hebben de beste berichten.

<u>Voor invasie</u> is er <u>in Sicilië</u>. Pantelaria en Lampedusa, kleine eilandjes bij Italië, worden eerst ingenomen. Maar er gebeurde nog steeds niets groots. Toen kwam op een ochtend (10 juli?) Bram binnen en zei: "Sicilië is aangevallen!" Wij allen natuurlijk erg enthousiast. Invasie. Maar toch ook dit is nog niet het grote. Sicilië is nu voor 7/8 in Engelse handen, zaterdag zelfs Palermo gevallen, alleen bij Pantelaria wil het nog niet zo erg vlotten. Daar vechten ze al een week, maar schieten niet erg op. Erg goed verdedigd. Maar ook dit valt natuurlijk binnenkort en Messina, en dan valt natuurlijk heel Sicilië en waarschijnlijk heel Italië, want Italië zal er geen nut meer in zien om tegen zo'n overmacht te vechten. Rome is laatst gebombardeerd!

Aan één kant schande, aan de andere kant eigen schuld, want het is gewaarschuwd van tevoren. 2 ½ uur aan één stuk door met een speciaal opgeleid korps. Het is inderdaad heel voorzichtig gedaan, want er is maar één kerk (van de 400) getroffen: de Basiliek. Reuze jammer, maar kon waarschijnlijk niet anders. Nu het nieuws, waarom ik eigenlijk gedwongen en gedrongen werd om te schrijven.

<u>Mussolini is afgetreden.</u>

Gisteravond luisterden pa en ma naar Pools en hoorden het. Van gekkigheid hebben we elkaar met tomaten bekogeld. Want dit is toch het begin van het einde. Badoglio (73 jaar), oud-onderkoning van Abessinië, koningsgezind en voor zover ik gehoord heb anti-Mofs, is aan de regering gekomen. Duitsland zegt dat Mussolini is afgetreden wegens ziekte. Italië houdt wijselijk zijn bek. De fascistische partij wordt vrijwel geheel ontbonden, en allerlei maatregelen getroffen die erop wijzen dat ze bang zijn dat er hommeles komt. De Duce had een paar dagen geleden nog besprekingen met Hitler, waar ze elkaar al niet zo erg hartelijk begroet hebben en nu dit. 't Is geweldig!

We hebben geen van allen haast geslapen. Ik droomde alsmaar over de Duce. En opgeruimd is ook al prettig, maar nu de 2ᵉ hond nog, en die is de voornaamste.

Amsterdam, Fokker fabriek is gisteren gebombardeerd. Ik geloof wel geraakt, een paar dagen geleden hebben ze ernaast gegooid, à la 31 maart hier. Ook Schiphol gebombardeerd. De vliegvelden in Frankrijk doen ze allang en nu beginnen ze met België en Nederland. Wat voor teken is dit? Invasie hier? Aan één kant te hopen: eerder vrij. Maar aan de andere kant: dan maken ze Rotterdam plat en komen we er levend uit? De guerrillatroepen (troepen die op eigen houtje zijn begonnen te vechten) in Joegoslavië en Bulgarije hebben al een provincie veroverd, hoe ze dat doen mag Joost weten. Ze staan zelfs in contact met de Engelsen. Misschien, zelf waarschijnlijk, komt de invasie op de Balkan, Griekenland.

Ma II en Pa II [Zijlmans] zijn met vakantie (2 weken), komen zondag pas terug. Mies deze week ook niet thuis. Ma I zorgt voor allen en Canis brengt alles. Bob zorgt voor fruit, "om te schilderen". Alles gaat uitstekend. Alleen jammer dat Canis niet geheel betrouwbaar is. Waar hij kan steelt hij een paar centen eraf. Reuze gemeen, want maakt ten eerste gebruik van onze positie, misbruik van vertrouwen. Zo eten wij weleens ijs. 8 porties 40 cent. Nu schreef hij gisteren ook 40 cent op het lijstje maar we hadden het helemaal niet gegeten. Toen zei hij toen ma er aanmerking op maakte: "Dit heb ik gegeten." Daar kun je toch niets tegen doen? En zo bij de melkboer, groenteboer. Overal gaat er 20 cent bij. De jongen krijgt toch zijn zakgeld, zou je denken. Maar dat gaat zo, als je al zo jong verkering hebt, dan moet je met je meisje Pop uit. Alhoewel ik er helemaal niet tegen ben dat een meisje van 17 jaar al een jongen heeft. Ze lopen al een jaar of 4 met elkaar (Zij is een paar maanden ouder dan hij, maar hij wel erg verstandig) en nog altijd hebben ze niet genoeg van elkaar. Als het werkelijk iets werd, zou ik [het] reuze leuk vinden. De hele familie plaagt hem. Ma II wil haar niet thuis hebben, want mocht het nog eens uitgaan, dan wil zij niet aan het verdriet meegeholpen hebben. Ik zou het misschien ook niet in de haak gevonden hebben, zulke snotneuzen, maar ik zelfs denk ook van iemand te houden, en alleen van onze eerste ontmoeting, hangt het toch af, of ik op mijn 17^e of 18^e (ligt eraan of we dit jaar nog vrij komen, moet wel, anders is hij er niet meer) ook al verkering heb. Misschien is hij al verloofd. Ik bedenk me ineens, hoe ik jaren later zal lachen over deze bladzijde, als ik gelukkig met een ander getrouwd ben en aan hem helemaal niet meer denk. Dan kruip ik bij mijn man op schoot en vraag of hij er boos om is. Maar ik hoop dat jij, mannie, verstandig bent. Nu ken ik je waarschijnlijk (80%) nog niet, maar voor 20% heb ik toch kans dat ik je ken, en stel je dan eens voor dat je 't werkelijk bent die ik in mijn gedachten heb. Maar zo standvastig zijn vrouwen meestal niet, alhoewel ik gunstige uitzondering wens te zijn.

Met Bob kan ik ook geweldig goed opschieten. Ik hou echt van hem, maar als broer. We gaan echt kameraadschappelijk met elkaar om, dat ik nog eens zo vrij met een jongen zou worden, had ik nooit gedacht. Ma II maakte eens de opmerking dat Bob op mij verliefd was, toen was hij werkelijk even verlegen, en met een verlegen gebaar zei hij, dat hij van iedereen houdt, een ruim hart. En hij maakt ook wel eens heel tedere gebaartjes naar mij. Komt naast me zitten, enz., maar toch gaat het nooit te ver. En soms vechten we weer eens echt ouderwets, ik zijn das uittrekken en dan volgt stipt mijn haar door de war. Maar daarom niet getreurd. Men zou het misschien ook als een soort flirt kunnen beschouwen, als buitenstaander, maar toch is het dit niet. Ik vind het prettig, een broer en nog wel zo'n intelligente, zo veelzijdig ontwikkelde, ondanks zijn 2 jaren Gymnasium en H.B.S. (want toen wilde geen één school hem meer nemen door zijn baldadigheid). We praten dikwijls, maar ik ben nog te jong, te onontwikkeld, met mijn 3 jaren H.B.S., ik heb nog niets van de literatuur gehad. Hier begin ik pas wat goede boeken te lezen (zelfs zoveel dat van werken niets terechtkomt, heb minstens al 2 maanden niets uitgevoerd). Zelfstandig las ik *Alice Hobart, Olie voor China's lampen. Reuze goed. Gek, ik interesseer mij echt voor de Chinezen. Misschien, dat ik er nog eens heen trek, met man, maar voor reizen voel ik eigenlijk geen zier. Maar we zullen zien.

Om op Bob terug te komen: hij heeft allemaal ideeën die een gewoon mens niet heeft en ze zijn zo gek niet eens. Hier in dit huisgezin wordt tenminste nog eens gedebatteerd. Vroeger bij ons nooit. Ra en ik waren het meestal wel eens en ik nam klakkeloos alles aan. Alhoewel men mij altijd uitschold, dat ik in de oppositie ben. Hier moet je je mening verdedigen. Niet altijd even gemakkelijk.

Bob werkt deze week hier thuis. Een naakt: Eva, die een appeltje van een hele schaal met fruit oppikt. Ik poseer voor de handen en voor de gelaatstinten (en voor de vorm geloof ik stiekem), maar hij heeft geen zin deze week gehad, we hebben kruiswoordpuzzels opgelost, dus helemaal niet opgeschoten. Morgen gaan we intensief aan de gang. Ik ben echt van het naakt gaan houden, elke dag ga ik ernaar kijken en dan leer je elke penseelstreek kennen. En het gezichtje is ook zo lief, alhoewel hij het nu verpest heeft.

Ma II is morgen jarig. Misschien sturen we een telegram. De eerste week waren ze in Groesbeek, de tweede in Schin op Geul. De hele maand heeft het gegoten, maar net toen ze weggingen klaarde het op en is het schitterend geworden. Wij hier in Rotterdam stikken haast. Mijn veronderstelling om dan in het huis maar te trekken, als het niet anders kan, is jammer genoeg uitgekomen, alhoewel, men kan niet weten, het gaat nu goed.

13 Aug[ustus 1943]

Laatst zijn op één dag Orel en Catania gevallen, waar ze beide al weken zwaar om gevochten hadden. Een hele overwinning.

2. ONDERDUIK, 1942-1945

Nu vechten ze om Charkov. Zal vanavond wel vallen. Ik schrijf dat allemaal wel zo luchtig, maar als je je realiseert hoevelen er vallen, nou dan... Hoeveel vrouwen er weduwen zijn geworden, verschrikkelijk. Maar deze vechten tenminste, hebben een wapen in de hand om zich te verdedigen. Wij niet!!

Uit Polen is laatst van een kennis een clandestiene briefkaart gekomen. Zij werkt op een textielfabriek en heeft het redelijk goed, behalve het eten erg slecht. Froukje zegt dat er van jonge mensen wel eens meer bericht binnenkomt dat ze ergens werken. Dit is tenminste weer een hoop.

Vught, het strafkamp voor Joden en niet-Joden, was heel erg slecht. Folterwerktuigen, verschrikkelijke straffen (bijv. iemand zag een peen op de grond liggen, raapte hem op, mof zag het moest voor straf een hele dag met die dikke winterpeen in zijn mond in een schandpaal staan). Kan je begrijpen hoe hij zich 's avonds voelt; als ze iets uit iemand halen moeten, laten ze hem op een snikhete dag met drie elektrische kacheltjes gebogen (op zijn rug nog 3 dekens) staan. Net zolang tot ie in elkaar zakt, ze slaan iemand tot bloedens toe. Iemand die er vandaan kwam vertelde het. Nu wordt het langzamerhand beter. Seyss-Inquart en *Schmidt (die laatst uit de trein "gevallen" is, wat een feest was dat) hebben het een bezoek gebracht en de ergste folteringen afgeschaft. Nu wordt het er zelfs haast "goed". Iemand die er pas vandaan kwam vertelde dat hij 15 pond aangekomen was. Werken deed hij er haast niet (was geloof ik opzichter bij de vrouwenbarakken en kreeg erg veel pakjes toegestuurd). Je zou haast denken: een ideaal vakantieoord. Maar gelukkig maar, dat het er nu een beetje redelijk is.

Van de maand hebben we onze bonnen nog gehad. Maar volgende maand? We vrezen voor de Joodse Raad. Het is er niet zo erg safe meer voor de Joden. Froukje duikt gauw. Ze is erg lief, stuurt ons af en toe iets lekkers.

Is het waar dat ik een minderwaardigheidscomplex heb of een gebrek aan vertrouwen, omdat ik mijn dagboek verzegel?

Ik weet het niet. Wat ik schrijf is alleen voor heel enkelen geschikt, misschien niet eens voor mijn man. En wat dat tweede betreft: mensen zijn zwak, ze zouden de verleiding eens niet kunnen weerstaan, en dan kom je op het eerste: het is niet voor hen geschreven. Alhoewel zou het zo erg zijn?

Eigenlijk weten ze alles wat erin staat, want iedereen maakt het mee. Alleen mijn bewoordingen, hoe ik het voel, is voor mij zelf. Misschien is het wel een beetje minderwaardig. In ieder geval, ik verzegel het! Tot er waardige mensen zullen zijn, voor wie ik het open.

29 Sept[ember 1943]

Morgen Rosh Hasjana! Einde van 5703. Rabbijn Davids zei dat hij er van overtuigd was dat er in 5703 vrede was. Misschien tot Jom HaKippoeriem. Ik heb hoop tot dan! Ma II zei altijd: "Met september ga je naar school, werken!" Maar ik kan het haast niet. Hoe dat komt, ik weet het niet. Maar 's middags las je wat, na het werk, soms een enkele keer slapen, maar werken niet. Nu de laatste weken doe ik het wel elke middag. Frans, en aardrijkskunde en binnenkort scheikunde. Want... als ik na de kerstvakantie naar school ga, wil ik in de 4e komen en niet wéér een jaar verliezen. Morgen moet ik het jaar herdenken, veel goeds heb ik niet gedaan. Als ik flink was, had ik gewerkt, maar omstandigheden buiten mij om hebben het me belet. Opgesloten zijn we geweest. God geve het volgende jaar in vrijheid! Vrede! Eeuwige vrede! Niet weer na een paar jaar die afgrijselijke oorlog met een andere Hitler. Nee, vrede! En laat ik flinker worden, doortastender!

23 november 1943.

Rosh Hasjana geweest. Jom HaKippoeriem geweest. (heel goed gevast, wij allemaal, ik had hoofdpijn, want te lang in bed gebleven) Mijn verjaardag voorbij en die van Rachel en

2. ONDERDUIK, 1942-1945

nog altijd oorlog... nog altijd afslachting...
Rabbijn Davids mocht geen gelijk hebben. Misschien nog voor 1944 begint. Laat ik mijn tweede verjaardag in ballingschap beschrijven. Wij hebben alles nu al meegemaakt hier in huis. De 21e okt[ober] hebben we het éénjarig duikbestaan gevierd. Ma II heel aardig gespeecht, o.a. gezegd geen ogenblik nog spijt van het nemen, blij over ons opgewekt humeur, enz. Maar mijn verjaardag van vorig jaar vond ik toch het leukste feestje dat wij gehad hadden (vorig jaar al beschreven) en ook dit verjaardagsfeestje vond ik het gezelligste van alle mogelijke festiviteiten! 's Ochtends de kamer (mijn gewone bezigheid) gedaan. Om 12 uur voor de koffie kwam Miesje uit Wageningen en bracht een brief mee van haar verloofde (stel je voor, een brief!) en roosjes. Brief was heel aardig, ik moest de dag maar in gepaste vrolijkheid doorbrengen, schreef hij. Volgens mij hebben we hem in te gepaste vrolijkheid doorgebracht (daarover later). Tegelijkertijd bood Ma II mij weer een boeket chrysantjes aan (met vleiend opschrift van Pa II) en een boek van *Arthur van Schendel, Angiolino en de lente. Een heel mooi dingetje. Van ma en pa zou ik een plantje krijgen en daar kwamen ze mee aanzetten met een kanjer van een begonia, nee schitterend. Van Rachel en Bram een boekje van *Dr. Knobbel voor puzzelaars. (denksport manie had ik een poosje) Voor de uitgebreide koffietafel was iedereen er, in plaats van prakje hadden we een heel feestelijke macaronischotel. Op mijn bord lag een gedicht met rood strikje samengebonden. Ik had er bij Ma II zo naar gevraagd dat ze het eindelijk gedaan heeft. Ik ben er geweldig blij mee. Een ietwat ernstig dingetje met een beetje spottende dagindeling van me. Van Bram kreeg ik er ook één, luchtiger, maar ook een heel aardig rijmelarijtje. 's Middags keek ik Canis eens heel lief aan, en werkelijk, 's avonds kreeg ik er van hem ook één. Ter ere van mij, ook wel over mij, maar grotendeels over de hele toestand, hoe wij, de hele familie, ertoe kwamen om onder te duiken. Geweldig leuk. Met die 3 dingen ben ik het meest

blij. Ik zal ze dan ook goed bewaren.

Van pa en ma krijg ik na de oorlog in mijn gouden ringetje een klein diamantje die ik dan draag tot mijn verloofde me er een grotere voor in de plaats geeft. Die ring bewaar ik dan tot mijn dochtertje 17 jaar geworden is, die hem dan van mij krijgt. Afgesproken!!

's Middags thee (echte) gedronken, gepuzzeld uit boekje, één gevonden. 's Avonds uitgebreid diner met chocoladepudding (Ma II heb ik even opgewarmd en ze heeft het gedaan ook, zalig!). Op de avond hebben wij gezelschapsspelletjes gedaan met kaarten: liegen, pesten, ruiten 7, enz. Erg gezellig! We hebben veel lawaai gemaakt (leek wel alsof er een heel weeshuis ondergedoken was) en toen zijn Mies, Bob, Canis, Bram heel lawaaiig om half 11 naar beneden gegaan (voor de buren) en heel zachtjes weer naar boven. Toen hebben we heel rustigjes koffie gedronken en... naar bed.

Alles bij alles een heel genoeglijke dag. Misschien voor mij omdat ik helemaal niets gedaan heb, alleen de tafel heel mooi gedekt en de glazen afgewassen, en het middelpunt ben in het bijzonder, maar iedereen vond het. Voor Rachel was er niet zo heel veel drukte, want net de avond ervoor was er een nachtfuif bij Jaap Keizer (kennissen). Ik heb Mies geschminkt, zag er toch aardig mee uit, we zijn het helemaal niet gewend van haar, daarom eerst wat vreemd, zo geverfd, zo rood (lippen en wangen) en zwart (wenkbrauwen). De volgende dag waren ze een beetje katterig (de hele familie was een tikje tipsy geweest) en sliepen 's middags dus. Alleen Canis was er niet geweest. Rachel kreeg van mij een schattige broche, eikels, echt iets voor de herfst. Van pa en ma muziek (jalouzie, crème, van de familie Zijlmans poeder, een grote doos). Van Bram boek en blommen. De verloofde van Mies was donderdag voor Pa II's verjaardag (18-11) gekomen en was er net de laatste avond, totdat ze gingen bridgen. Wij met Rachel, Bram en ma een beetje gekletst. En 's avonds na de gebakjes nog een hartig hapje (crackers + kaas), waardoor de verjaardagstemming ver-

2. ONDERDUIK, 1942-1945

scherpt. Ook dat weer voorbij. En volgend jaar?? Ik had zo gehoopt "met sweet seventeen" een fuif thuis te geven. Misschien sweet eighteen? En misschien zelfs ook dat niet. Maar laat ik nu mijn optimistisch goed humeur getrouw blijven, niet down worden. Alhoewel daartoe reden. 28/29 september Amsterdam Judenfrei gemaakt. Niemand wist het. Zelfs de Joodse Raad niet en het ergste: Froukje, die zou gaan duiken, heeft (waar mama haar zo dikwijls voor gewaarschuwd heeft) geen tijd gehad te vluchten. Heeft te lang gewacht, en is samen met Prof. Cohen meegenomen. Ze is nu in Westerbork, op het postkantoortje, een veel benijde baan. Is opgewekt, slaapt goed, maar is in handen van de moffen. Froukje, die zoveel voor andere[n] deed, is de dupe ervan geworden. In de trein schreef ze een kaart naar Bob, haar enige zorg was onze bonnen, dapper, flink, maar waarom? Juist zij? De familie Zijlmans heeft ons er niets van verteld. Officieel weten we het nog niet en Bram werkelijk niet. In de eerste week van oktober deden ze allemaal erg geheimzinnig, maar niets verteld. Anders laat Ma II nog wel eens een woordje vallen, maar nu niet. Toen Bob de bonnen ging halen en terugkwam was hij heel erg zenuwachtig, en vertelde "Amsterdam Judenfrei, Froukje gedoken", bracht een afscheidsbrief mee en voor de bonnen had ze een adres achtergelaten op de Joodse Raad. Rachel had direct argwaan, de hele week dacht ze al dat er iets met Bram z'n ouders was, maar nu combineerde ze al direct. Briefje getypt, handtekening, Bob de schilder, vervalst. Later kregen we zekerheid doordat Rachel een brief las (wat ik haar helemaal niet kwalijk neem), waaruit we zekerheid kregen dat ze in Westerbork zit. Ma II verraadt zich dikwijls, maar wij helpen ongemerkt om Bram in de waan te laten. Wel is het pijnlijk als Bob in Amsterdam was, en Bram vraagt of iemand ooit iets van Froukje hoort, en hij antwoordt nee. Ma II stuurt geregeld pakjes: boter, jam, havermout, erg lief!! Bob heeft ook nog bij de Duitsers geprobeerd haar vrij te krijgen, maar ze vonden dat hij zich niet met "de Joden" (verachtelijk) moest bemoeien. Ook Barneveld is in Westerbork, tegelijkertijd opgehaald, misschien dat die in Nederland blijven, maar veel fiducie heb ik er niet in. Waarom mochten ze er dan niet blijven? Zal ik al die mensen die er zijn, die toch goede kennissen van mij zijn, niet terugzien? Ook niet Sam? Zelfs als kennis niet? En Jet Wijler, die inmiddels haar baby heeft? Hoe gaat het haar?

Al die dingen vraagteken, en als het niet heel erg vlug afloopt, krijg ik er ook nooit antwoord op. Met politiek gaat het goed. De Russen haast in Polen. Laten ze toch opschieten en de Joden vrij maken. Pa heeft nog hoop op 11 december (dan heeft deze oorlog precies zolang geduurd als de vorige), of anders in de loop van de maand of anders in de loop van het volgende jaar. Of misschien nooit. Neen! Neen! Wel gauw, we willen het allemaal.

6/1-[19]44

1944. Wat brengt het, Vrede? Ja! Het moet! De Russen zijn gisteren al een heel klein stukje over de Poolse grens gekomen, en dit is toch het begin van het eind? Als nu ook de invasie nog komt... Maar daar is mama zo verschrikkelijk bang voor, dat (als hij hier komt) we het niet halen, wegens bombardementen. Ik heb ook een verschrikkelijk idee over de invasie, maar als dat de hulp moet brengen, in Godsnaam dan maar, Hij heeft ons al door zoveel dingen heen geholpen, Hij zal ons ook verder beschermen! Godsvertrouwen heb ik nog en hoop het _altijd_ te behouden. Maar... misschien stort het Duitse leger wel zonder invasie in en hebben we Vrede zonder het nodige bloedverlies!

11 december bracht geen vrede, zelfs geen kerstmis, die we overigens heel prettig doorgebracht hebben. De verloofde van Mies was er ook, hij bracht een konijn mee dat hij zelf opgefokt had. 's Avonds bij het diner hebben we hem opgepeuzeld, hij was in boter gebraden... De eerste en hopelijk de laatste

2. ONDERDUIK, 1942-1945

keer dat we zoiets *treife's eten. Alhoewel hij verrukkelijk was, net kip. Waarom mogen we hem eigenlijk niet eten?

Maar aan tafel is het zo ongezellig als we weigeren het te eten (en dan de soep en jus ook natuurlijk). Diner algemeen, heel lekker en gezellig. De kerstboom weer heel mooi en groot! Dagen rustig verlopen, geen schokkende gebeurtenissen. Tussen Kerst en Oud & Nieuw werden de beide Ma's ziek: griep, die we eventjes verwend hebben, we vreesden al voor 31 december, dat het niets worden zou, maar 's middags stonden ze op en heeft Ma II appelbeignets gebakken (voor december hebben we allemaal olie, een snoepbon en potje stroop extra gekregen). 's Avonds kreeg ik geweldige hoofdpijn, ben naar bed gegaan, met 2 aspirines, maar eerst kwam pa luisteren naar radio. Toen begon Ma II te gillen (sorry, zingen), daar kwam Rachel vragen of ik op wou staan, zodat door al dat geërger het niet beter werd. Eindelijk sliep ik in, werd om 9.30 klappertanden wakker, kleedde me vlug aan, onderwijl getemperatuurd, 'k dorst niet te kijken, maar had gelukkig 37,2 maar. Beneden zaten ze allang in de salon op z'n paasbest en er ging een hoeraatje op toen ik verscheen. Bob had een fles jenever gekregen, die haast opgeschonken is. Wij kinderen krijgen natuurlijk niet, maar ma wel... dus grotendeels is hij naar mij verdwenen, toch mag ik het niet doen, vooral nu ik nog zo gauw mogelijk naar school wil moeten mijn hersens fris blijven, maar ik had hoofdpijn... Ma fluisterde me toe dat ik nog echt een *"pijanka" (drinkster) zou worden. Ik kan er niets aan doen, het is lekker! De koude schotel was weer erg lekker, daarna mijnheer gespeecht. Iedereen erg geprezen, alleen Canis standje gekregen met slecht rapport (ik heb het toevallig gezien: paar 4 en hele 5, sommige zesjes... maar grote aantekening dat hij meer aan werk dan aan meisje moet denken!!! Vandaar natuurlijk dat hij het zo achterbaks houdt) Ook mij om goed humeur geprezen. Om 12 uur iedereen hand, vrouwelijk gedeelte een zoen (behalve Rachel, die er één van Bob krijgt). Na tafel, voor mij het hoogtepunt van de avond, misschien wel dag, jaar, leven! Ik ga naast Bob op de divan zitten en plaag hem dat hij Rachel wel zoen geeft en mij niet. Na even praten zegt hij dat hij meisjes nog nooit het eerst een zoen gaf, alleen nadat zij hem er één gaven. Dus ik zei: "Die krijg je van mij nooit". Toen opeens: "Wacht, eerst een slok van mijn borrel, dan krijg je een jeneverzoen". Voor ik er erg in had, pakte hij me beet, maar ik me verweren, we rolden over elkaar, maar hardnekkige tegenstand van mijn kant, elke keer het gezicht vlakbij de jouwe, maar dan weer een slag en weg is het. Ten einde raad van vermoeidheid en lachen blijf ik zitten en krijg geloof ik een zoentje op mijn koon. Iedereen gieren. "Maar," zeg ik, "ik heb er nog geen gehad". Na dat gezegde begint het pas: "Ik heb heel je gezicht ongeveer afgezoend, maar nu krijg je er nog tien bij!" (alhoewel ik dit eerste ontken, door mijn handelen misschien, maar dat telt niet) Nu begint de strijd opnieuw, maar al gauw geef ik het op en leun lijdzaam achterover, terwijl ik 11 zoenen (halfnatte boerenzoons) incasseer onder lachen van mij en toekijkende genietende gemeente. Aldus mijn eerste zoen van jongen ontvangen. Is dit geen gebeurtenis in het leven van een meisje?

En zo heel erg kon ik het ook niet vinden, want het was kameraadschappelijk. Alhoewel op pa's vraag de volgende dag, of hij er spijt van had, met volle mond ontkend werd. Nee hoor! Mijn eerste dans heb ik met Carel Kaufman gedaan (op eerste kerstdag ook even met de verloofde van Mies gedanst). Wat een kind ben ik, hè? Want dit is allemaal nog niet zo erg, maar ik heb terwijl ma zo ziek was beneden met Bram in een kamer geslapen. Ik op divan, hij op de grond. Ik word hier nog slecht!! Nee hoor, mam, ik ben voor 100% te vertrouwen wat dat betreft! Nieuwjaarsdag onder vlagen van zoenen rustig voorbij. En nu zitten we alweer midden in het jaar... Alleen de vrede moet gauw komen, want terwijl ik konijnbeentjes afkloof, brak weer een stuk van mijn tand (de tweede al), dus naar de tandarts. Ik zou nu ook best durven en willen, maar de anderen niet.

Pakjes sturen naar Westerbork is erg bemoeilijkt, Froukje is er waarschijnlijk nog. Onze bonnen krijgen we ook nog geregeld. Alleen ons contant geld mindert. Maar daarover geen zorgen, 't mag niet hinderen, als de moffen maar minderen!!!

Zondag 27.2. '44

Net keek ik uit het raam en zag een jong meisje in een invalidenwagentje, dat door een jongeman met kunstbeen geduwd werd. Ik dacht "wat zijn wij nog gelukkige mensen, als we gezond zijn". Alhoewel, denk je dat zij ongelukkig zijn, daarom? Je kan ook gelukkig zijn al ben je lichamelijk invalide. Als je geestelijk maar sterk bent. Ik zou geloof ik wel een invalide man nemen, als ik van hem hield, heel veel hield. Maar God geve, dat het nooit gebeurt. De kinderen!

Dit was eigenlijk de aanleiding dat ik schreef, de oorzaak is dat februari al ten einde loopt en ik nog niets schreef. Bob heeft met pa en Mies gewed voor respectievelijk 10,- en 2,50 dat in februari de invasie komt, jammer genoeg verliest hij het als hij niet erg vlug opschiet. Dan maar in maart, als de verlossing maar gauw komt en wij gered worden.

Jammer dat ik nog geen einddiploma H.B.S. heb, dan zou ik er geen minuut aan twijfelen om na de oorlog naar Palestina te gaan. Nu heb ik nog maar een halve opleiding genoten en als ik hem afmaak, ben ik weer zo aan mijn omgeving gewend, dat ik heel moeilijk weer zal breken. Ook pa en ma zijn niet zo jong meer dat ze helemaal daar weer opnieuw zullen kunnen beginnen. Hier zal 't, alhoewel zeer moeilijk, nog wel gaan. Maar als we weer meubels kopen, weer huis inrichten en dan na 2 jaar opbreken is weer veel moeilijker. Ik, of wij, staan voor een zeer moeilijk dilemma. En dan zou ik eigenlijk dolgraag willen studeren: scheikunde. Niet alleen analiste, maar de echte chemie studie. Maar... daar heb je H.B.S.-B voor nodig en dit haal ik vast nooit. Maar indien wel, dan proeven nemen, niet een rotbaantje ergens, maar werken als assistente van een professor: mijn ideaal. Maar 't zou geen ideaal zijn als het te verwezenlijken was. In Palestina heb je werklieden nodig, und wenn nicht... als ik trouw... wat is er dan van mijn ideaal. Tenzij ik met die professor trouw. Ik lees een geweldig goed boek, 't beste ooit gelezen: *"Heimwärts" van Niels Hoyer. Een Duitse gemengd gehuwde Jood in Denemarken, die heimwärts gaat, hij is er 2000 jaar al niet geweest, om voor zijn zoon bestaansmogelijkheden te zoeken. Beschrijving en stijl, taal is geweldig!! Op mijn reis naar Palestina neem ik het zeker mee!

Mijn laatste uitstapje is ± 10 januari geweest. Ma II was moe, en er was nog boter nodig, toen heb ik 't gewaagd die te halen. Nauwelijks was ik de deur uit of... twee mannen met sterren kwam ik tegen!! Toppunt! Heb nog een kletspraatje met de juffrouw in de zaak gemaakt, op de terugweg heb ik me bij de drogist laten wegen: 69 kilo bijna, schandelijk veel. Ze wilde het opschrijven, maar ik was bang dat ze mijn naam zou vragen, dus zei ik nee. Antwoord: "Ben je bang dat ze thuis weten hoeveel je weegt?" Zo'n juffrouw! Mijn schrift is bijna vol, dus zuinig met het papier. Zuinig is het parool van Ma II, met boter, suiker, kaas, jam, enz. enz. Als het invasie is, en we zouden moeten vluchten, zou ik het liefste mijn dagboeken meenemen, als het maar niet gevaarlijk zal zijn.

Maandag 27.3. '44

Vrijdag voor het eerst in de kast gezeten met z'n allen! Ik speel haast nooit piano (ten spijt van Aribo, de beroemdheid waar ik les van gehad heb; mijn vingers zijn al haast ontwend). Net die vrijdagmiddag wel, Ra en Bram waren aan het stofzuigen in de salon. Ma II alleen thuis, toevallig op de gang, wilde boodschappen gaan doen, toen ze hoorde dat er geklopt werd. "Gauw naar boven!" Mijn spel wordt afgebroken. We stonden midden op de trap toen Ma II opendeed. Een mijnheer zei:

2. ONDERDUIK, 1942-1945

"Het huis opmeten, voor de elektriciteit". Toen ik dat hoorde gauw de kast opzij gezet. Ma II, Rachel en Bram gewaarschuwd, allen in de kast, mevrouw sluit hem weer, gaat naar beneden en leidt mijnheer rond, onderwijl door laten schemeren dat het niet prettig is als je overvallen wordt in een rommelig huis! (excuses voor het naar boven gaan natuurlijk) Pa II stond in de keuken toen Rachel en Bram naar boven moesten, maar waarschijnlijk niet gezien. Dus weer eens mooi doorgerold. Zeker waren we bang, dat 't een soort huiszoeking was geweest, omdat in de stad geruchten gaan dat een dezer dagen gezocht zal worden. Maar verder niets van gehoord. Paar weken geleden hadden we een hoge geheime SS-man op visite, koper van Bob. Doodstil moesten we natuurlijk zijn. Hij had eens moeten weten. Laatst werd er nog na 11 uur gebeld. Wij lagen al in bed. Doodschrik natuurlijk. Rachels matras op het bed gesmeten, heel gek natuurlijk, enfin, want de familie was toch nog niet uitgekleed: bedden warm, maar gelukkig was het niets. De deur stond wagenwijd open, de buurman kwam bellen. Toch heb ik 't gevaar maar weer half beleefd. Ik was rustig, maar 't had net zo goed politie kunnen zijn, en dan hadden we gehangen!!!!

Toen ik hier in 1942 kwam was de eerste die me begroette Maupie, de hond. Een schat van een hond. Verstandig, lief, speelkameraad van ons allen. Maar hij werd zo dik en log (eind 1943 al gemerkt), ik zei tegen Bob: "Wat is Maupie dik". "Nee hoor, je voelt zijn ribben nog door het vel". Zaak afgehandeld. Tot op zekere dag Bob zei: "Hij krijgt jongen of hij is doodziek". Naar de dokter en jammer genoeg het laatste: waterpens. Kleine kans van beterschap, maar kan nog wel een poos leven. Zou hij kerstmis halen? Hij had perioden dat hij minder dik werd, maar was altijd tierig, vrolijk, speels, maar eet haast niets meer, werd zo mager, vel over bot! De laatste dagen wordt zijn buik ook iets dunner, maar er zit geen leven meer in hem. Hij heeft geen vacht meer. Hij ligt maar stil op een stoel, eet niets. Gisteren ging zijn kop ineens omlaag, we dachten dat hij doodging. Maar gelukkig leefde hij weer op. Zou hij de Pasen halen? Waarschijnlijk niet. Halen wij hem? Ik hoop het wel. In mei is het vrede (zeg ik, maar dat zegt nog niets!). Stel je voor, buiten in de zon te mogen lopen!

11 Juni [1944]

Onderhand allang een nieuw dagboek genomen. En al zoveel gebeurd. Allergrootste gebeurtenis: invasie in Frankrijk. Heel hard wordt er gevochten. Duizenden sneuvelen, alhoewel de Engelsen vinden, dat de verliezen meevallen. Veel minder dan de oorspronkelijk uitgerekend hadden. Nu, denken we, komt hij misschien heel gauw hier. Daarom gaan we nogmaals onze rugzakken pakken. Beter doel dan de eerste keer. Dagboeken hoop ik mee te nemen. Daarom sluit ik hem nu af. Op hoop van zegen.

[derde schrift]

1 Mei 1944

Meimaand – Vredesmaand?

Ik vertrouw er zo op, dat ik maar een dun, goed vooroorlogs papier schrift nam en een dik, niet zo best, versmaadde. Deze maand zál de Vrede brengen. Voor ik 't eind van de *Omer geteld heb, hoop ik dat hij (of is 't zij?) er is. Gisteren was het de 22^e dag van de Omer. Dus over minder dan 4 weken. God weet 't alleen, en wij schepselen zouden het ook zo graag willen weten.

Half april, toen wij hier 1 ½ jaar waren, is ook pa een soort dagboek, brief aan *Onkel Adolf in Amerika, gaan schrijven. Handelt voornamelijk over juni-oktober 1942. Pa zal het als het af is ons voorlezen, nu doet hij net zo overdreven als ik wat betreft het verstoppen. De radio kletst net alsof we elke dag de invasie kunnen verwachten en wij, gekken, geloven het nog

2. ONDERDUIK, 1942-1945

ook. Elke avond zeggen we: zou hij vanavond komen? En 's ochtends niets!!! Gisteren was er op het voetbalveld controle door de Landwacht (N.S.B.), 40 man voor de 30.000 toeschouwers. Alleen *P.B. tonen, iedereen is er natuurlijk goed vanaf gekomen. De jachtgeweren zijn doormidden gebroken en in de sloot gegooid. Vandaag werden de H.B.S.'en gecontroleerd. 50.000 porties eten extra bij de gaarkeukens besteld (voor de Landwacht). Niemand ging naar school!! Mooie boel!!

's Ochtends de 1^e, ik lig nog in bed, komt Bram boven en zegt dat Maupie gestorven is. Hij was de laatste dagen al erg slecht. Eerst geloven we het natuurlijk, beklagen hem al (ten onrechte natuurlijk), maar eensklaps komen we tot de ontdekking: natuurlijk 1 aprilmop! Ik was woest. Direct naar Bram toegehold en heb hem de huid vol gescholden omdat hij met zoiets spotte. Bah, misselijk, gemeen!

Vorige week zondag heb ik in de gloeiende zon van half 1 tot 6 uur gezeten (als vriendin van Mies, heb even met een half-Jood gesproken). Iedereen schrok zich wild toen ik knalrood verbrand naar beneden kwam. Mama dacht dat ze me zó naar De Schie (begraafplaats) moesten dragen. Gelukkig heeft de Hoge Macht over me gewaakt, en is het mede door toedoen van flink invetten maar een beetje verveld. Zodat ik nu een frisse teint heb, benen en armen ook knalrood, zodat als ik deze maand op straat kom, niemand zal willen geloven dat ik haast 2 jaar in huis gezeten heb.

Jammer genoeg is de aprilmop werkelijkheid geworden. Maupie is dood. Hij werd te dik, benen zaten vol water, hij kon zijn kop niet meer omlaag doen, want dan drukte het water tegen zijn borst. Toen heeft de dokter hem hier een spuitje gegeven, en zonder een kik sliep hij voor eeuwig in. Jammer, het was een oergezellig en intelligent beestje. Als ik zondagochtend naar beneden ga om rustig te kunnen lezen, als de familie naar de kerk is, mis ik Maupie het meest. Dan zat hij altijd zo rustig in de stoel bij me. Maar gelukkig voor hem, anders had hij zeker pijn gekregen.

Momenteel lees ik een heel goede roman over Tibet, dat een erg bijgelovige en veelgoden-aanbiddende bevolking heeft. De gereïncarneerde Lama's spelen er een grote rol in. De Engelse grammatica werk ik momenteel ook door, want als ik straks voor *De Koe (onze directrice van de M.M.S.) verschijn, en ze vraagt wat ik gedaan heb, moet ik een flink antwoord kunnen geven.

8 Mei 1944.

Daar mijn dagboek niet in het hol is (anders moet ik in Ma II's slaapkamer komen en stoor ik haar), zou ik wel iets vaker kunnen schrijven. Maar er moet ook iets zijn om erin te schrijven. Politiek niets nieuws, stilstand in Rusland voor Sebastopol, alle fronten rustig. Ook in de stad rustig. Stilte voor de storm!

Bob moet over een paar weken op een fuifje dansen, nu leren we het hem, of liever gezegd: ik krijg ook les. Bram speelt reusachtig, en met Rachel, Mies, Canis of Bob dans ik. Bob leidt goed. Alhoewel ik niet zo leidzaam ben, gaat het toch goed met hem. Met Canis minder, omdat hij nog teveel loopt, geen ritmische passen maakt. Ma en pa walsen samen heel aardig. Ma nog erg vlug ter been op de dansvloer, nooit achter d'r gezocht. Ook Ma II walst en danst überhaupt goed. Mies rustig, beheerst, wel goed. Pa II kan er niets van en zit dan ook altijd.

Boek over Tibet uit, ik vond het heel aardig. Het is van *Lama Jongden, een Tibetaan? Ik weet niet. Hij zegt wel in het voorwoord dat hij haast voorbestemd was het hele leven in een Tibetaans klooster door te brengen, als... Nu lees ik *"Marbäcka" van Selma Lagerloff. Jeugdverhaal, ook wel aardig. Maar die twee niet te vergelijken, een geheel ander genre. 't Rustige leven en de rustige levensbeschrijving van Selma Lagerloff en 't ook wel rustige leven van de Tibetanen, maar veel pakkender weergegeven. Tot de volgende keer.

2. ONDERDUIK, 1942-1945

10 Mei 1944

Sebastopol gevallen. Gisteren iets voor middernacht. Vandaag, net als de oorlog 4 jaar duurt, hoorden we het nieuws. 4 jaar. Enerzijds lijkt het me of het nooit anders dan oorlog was, 'k weet niet meer hoe vrede is. Anderzijds: wat gaat de tijd vlug! Op 10 mei 1940 stonden we op om 6 uur, in grote verlegenheid. Rachel ging koffer pakken, mijn eerste vraag was: "Verdedigen we ons?" Die 1,5 jaar dat we hier zijn gingen ook zo vlug. Net of het nooit anders was. Pas geleden hierheen gewandeld met Bram. Rare wereld. Raar kind ben ik, vol tegenstrijdigheden. Ben altijd half, behalve iets half doen, dat kán ik niet, bijv. iets met de Franse slag. Dat kan ik absoluut niet, veel te pietluttig (à la Ma II) en te langzaam. Wanneer iemand over iemand anders klaagt, voel ik me een beetje geroepen de afwezige te verdedigen, en als die tweede dan komt, dan kaffer ik hém weer uit. Bij een debat voel ik soms voor de ene spreker, maar de andere spreekt zo overtuigend dat ik hém weer gelijk geef. En zelfs als ik zelf debatteer, dan verdedig, of ik kan me zo goed indenken de mening van mijn tegenpartij... Maar zo eigenwijs ben ik toch, blijf bij mijn eigen mening. En een willetje heb ik ook, een eigenwijs willetje. Zo wil ik bijv. naar Palestina. En zal waarschijnlijk dit wel doorvoeren, als ik maar De Man gevonden heb, en als hij dan maar geneigd is mee te gaan. Maar dat móet! Basta!

Deze maand vrede, zou het? I hope so.

15.5 '44.

Wat een schrijfijver! Maar ik vind het prettig. Net alsof ik mijzelf een brief schrijf en telkens als ik het vorige weer doorlees, is het alsof ik in mijn brievenmap blader om hier eigen brieven te lezen.

Vrijdag werd ik ziek, had weer veel pijn. Poeiers heb ik niet meer, durf ze niet te laten halen, aspirines mocht ik niet nemen van mama, daar is ze erg tegen. En ik als gehoorzame dochter (kinderen, horen jullie dat?) neem ze ook niet volgens ma. Maar omdat ik gal overgegeven had, ben ik gaan slapen, daarna verkwikt opgestaan. Gelukkig weer een maand vanaf!

Ma gaf me nog een goede raad gisteren. Mies en Bob waren naar de paardenrennen wezen kijken. Mies was er al een paar maal geweest, soms gewonnen en dan enthousiast natuurlijk. Iemand van haar kantoor berijdt een paard en geeft haar goede tips. Bob gisteren voor het eerst ook geweest. Fl 12,50 of 2,50 verloren. Toen waren ze niet zo erg enthousiast meer, alhoewel Bob zegt: smaak te pakken. En dit is voor hem fataal, de gokker. Als hij er werkelijk verslaafd aan raakt zal hij alles en alles vergokken. Maar Ma II en Pa II vonden het niet leuk: lange gezichten. En dan de borrels die er gedronken worden tussendoor, of je nou gewonnen of verloren hebt: iedereen geeft om de beurt een rondje. Mies een tikje tipsy gister. Ma zegt terecht: "Zeg het je kinderen, kind, en kinds kindskinderen: gok nooit op paarden, als je eraan gewoon raakt, ben je kapot." Een neef van haar heeft altijd zo in spanning geleefd dat hij erdoor heel vroeg naar de andere wereld is geholpen. Alhoewel volgens mijn theorie iemand nooit te vroeg kan gaan, anders was hij wel teruggekomen.

Thuis zijn de mensen ook allemaal prikkelbaar. Van Mies en Canis kun je het begrijpen, nooit alleen, altijd opgescheept met vijf wildvreemden om je heen. Als je thuiskomt nooit eens gezellig alleen met je moeder in de huiskamer achter het theeblad, maar een andere moeder die voor de thee zorgt, en nog een paar mensen die maar een beetje in de stoelen hangen.

Ma II nemen we zoveel mogelijk werk uit handen, alleen sjouwen moet ze alles, want de kinderen helpen geen zier. Wij gaan nog wel eens naar beneden om groente- en aardappeltassen de 3 trappen op te sjouwen. Maar als Ma II dan naar boven komt zakt ze uitgeput in haar stoel. Haar hart is erg zwak. Ze is al 60 deze zomer, maar ze kan gerust voor nog geen 50 doorgaan, zo vief en slank, vlot, lief. In één woord een engel.

Maar ze wordt een beetje lui. Als we weggaan (was het maar alvast zover) zal het haar heel erg tegenvallen weer alles alleen te moeten doen, ze zal het zelfs niet meer kunnen, afgewend zijn, te slap en ze doet nooit iets in het huishouden, hoogstens bloemen schikken als Bob ze zaterdag koopt.

Vanochtend heb ik nog iets meegemaakt. Vandaag is het één van de *Kruisdagen, om half 7 naar de kerk en acht uur thuis. Gisteravond heb ik vast de kopjes afgewassen, omgedraaid uit laten lekken. Vanochtend zet mevrouw voor haar familie een kopje thee en neemt alleen haar eigen kopjes uit het stapeltje, en laat onze kopjes kras door elkaar liggen. Dat vond ik nou zo'n toppunt van onaardigheid, luiheid, wij doen zoveel voor hen, ik kan het niet onder woorden brengen. Toen wij om 9 uur naar beneden kwamen zaten zij allemaal (Mies, Bob, Ma II) een boek of krant te lezen in de rommel, niets opgeruimd, mama kon als dienstbode, terwijl mevrouw de Libelle leest, de kamer gaan stoffen. De tafel was niet gedekt. Nee, ik vond het een schandaal, bah. Kan je het begrijpen dat wij helemaal zenuwachtig zijn. Het zit je allemaal opgekropt en zeggen kun je niets. Want eigenlijk ben je een ongewenste gast. Altijd maar mond houden. Ma II gooit, wat er ook is, altijd de schuld op ons. Soms kun je het niet uithouden. Zeg je iets terug, maar brutaal mag je niet worden en per slot geef je ze maar gelijk. 'n Toestand! Maar geen pretje. Rachel zei laatst half gek tegen mij: "Waarom mogen zij wel alles doen? Waarom mogen zij wel naar buiten? Waarom moeten wij bij hen ondergedoken zijn? Waarom zij niet bij ons? Zijn wij geen mensen? Waarom dit? Waarom dat?" Waarom, waarom?

Rachel is de zenuwachtigste van allen, zij die altijd wegging naar kennissen of cursussen of zo. Soms kan ze ineens gillen. Ik ben dan doodsbang, maar kalmeer zoveel mogelijk. Vooral als het niet als koek en ei gaat tussen Bram en haar is ze half waanzinnig. Bram is eigenwijs en dat kan Rachel niet hebben, ze wil dat Bram zich een beetje aan haar stoort, en dat is een redelijke eis als je verloofd bent. Blijf anders vrijgezel. Maar soms vraagt ze ook onmogelijke dingen van hem of maakt om een kleinigheidje zo'n verschrikkelijke herrie, dat ik me afvraag of het wel iets zal worden tussen die twee. Maar de liefde overwint meestal gauw en na uitkletsen wordt het wel een paar dagen of weken goed tussen hen. Tot er weer een uitbarsting komt. Onze Rachel was altijd al hypernerveus, maar nu is het hyper-hyper. Wij wijten het meer aan de tijdsomstandigheden, maar het is het karakter: opvliegend, driftig. Net als pa, niet beheerst. Ook hier is pa het niet, hoewel hij zich prachtig houdt. Wordt wel heel mager, maar klaagt nooit. Pa komt wel veel tekort en als je ziet hoe Ma II de boterhammen bekrabbelt met boter en hoe pa altijd het meeste water uit de juskom krijgt! Thuis wisten we gelukkig nooit van onderste of bovenste van de jus, mama gaf het ons kant en klaar, maar hier worden we toch zo kleingeestig! Na de oorlog (???) zegt pa, eet hij boter met brood. En nooit meer zuurkool of kroten. Arme man. 53 jaar nog geheel opnieuw beginnen. Wij zijn jong, maar pa... Alles nieuw kopen, zich installeren. Maar hoelang kan hij nog werken? Volgens pa: ik ga niet meer in de kleermakerij, maar in de handel. We lachen hem altijd uit als hij zoiets zegt. Maar wie weet wordt het nog ernst. De agentuur overnemen van een grote Amerikaanse jurkenfabriek van mama's neef: Tannenbaum.

16 Mei [1944]

Gisteren eensklaps afgebroken, omdat het al zo donker werd (half 10) dat ik niets meer zag. Mama kwam al slapen en ze verbood me verder te schrijven en ik als gehoorzame dochter... Maar laat ik verder gaan. Misschien dat het iets wordt. Misschien pa ergens coupeur. Eigenlijk is het allemaal van later zorg en moeten we eerst afwachten of er wel een later voor ons is. Gelukkig hebben we ons geld gered in Amerika en zijn we nog niet (straat)arm. Mama is erg bang of er voor ons nog een later komt. Invasie of zo beleven, of liever over-

2. ONDERDUIK, 1942-1945

leven we niet, volgens ma. Eén huiszoeking, één onverantwoordelijkheid van Ma II (ze haalt bijv. alle kruidenierswaren bij één juffrouw, ze koopt bonnetjes, maar elke week precies 5 bonnen van alles erbij kopen is volgens mij wel wat raar en als ma werkelijk tekort komt koopt ze daar ook nog een boterbonnetje of zo. Nou, je kan mij niet wijsmaken dat ze het nog niet doorheeft). Allemaal factoren die, als het niet heel erg gauw afloopt, ons naar de bliksem (terminologie van het huis, ons vocabulaire is er hier niet op vooruit gegaan) zullen helpen. Ma is erg zwak en onverschillig geworden. Niets kan haar eigenlijk meer schelen. Het eten kan ma niet goed verdragen. Maar "het kan mij allemaal niets schelen, geef mij maar een paar sigaretten en ik hoef niets meer te eten". Zij "eet" de sigaret op, wordt echt een "leidenschäftlicher" rookster. En... ma verlangt naar Onkel Iziu en tante Dora. De eerste heb ik niet heel veel hoop meer. En de laatste... eigenlijk ook niet. Tante Dora was waarschijnlijk ondergedoken, maar is misschien gepakt of zoiets. Want Ma II zei al maanden geleden eens dat vele mensen mensen zullen missen, die ze denken nog te zullen vinden, en wel een paar keer zei ze dat tegen mama. Toen kreeg ik zo'n idee dat Bob haar in de Schouwburg (de Amsterdamse loods) had gezien, of Froukje misschien wel. Ik weet niets positiefs, vermoed maar en hoop het beste natuurlijk. Voor geld heeft Tante Dora ook niet bij *Cor aangeklopt. Ma II heeft er nog naar gevraagd. Dus... Maar mam is zo blij dat wij tenminste bij elkaar zijn. Elke keer dat ik bij haar in bed kruip drukt ze zich tegen mij aan, en vertroetelt mij, de baby (van 18 jaar bijna) en is God elke keer dankbaar dat ik ook hier ben. Maar ook haar zenuwen hebben het onder die omstandigheden natuurlijk te kwaad.

Zo ook Bram, die niets van zijn familie weet, alleen eens een keer een briefje van Borah. Zij maakt het uitstekend. Van Froukje vermoedt Bram niets. Maar dikwijls is hij down en dan erg onredelijk tegen Rachel. Maar als hij in een goede bui is, dan is er geen huis met hem te houden. Uitgelaten, zoent de hele familie, Rachel de hele dag tot je er misselijk van wordt. Van het ene uiterste in het andere. Ook weer niet goed. Ik ben nog de kalmste. Probeer zo min mogelijk aan alle mensen te denken, wat me heel goed gelukt. Helemaal uit je gedachten bannen gaat natuurlijk niet, maar is ook niet nodig. Aan mensen die me het liefste zijn, denk ik eigenlijk het minste. Durf er niet aan te denken. Struisvogelpolitiek, maar ben er gelukkig bij. Heb gelukkig een optimistische, vrolijke natuur, zing (neurie liever gezegd) heel dikwijls of fluit het hele huis bij elkaar, maar dan is ma woest. Dit kan ze nou niet hebben.

's Nachts droom ik ook haast nooit van oorlog of wat er aan vast zit (zat), maar van vrede, van mensen die terugkomen uit Polen en die ik van de trein ga halen. En als ik 's ochtends dan opsta en luister of het rustig is in de lucht, dat betekent dat er dan geen invasie is, dan bid ik God dat dit toch gauw mag gebeuren dat ik de mensen van de trein ga halen en ze in ons lege huis verwennen. En dan samen met ons allen naar Palestina om een Hollandse *Kvoetsah op te richten (alhoewel dit een fout is: een staat in een staat, maar dit van later zorg). Amen!

Dinsdag 6 Juni 1944.

"Die Invasion hat angefangen!" Thans vanochtend voor de radio bekend gemaakt. Tussen 6 en 8.30 zijn er luchtlandingstroepen in Noord-Frankrijk geland tussen Cherbourg en Le Havre. De laatste is zwaar gebombardeerd en staat nog in brand. Generaal Eisenhower leidt de landing en heeft de soldaten toegesproken (moed). Duizenden boten komen naar Frankrijk. Wij hier hebben er niets van gemerkt. Integendeel, het is erg rustig. Al weken geen luchtalarm gehad. Frankrijk de laatste tijd zwaar gebombardeerd. Cherbourg gisteren 4 keer. Arme mensen! Wie had dit ooit gedacht dat we dit nog mee zouden maken. We spraken erover en geloofden er niet aan eigenlijk. En nu onverwachts. Gisteren is Rome gevallen. Vandaag invasie Frankrijk. Morgen? Er worden vele berichten ook voor België doorgegeven. Misschien morgen daar. Een uur voordat ze hier komen zullen ze strooibiljetten uitgooien en wij moeten 35 km. van de kust weggaan. Aldus de Engelse radio. Also jetzt geht's los! Rusland zal nu ook heel gauw met een nieuw offensief komen, zodat Duitsland in zal storten. Deze maand nog, en wij werkelijk deze zomer nog van Gods natuur zullen mogen genieten. En nooit meer bang voor huiszoekingen.

Donderdag was onze bel kapot. Rachel, Bram en ik waren in de keuken. Eensklaps wordt er aan de schuifdeur geklopt. Canis, die "alleen" thuis was, doet open: huistimmerdienst het hele huis opmeten. Schrik! Rachel in schort gaat uit de keuken, zegt de heren goedendag en gaat pa waarschuwen, die boven staat te strijken. Hij gaat in de kast. Mama zit in de huiskamer te verstellen. De heren meten de gang op. Eensklaps gaat de deur van de keuken open en moeten ze die ook bekijken. Bram en ik aan het aardappelen schillen, Bram niet omgedraaid. Ik ze begroet. Eensklaps denk ik aan de radio en wil naar boven. Maar de heren zijn net naar boven gegaan. Rachel komt beneden, gewapend met stofdoek en zwabber, en zegt dat ze hem in de koffer gegooid heeft. Dus dat is in orde! De heren meten de kamer op, waar Pa in zit, net voor de kast staan ze. Maar hebben niets bemerkt. Wel mompelt één iets van de schoorsteen, die niet uitsteekt. Nu zien de heren in de kamer van ze een foto van de *Graal (een katholieke meisjesvereniging) en herkent hem. Hij was 10 jaar geleden ook bij die uitvoering, is ook katholiek (beide[n] trouwens) en kletsen geanimeerd een beetje met Canis. Zij komen voor een archief, van alle huizen van Rotterdam in uitgetekend steen. Met grote bombardement verbrand. Nu aanvulling nodig. Toen gingen ze weg. Ma en pa hebben ze niet gezien. En laten we hopen dat ze van ons drieën ook niets geks denken. Alleen Bram aardappels schillen…! Maar ze bennen goed katholiek, dus zelfs als ze iets vermoeden zullen ze hun mond wel houden. Dus je ziet, onderduiken is nog niet zo emotieloos. Maar dit is nog niet het enige wat we beleefd hebben. Natuurlijk over gepraat ieder om de beurt, moet hier in huis, 's avonds zei Ma II: "Morgen als Mies van Dijk + verloofde op visite komt" (Mies was jarig), "blijf jij dan piano spelen, Bram". Eerst tegenstribbelen. Toen werd ook Rachel uitgenodigd en toen was het voor mij zo sneu als ik alleen boven zou zitten, dat ik ook maar moest komen en toen werd er vanalles verzonnen, wie we waren voor de buren, en tóen Brams collega Manus. Tenslotte speelden we samen tennis. Maar pa en ma waren ertegen. We mochten niet, maar we wilden zo graag dansen en toen zijn ze gezwicht. Zodoende zaten wij om acht uur heel netjes uitgedost in de salon, als "visite" op visite te wachten. Alles ging prachtig. Die Wim Hesseling moest die week graven, d.w.z. in Hoek van Holland verdedigingswerken tegen de Engelsen maken. Hij stond onder leiding van een overgelopen Pool, die erg goed voor ze is. En hele verhalen vertelde hij. Zodat wij eigenlijk niet aan het woord kwamen. Miesje v. D. is een heel aardig, geestig meisje (27 jaar, maar je zou haar geen 19 geven). Veel hebben we niet gedanst. Wij hoofdzakelijk met Bob en Canis en verloofde van Mies. Wim niet. Voor half elf waren ze al weg. Toen hebben we pa en ma naar beneden gehaald en nog een poos gepraat. Is heel gezellig geweest. Ma II zei alleen een paar maal 'Bram' in plaats van Wim. Maar daar hebben zij niets van gemerkt.

Zondagavond hebben we ook even gedanst. Maar ik had buikpijn (doodgewone, hoor!) en dus niets geen zin. Bij de anderen was de stemming er ook niet helemaal in, zodat we maar vroeg ophielden en over de invasie gingen spreken!! Nou, is dat allemaal schokkend nieuws of niet. 1. Huisopmeting, 2. De verjaardagsfuif, 3. Rome gevallen en 4. Invasie!

2. ONDERDUIK, 1942-1945

Vrijdag 9 Juni 1944.

Er zijn al bruggenhoofden gevormd. Een heel klein kustplaatsje hebben de geallieerden al veroverd. Landingen gaan nog altijd door. De eerste dag hebben de Engelsen geen Duitse jager gezien. De verdediging wordt nu sterker. Waarschijnlijk zullen ze ook in andere landen landen, volgens Churchill, om de Duitsers geen kans te geven hun troepen op één punt te concentreren. België zal wel gauw aan de beurt komen, want dit is ook erg gebombardeerd. En misschien ook Holland. Onze rugzakken hebben we in ieder geval al tevoorschijn gehaald. Toen om de dood in te gaan!! Maar we zullen zo lang mogelijk in huis blijven, hebben we afgesproken, alhoewel Engeland een uur voordat ze komen strooibiljetten zal uitstrooien en dan moet je 35 of meer km van de kust verwijderd zijn. Ik denk dat ze maandag in België zullen landen, want dan hebben ze haast een week geleden al in Frankrijk geland. En eerst was de bedoeling ook maandag te komen, maar door weeromstandigheden is het een dag uitgesteld. Nu is het ook erg: storm, regen, zodat de meeste troepen zeeziek aankomen. Niet gunstig!

in Italië trekken de troepen georganiseerd terug. Zonder vliegtuigbescherming. Goed teken? Rusland moet nu ook heel vlug beginnen. Misschien wel met parachutes in Polen landen en de Joden bevrijden... Gisteren had ik weer erge pijn: ongesteld geworden. Ook Rachel en Mies ziek. Misschien wel omdat we het volgende week helemaal niet gebruiken kunnen, omdat er hier invasie is. Ondenkelijk [ondenkbaar] dat het nu al zo dichtbij is en je er nog niets van merkt. Maar laat het maar liever zo blijven en plotseling vrede.

Dinsdag 20 Juni 1944.

Geen landingen meer, d.w.z. op andere plaatsen dan Noord-Frankrijk. Normandië vrijwel geheel in geallieerde handen, ± 10 km nog van Cherbourg. Het weer was verschrikkelijk tot nu toe. Vandaag is het opgeklaard, maar nog hevige storm. Misschien nu binnenkort ergens anders invasie. Rusland is al Finland binnengetrokken. Ze vechten, maar Finland zal zich wijselijk gauw overgeven.

Rachel is vorige week naar de tandarts gegaan: overkant. Net zat ze in de wachtkamer, komt er een dikke man met zwart uniform en platte pet, laarzen, binnen. Ze schrok natuurlijk geweldig, maar ze hebben gezellig gekletst, eerst alleen, later met nog een paar heren. Toen bleek dat dat "uniform" een beroepsbrandweerman was, dus ze hoeft er helemaal niet bang voor te zijn. De tandarts blijkt een onbeschofte vent (zijn vrouw is pas van hem weggelopen), zegt direct: "fl 7,50, goed, ja anders maar weg". Geeft niet eens water om te spoelen, soms staat er wel eens een half koud glaasje water van een vorige patiënt. ± 3 minuten neemt hij voor ieder, heeft het razend druk, wachtkamer altijd vol. Maar hij heeft haar kies, waar ze een tikje last van begon te krijgen, tenminste geplombeerd. Ik zou ook hoognodig moeten gaan, maar als ik ga ben ik de eerste 6 maanden niet klaar en dat gaat niet. Wel ben ik zaterdag weggeweest: bloemen kopen voor Ma II. Ze vroeg of ik het even doen wilde voor haar, Bob was er ook. Toen vroeg ik of hij mee ging. "Ja". Nou, toen op stap. Eerst had ik gewetensbezwaren. Nooit ga ik een boodschap doen, en juist op שבת [sjabbat] wel, maar weggepraat in mijzelf. Regenjas aan en schuin naar de overkant. Daar prachtige bloemen gezien en gekocht. Maar de prijzen... verschrikkelijk. Ik zag rozen: "Geeft u mij daar maar voor f 1,50 van". Toen gaf ze me twee takjes!! Tegen Bob gezegd, hij is royaal met geld (je moet het maar hebben en kunnen), "wat geeft dat nou, doe er maar een paar bij", en kwam met een boeketje van f 7,50... voor z'n ma aandragen. Ik kocht slaapmutsjes en nog andere roze bloemetjes: f 2,=, verschrikkelijk veel! Toen weer naar huis. 't Was erg leuk geweest, maar later kwamen de gewetensbezwaren weer sterker op. Ook nog daarbij, dat het onvoorzichtig is, alhoewel de kans zeer miniem is, bestaat hij toch dat de landwacht persoonsbewijzen vraagt en dan...? Nu heb ik mijzelf laten beloven niet meer op straat te gaan, vóór het strikt noodzakelijk is of vrede!!! Belofte maakt schuld, ook aan jezelf, dus hoop ik de kracht te hebben of te mogen ontvangen sterk te zijn!

2 Juli 1944.

Vandaag weer eens piano gestudeerd. Meer dan een uur: Händel's Largo en Blumenlied van Lange. Maar nog heb ik het niet onder de duim, want toen ik op het eind het eerste nog eens overspeelde (waar ik eerst over 1 bladzijde drie kwartier gestudeerd had) was het nog maar knudde. Maar toevallig was er niemand in de kamer, zodat ik ongestoord heb kunnen spelen: mieters. Ik zeg net tegen ma: "Alles wat ik zou willen studeren, ben ik niet knap genoeg voor". In de 1^e klas H.B.S. dacht ik natuurkunde, maar meer dan een 6 heb ik nooit gehaald (zelfs 4 de laatste keer). Scheikunde, maar ook met dat twijfel ik aan mezelf. Piano zou ik willen studeren, maar... het talent ontbreekt. Dus een talentloos mens kan het beste maar trouwen, en ook daar heb je zelfs talenten voor nodig. Maar die hoop ik te leren: de huishoudelijke.

Maar eerst moet er een man opduiken.

Waren wij maar vast opgedoken!!!

Met de politiek bemoei ik mij nooit. Lees nooit de krant, hoogstens om een kruiswoordpuzzel op te lossen. Maar het belangrijkste nieuws hoor je toch altijd. Want wie er ook komt, altijd is de eerste vraag: "Is er wat nieuws?" van de anderen. Ik vind dit toch zo'n stomme vraag, want wij hebben toch de betrouwbaarste berichten en uit de eerste hand. Cherbourg is definitief gevallen. Nu hebben de geallieerden tenminste één grote haven, waar ze zonder risico troepen kunnen laten landen. Rusland doet grote offensieven: Finland dat wel gauw zal capituleren, Minsk (vlakbij Polen), en Tarnopol (in Polen). Italië kunnen de Engelsen de Duitsers haast niet volgen, nog maar ± 45 km van Livorno. Dus het is gauw afgelopen. Rachel vraagt wel eens wat ik ga doen als het vrede is. Antwoord: direct mijn oude dagboek zoeken en schrijven!

's Middags 5 Juli 1944.

Mies heeft laatst Koos Kloppert (aardrijkskundeleraar) ontmoet. Zij zat in de tram, dus niet gesproken. Zag er tamelijk goed uit. Hij was al sinds '41 in gijzelaarschap. Ik ben dolblij voor hem, want het is een schat van een man. Liefst stuurde ik hem een paar bloemetjes. Maar pa is ertegen: "Als je gedoken bent, ben je dood voor de wereld". Dan na de oorlog maar persoonlijk. Alhoewel ook hij blij zou zijn, van een evenmens goede berichten te krijgen. Vanochtend erge pijn gehad (tante is gekomen), maar nu is het vrijwel over. Maar toch ga ik maar weer gauw naar bed.

Vrijdag 21.7. '44.

*Gisteren aanslag op Hitler gepleegd. Zijn eigen generaals hebben bommen gegooid in zijn hoofdkwartier. Jammer genoeg twee meter van hem af ontploft, zodat hij slechts brandwonden heeft. Vannacht om half 1 heeft Hitler nog gesproken voor de radio en heeft een oproep aan het volk gestuurd om hem te steunen. Wat zonde dat hij niet geraakt is, maar... in ieder geval, begin van het eind. De radio begint met 'burgeroorlog in Duitsland'. Alhoewel het volk nog niet in opstand is, alleen generaals onder elkaar. Vele generaals zijn ook gewond. Men zegt zelfs dat zich een regering gevormd heeft o.l.v. *Von Rundstedt (die vorige week 'wegens ziekte' zijn congé gekregen heeft). Maar Hitler zegt: luister alleen naar mij, volg mijn instructies! Nu afwachten maar. Volgende week gaan mijnheer en mevrouw Zijlmans en Mies met vakantie, de daaropvolgende week Mies thuis, Canis weg. Bob blijft waarschijnlijk weer schilderen in de voorkamer. Pa II is er haast van overtuigd dat, als hij weg is, de vrede komt. Vorig jaar ook met die vakantie is Mussolini afgetreden, vrede Italië (alhoewel toen pas voor Italië de oorlog begon).

± 1/3 van Polen zijn de Russen al door. Brest-Litovsk en Lemberg staan op vallen. Ook in Normandië hevig gevochten. Livorno gevallen. Alles gaat uitstekend. De aanslag op Hitler is nog uitstekender. Maar de volgende vrede is het best. Laten we bidden dat hij spoedig komt.

Maandagavond 7 Augustus [1944].

De kranten veel ophef gemaakt van de aanslag op Hitler. De Voorzienigheid heeft hem gered (jammer genoeg). Toch moet zijn einde spoedig naderen: in Frankrijk trekken de geallieerden na de val van Caen op naar Nantes en Saint-Nazaire. Opeens zaterdagavond komt pa en zegt dat ze in de voorsteden van Brest zijn!! Stilletjes langs de kust getrokken zonder veel tegenstand. Nu zijn ze alweer op weg naar Parijs. Warschau zo goed als gevallen, ± 50 km van Krakau. Op de Oost-Pruisische grens aan het vechten. Overal trekken de Duitsers terug. Dit móet toch goed aflopen..!

Pa II en Ma II, Mies en Canis met vakantie geweest. Alles ging prachtig: sinds 2^e week moest Bob 's avonds schilderen. Toen, omdat er een plant uit Den Haag verwacht werd, moest ik opendoen. Kennis gemaakt met melkboer, postpakket aangenomen (met Zijlmans getekend). Toen kwam de plant. Een geweldig ding in een pracht pot. Iets van metaal lijkt het. 'n Indisch stuk, daarin wel 8 planten: gatenplant, Herzboom, vetplanten, schitterend. (maar de prijs is dan ook ƒ 145,-) Ma II is namelijk jarig. Maar dit was nog niet genoeg. Bob zag nog een schaal (voor bloemen of vruchten), heel groot, met vlinders beschilderd, ook heel mooi en kocht die (ƒ 130,-). Hij heeft voor die wandschildering ƒ 300,- gevraagd, zegt hij (3 middagen werken), waarom als ik het heb niet uitgeven? En het is niet gek ook. Straks is het geld toch niet veel meer waard. Nu heeft Ma II tenminste mooie dingen.

In de voorkamer heeft hij niet gewerkt. Eerst dacht ik nog dat hij mij zou schilderen, maar bij nader inzien ben ik dolblij dat hij het niet heeft gedaan. Een middag hebben we eens gepraat. Toen vertelde hij, dat hij zich nu niet kan concentreren. Heeft zoveel andere dingen aan zijn hoofd. (doet heel veel voor andere mensen) Dan is zijn atelier niet aan huis. Eerst moet hij in een stampvolle tram, dan nog een stukje lopen. Zo is het geen geconcentreerd werken. Tijdsomstandigheden.

Vroeger vertelde hij, had hij het hele jaar door evenveel concentratie als nu 2 maanden van het jaar. Laatst nog maakte hij een portret, en dat moet prachtig geworden zijn. Zo ook als hij thuis gewerkt had, 's ochtends boodschappen doen voor ons, 's middags werken met misschien nog er tussendoor: wil je een fles melk halen, het spijt me, maar was het vergeten. Nee, ik ben dolblij dat hij het niet gedaan heeft. Daarom ook wil Bob niet trouwen, althans niet voor zijn 40^e jaar. Als je hem hoort, heeft hij groot gelijk. Als je prettig bezig bent, moet je komen eten, anders wordt het biefstukje te hard en is de vrouw beledigd, of je bent bezig aan je werk te denken 's avonds, dan wil je vrouw naar de bios. Zo heeft hij het goed, bij zijn pa en ma en heeft zijn vrijheid. Als hij behoefte krijgt aan kinderen gaat hij trouwen. Zijn vrouw moet een heel individueel leven leiden, soms ontmoeten ze elkaar. Nee, ik geloof niet dat dit iets voor mij was, alhoewel wanneer ik een lab aan huis had, had ik mijn problemen, hij de zijne. Maar zou dat een goed huwelijk worden? Zou dit niet verschrikkelijk langs elkaar heen leven zijn? En de kinderen? Nee, dan moet de vrouw allereerst moeder zijn. Voor Rachel zou het helemaal niets zijn, die wil altijd weten wat de ander denkt, om de ander beter te leren begrijpen, maar heel dikwijls kan je het niet zeggen. Is het te subtiel, zou het belachelijk worden. Ik voel heel veel voor de ideeën van Bob, maar toch zal ik waarschijnlijk een heel doodgewoon huwelijk sluiten, net als elk meisje, moeder worden en mijn leven als huisvrouw slijten, stof afnemen, goede beurten. Bah, hier heb ik er al genoeg van, en dan doe ik maar een heel klein deeltje. Maar we zullen zien. Een langs elkaar heen leven wil ik ook niet.

Woensdag 23 Aug[ustus 1944]

Net bericht binnengekomen van val van Parijs! Engelsen en Amerikanen trekken binnen. Parijs was al lang 'umgangen' (100 km over Parijs zijn ze al). Orléans is ook al gevallen. Vorige week was er een geallieerde landing in Zuid-Frankrijk, tussen Cannes en Toulon. Beide plaatsen al veroverd. Een paar kilometer voor Marseille! De partizanen helpen uitstekend, een derde van Frankrijk hebben zij al in handen. Nog maar 240 km van Duitsland!!

In Polen is het momenteel stilstand. Maar misschien valt Warschau ook vandaag wel! Alles gaat prachtig! Mama zegt dat ze naar de kapper wil. Ra[chel] is pas geweest. Ze had zulk steil haar en dit staat haar verschrikkelijk. Nu ziet ze er aardig uit. Volgende maand ga ik ook. Ik voel eigenlijk niets voor krulletjes, maar zo helemaal lang is ook niets. Misschien laat ik of helemaal slagen of rol naar binnen maken.

Ons gesprek over huwelijk hebben we zondag herhaald, gisternacht tot 12 uur voortgezet. Toch wil ik nog eens apart praten met Bob. Sterk individu, wil niets van persoonlijkheid verliezen. Dus twee sterke kunnen niet trouwen. Bij sterke past geen zwakke, dus geen goed huwelijk. Twee zwakken gaat wel, beide[n] oppervlakkig. Kopje thee, ja graag, lekker weertje, ja lekker weer, zalige boontjes, ja zalig. Bah, zo'n huwelijk!! Maar wat dan, geen huwelijk? Vele verlovingen en huwelijken gaan uit elkaar, omdat ze niet bij elkaar passen. Is het dan beter vrijgezel (oude vrijster) te blijven? En eenzaam? Nooit je eens helemaal tegen een vertrouwde uit te kunnen spreken. Of moet je als sterk iemand daar geen behoefte aan hebben, eigen problemen oplossen. Ik ben blij dat ik een poosje hier geweest ben. Hier leer je problemen kennen en erover nadenken, waar ik thuis zeker niet toe gekomen zou zijn, omdat pa iedere poging een individu te zijn de kop indrukt, je altijd met 'snotneus' afscheept als je je eigen mening te kennen geeft. Daarom ook dreigde ik kuddemens te worden, wat zal men er wel van denken als ik dat doe. Maar wat kan 'men' je schelen, je leeft toch je eigen leven, niet dat van 'men'? Als je 5 minuten te laat thuis kwam stond heel het huisgezin op z'n kop. Maar je kan toch wel voor jezelf zorgen, al is je pa er niet bij? Nee, je kinderen zelfstandig opvoeden, dit zal ik zeker, als ik nog trouw. Mijn zelfstandigheid hoop ik nog te krijgen, ik hoop nog niet te oud te zijn om er bovenuit te kunnen groeien, boven de bedompte sfeer, van onder de tirannieke plak van ouders en oudere zuster. Als ik jou was zou ik dit doen... Maar je bent <u>ik</u> niet. Ik ben ik! Wees zelfstandig, wees individu, wees sterk individu! 't Huwelijk is nog niet zo probleemloos als het lijkt. Nog veel denken en praten voor je in het bootje stapt. Voilà!

Maandag 4 Sept[ember 1944], 12 uur.

<u>Brussel gevallen!</u> Pa brengt net het bericht binnen. Gisteravond al de Amerikanen binnengetrokken. Gisterochtend zijn ze over de Belgische grens getrokken. In Frankrijk is de strijd ook al zo goed als afgelopen. Ze staan voor de Duitse grens en ± 60 km nog maar van Holland (of minder!). Vandaag of morgen is het sprookje (?!) werkelijkheid. Prins Bernhard in Engeland heeft de leiding over ons leger (ook, nu vooral, hoofd van binnenlands, illegaal leger, de partizanen!). Canis verheugt zich al om mee te knokken, de militarist! Hij gaat zich ook direct opgeven voor opleiding rekruut Indië. Nooit zou ik ervoor vechten (in de letterlijke betekenis dan). Nu komen de allerlaatste zwaarste loodjes, waar mama altijd zo bang voor was. Laten we de eindoverwinning, vrede, mogen beleven. Bram vandaag jarig. Arme jongen. Waar zijn zijn

ouders? De laatste tijd begint hij zich dat meer en meer af te vragen. Ma II praat ook zoveel over mensen die niet terugkomen, en of Bram weet waar z'n ouders alles verborgen hebben, dat we argwaan krijgen. Misschien ten onrechte. En zijn zusters? Van één weten we zeker dat ze weg is, en Borah? Ach, laten we niet denken. Deze tijd kun je beter aan de oppervlakte blijven wat betreft mensen die je lief waren, schrijnt minder. Ik gaf hem een *commentaar op de Faust van Mr. Roel Houwink. Van de anderen ook boeken. Feest wordt er natuurlijk niet van gemaakt, wel gebakjes. Maar we gaan ook geroosterd brood inslaan, want… je kunt nooit weten of je op straat mag of kan (straatgevechten). Bidden maar!

Maastricht, Eindhoven, 8 uur. Ze zijn er!!!! Breda, Tilburg gevallen, d.w.z. de Engelse of Belgische tanks rijden erdoorheen. Tegenstand is er nergens. 's Middags vertelde Canis het al, maar we geloofden het niet. Bob om 6 uur bevestigde het stellig. En hij nam me mee naar het raam, daar stond een Duitse wagen volgeladen met allerlei, o.a. fietsen, kleren, autobanden, enz. en Moffen ernaast stonden te praten. Heel bedrukt. Eerste opwelling was: wat zielig (toch erop uitgetrokken om te overwinnen), maar eigenlijk ze gaan terug naar hun Heimat. En hun verdiende loon dat ze verliezen, de antisemieten! Laten we ons a.u.b. niet aan haatgevoelens overgeven, want dan zijn we net zo slecht als zij! Aan tafel van emotie is haast niets gegeten. Misschien als de Moerdijkbrug niet is opgeblazen zijn ze morgen hier!! Volgende week (maand) naar school!! Vannacht of morgen word ik ziek. Ook dat heb ik nog nodig bij alle opwinding. Maar we hebben meegemaakt waar we op gewacht hebben. De radio echter heeft nog niets gezegd. De berichten zijn helemaal achter, want Bob vertelde bijv. dat gisteren Antwerpen al gevallen is! Ik hoop dat Rotterdam niet verdedigd wordt, dat de moffen allen naar Duitsland trekken en wij zo vlug en gemakkelijk vrij.

10 uur

Net komt Bob thuis en vertelt dat deze nacht waarschijnlijk een zware wordt. Schijnbombardement in de buitenwijken van Rotterdam (om de moffen erheen te lokken). Onderwijl worden wapens neergegooid voor de Partizanen. Zou er dan hier toch geknokt worden? Erge opwinding heerst! Vanavond zei Bram: "Als Froukje in Vught zat (ondergedoken), zal ze haast bevrijd zijn". Later, toen hij de kamer uit was, zei Ma II: "Hij zal na de oorlog de zwaarste noten te kraken krijgen". Heel vaag iets over zijn ouders, dat als ze gedoken waren, zouden ze misschien toch gestorven zijn (suikerziekte beide[n]). Toen kwam hij binnen, dus van onderwerp veranderd. Arme jongen! Kop op, naar de vrede! Wel te rusten!

Dinsdag 5 Sept[ember 1944], 8 uur 's avonds.

Men zegt dat ze in Dordrecht zitten. Maar van schieten e.d. geen spoor. Vorige nacht is niets gebeurd. Misschien deze? Vanochtend riep Ma II Ra[chel] bij zich en vertelde: "Froukje is in Palestina!" Zij was in *Celle (bij Hannover) en is uitgewisseld tegen Duitse krijgsgevangenen. Gisteravond laat vertelde Bob het pas aan haar. Rachel hoorde destijds het bericht door de radio. Wat een geluk. Tenminste nog één over van de familie, want jammer genoeg, het is waar. Mies vertelde het me niet uitvoerig: mevrouw en mijnheer De Lange wilden in afwachting van hun vals persoonsbewijs naar een voorlopig duikadres in Amsterdam, aan de andere kant van het IJ. Ze staan zonder ster op het station: pb-controle! Natuurlijk door de mand gevallen! Ze hadden nog een vaatje boter en massa's boterbonnen bij zich, alles in beslag genomen natuurlijk. Is dit niet bestemming? Ik kan me zo goed voorstellen hoe ze daar gestaan hebben, zenuwachtig, verlegen. Van de ene stadswijk naar de andere. Gepakt! 3 dagen nadat Bram bij ons kwam en Froukje, arme ziel, mocht niet eens bij haar ouders komen, kon niets doen. Prof. Cohen mee bemoeid en gedaan

2. ONDERDUIK, 1942-1945

gekregen dat het geen 'strafgeval' werd, dus niet direct doorgestuurd. In Westerbork waren ze in de barakken ingedeeld, dus ze konden goed voor zichzelf zorgen. Totdat op een avond een kindertransport wegging. Nog een paar plaatsjes open, paar oude mensen bij geduwd. Ook mevrouw en mijnheer De Lange. Waarschijnlijk is dit transport vergast! Zachte dood! Je wordt gek als je eraan denkt: louter kindertjes, de ouders nog in Westerbork, vergast. Als de ouders dat horen, dan... ja, dan? Wat kunnen ze doen? Machteloos staan we. En Brams ouders? Als ze vergast zijn is het toch een zachte, zoete, vlugge dood. Daar uithouden zouden ze het toch niet. Ze hebben weinig voedsel nodig (daar zal wel aan voldaan worden), maar goed, vet, boter! En misschien zijn ze nog in Theresiënstadt en komen ze terug? 't Zou te mooi zijn! Van Borah zijn we ook nog niet erg zeker meer. De mensen waar zij contact mee had (bonnen enz.) zijn gepakt. Waarom weet niemand. Of het door Borah komt? Weet niemand. Wel waren de opgepikte mensen erg onvoorzichtig en het huis niet geschikt om te duiken. En tante van Bram zat er, natuurlijk ook weg. Een getrouwde dochter van die tante is in Palestina. Froukje is bij haar, schreef ze in het telegram via het Rode Kruis.

Ma II vertelde het net aan Bram. Hij wilde het eerst niet geloven, maar is nu natuurlijk geweldig blij. Ook van die mensen verteld. Hij ongerust over Borah, alhoewel dat natuurlijk nog helemaal niet zeker is, dat ze opgepakt is. Laten we bidden dat ze er nog is. De 3 kinderen kunnen zich dan tenminste aan elkaar vastklampen. Hoe moeten we het hem vertellen van zijn ouders? We laten al iets doorschemeren. Ja ja, de laatste uurtjes heb ik wat meegemaakt. Ik ben toch blij dat ik het niet eerder wist. Nu in het vooruitzicht van de vrede hebben ze het ons maar verteld. Bram moet melk drinken, in naam omdat hij zo wit ziet soms, in werkelijkheid om sterk te zijn om de klap te kunnen dragen. Wat moet Froukje geleden hebben. Bob is dikwijls naar Amsterdam gedaan om haar te troosten en te helpen. Heeft haar ook bepraat om te duiken. Toen ze eindelijk toegaf, was het te laat. Haar 1e denken was aan ons. Op het pikdonkere station heeft ze Bob een brief geschreven en gevraagd onze stamkaarten te halen van de Joodse Raad. (Bob liet ons de brief nog lezen) Dapper meisje. Bob heeft het gedaan, haast met inzet van zijn leven. Want toen hij in het gebouw was, kwam de SS. Hij sprong uit het raam (3 meter), vluchtte uit een verzegelde deur, zo in de armen van een Duitser in een auto, die... toevallig met zijn hand onder zijn hoofd een andere kant uitkeek. Hij rende weg. Stel je eens voor, realiseer het je, wat hij meegemaakt heeft. Allemaal waren we erbij gelapt geweest als God niet over hem gewaakt had. Ma II heeft Froukje dikwijls pakjes gestuurd. En nu... nu plukt ze sinaasappelen.

Maandag 11 Sept[ember 1944]

Geruchten, geruchten en nog eens geruchten. Niets van waar van Maastricht, Breda, enz. Nog geen Engelse soldaat op Nederlandse bodem. Ze hebben ons beduveld. Wie? De Engelsen? De radio gaf door, dat Breda gevallen was, geen verdere berichten. De Nederlanders zelf? Die misschien een patrouille zagen, over de grens, die later weer terugging. In Amsterdam vertelde men, ze zaten in Halfweg. In Den Haag was Rotterdam al bezet. Waar halen ze het vandaan? Toch zijn we er allen in gevlogen. In België werd ondertussen zeer hard gevochten, 13 km van Aken zijn ze maar, 10 km van Maastricht. Nu kunnen we ze echt verwachten. Nederlandse troepen staan klaar. Prins Bernhard is in België. Ma II heeft geroosterd brood ingeslagen en tarwebloem. Gelukkig ben ik al ziek geweest. Betrekkelijk weinig pijn (aspirines). Bram bereiden we een beetje voor. Hij vermoedt al iets, want hij zei dat zijn ouders misschien bij die 'opgepakte mensen' waren, dus ook meegenomen. 't Is verschrikkelijk voor hem, want elke keer zegt hij: "Als mijn moeder hoort of ziet, wat zal ze dan blij zijn" en "appeltaart kan ze toch zo lekker maken"...

2. ONDERDUIK, 1942-1945

Daar ben ik dan getuige van. Ja ja, mijn ex-duikouders. Mijn vredesvreugde is getemperd, want heel veel teleurstelling zal hij brengen. Ook voor ma: tante Dora... Pa, zijn zusters en broers... Maar laat hij toch maar zo gauw mogelijk komen. In afwachting van de vrede maakten we gisteren kennis met mijnheer Anton v/d Burg, de nieuwe vriend van Mies. Met de verloofde Manus is het uit. Volgens haar ging het al jaren niet goed meer. In januari is zij bij firma Van Woensel als inkoopster gekomen (bij de vorige baan verdiende ze te weinig) en op de boekhouder verliefd geworden. Sinds maart bleef ze haast elke avond ergens anders eten en dikwijls slapen. De laatste maand kwam hij al hier eten (wij dus boven blijven, wat dus erg lastig was). Wij vermoedden dat hij het wist van ons. Alhoewel zij beweerde, dat zij hem niets vertelden. Gisterochtend ontbeet hij hier. Om 12 uur kwam Ma II ons op de koffie uitnodigen, beneden, ze hadden 't hem verteld! Eigenlijk heb ik al een vooroordeel tegen hem: hij heeft toch ons aller vriend Manus verdrongen. Toch is het een geschikte man, serieus en toch vlot. Maar als je Mies ziet vrijen met hem, dan krijg je een gevoel van afkeer, daar je denkt: gisteren deed ze het met een ander, en morgen waarschijnlijk weer een ander (want deze zal op den duur wel niet de ware Jozef blijken). Hij zegt: nu begrijp ik de grote behoefte aan kousen en schoenen van Mies (namelijk ook voor ons). Weer een mens meer, die het weet, weer een gevaar meer. Maar nu is het toch gauw afgelopen, en hij is safe, safe als een huis, want doet zelf ook veel voor anderen.

8 uur 's avonds

Eindelijk werkelijk de grens over! Onofficiële berichten (privé, maar zeer betrouwbare) spreken van Amerikaanse troepen in Eindhoven. Nu begint het pas, maar ook begin van eind.

Erev Rosh Hasjana, 17.09 [1944]

Na de gevechten merken wij nog niets, alleen ze vliegen veel. Maastricht gevallen. Het moet een reuze uitgelaten vreugde geweest zijn, volgens radio: 1e bevrijde stad in Nederland. In Aken wordt gevochten, 650 km nog maar van Keulen. Duitsland zelf wordt het kind van de rekening.

Ton van der Burg blijkt een reuze gezellige, royale jongen te zijn. De hele week bij ons gegeten en geslapen, daar hij niet naar Den Haag durft wegens treinbeschietingen. Gisteren arrangeerde hij een bridge-drive. Ja, we speelden samen en wonnen met 1600 punten! De beloofde prijs (zoen) wilde ik niet hebben! Ton: Aanwinst op ons vervelende bestaantje, "afwachtende de vrede, mensen". Morgen nieuwjaar! Vorig jaar schreef ik ook: vredesjaar? 't Mocht niet zo zijn. Dit jaar wel! Vast en zeker!

Froukje en nog een paar gelukkige vrienden in Palestina. Enkelen denken er in hun duikbasis aan, vele weten niet eens dat het Rosh Hasjana is en een heleboel vieren hem in de hemel! Wie van die allemaal zijn de gelukkigsten? Daar kunnen wij mensen niet over oordelen. Dit jaar heb ik iets beter besteed dan het vorige, maar toch nog niet 100%. Toch is de dag te kort voor mij. 's Middags heb ik maar 3 uurtjes te werken (als een ander tenminste de kamer niet in beslag neemt). En dit is toch te weinig voor een serieus werker, die zei: als ik tevoorschijn kom ben ik doctoranda in, het doet er niet toe wat! Scheikunde... komt er nog ooit iets van de studie. Zullen we niet zo gauw mogelijk naar Erets moeten gaan en opbouwen? *Lesjanah habah biroesjalajim. Toen Froukje dit zei, kon ik niet weten dat het uit zou komen. Wij? Wij ook gauw misschien. Als God ons tenminste levend uit deze oorlog tevoorschijn zal laten komen en we de moed hebben om te breken met alles. Een nieuwe lente, een nieuw gebied. Een nieuw jaar...?

Dit jaar wacht de vrede niet, wel de goede richting. Dit jaar leefden we weer niet bewust. Horen berichten, laten het langs ons heen glijden, want "het" is er nog niet. Laten we bewust leven weer, als we vrij zijn. Open voor alle indrukken. Niet oppervlakkig zoals nu, je ogen eigenlijk voor het leed sluiten omdat je bang bent niet sterk genoeg te zijn. God geve een goed, gelukkig, gezond jaar. Amen.

[vierde schrift]

20 Oktober 1944.

Nooit had ik gedacht nog een 4ᵉ dagschrift te moeten beginnen nadat ik mijn vorige afsloot. Erev Rosh Hasjana, 's middags hebben we vlaggen, Amerikaanse en Engelse, gemaakt (geverfd papier). Om 5 uur komt pa beneden en zegt: *Geland bij Arnhem en Nijmegen, duizenden parachutisten, zweefvliegtuigen enz. Bob kon direct niet verder werken en moest nauwkeurigere berichten te weten zien te krijgen. Tegelijkertijd was er door de Nederlandse regering in Engeland een *spoorwegstaking afgekondigd. Weer iedereen blij en enthousiast. De spoorwegstaking is inderdaad door (duurt nog). Er werd bij Nijmegen vreselijk hard gevochten om de brug over de Waal, die ze onbeschadigd in handen wensten te krijgen. Het weer was slecht, regen! De brug wisselde van bezitter vele malen. Duizenden sneuvelden aan beide kanten. Nijmegen is nu in geallieerde handen (al ± 2 weken), na verschrikkelijke strijd. Maar als het kan is de strijd om Arnhem nog erger geweest: de brug over de Rijn. Op de brug waren ze geland, afgeslagen, weer in bezit, weer teruggeslagen. Om Elst (tussen Nijmegen en Arnhem) werd hevig dagenlang gestreden. Eindelijk in geallieerde handen, maar niet voor lang. En wij die zo blij zijn, en maar wachten, tot ze ons (Rotterdam) komen bevrijden, en horen hoe ze teruggeslagen worden... zovele soldaten sneuvelen van beide kanten, en waarom... uiteindelijk capituleert de Führer toch! En elke keer vragen we: is er nieuws? Waarmee we eigenlijk bedoelen: is de vijand nog hier?

Elst wordt weer teruggeveroverd. De Rijnbrug moeten ze heel in handen krijgen. (De Duitsers kunnen dan niet terug naar Duitsland) Op de brug wordt hevig gevochten, met revolvers; man tegen man, uiteindelijk met messen!! Honderden werden gevonden met afgesneden halzen. 20^e eeuw! (Engelsen waren eerst begonnen, kogels waren op) De brug bleef in Duitse handen. Het weer was slecht: er kon niet genoeg door de lucht aangevoerd worden. De parachutisten, die geland waren, hadden niet genoeg van alles voorzien en 't leger kon niet bij ze komen. De hevigste slag van de hele oorlog moet daar gewoed hebben.

Nu is het daar weer rustig, tenminste, de radio zegt er niet veel meer van. Vorige week is de Rijnbrug gebombardeerd door de Engelsen. Voor Tilburg staan ze al een paar weken, de toestand is er slecht. Maastricht was de eerste stad in Engelse handen. Veel van Limburg is bevrijd, maar er komen geen berichten door van daar, dus we weten zo weinig, en de radio noemt enkele plaatsen maar, bijv. Overloon hevig gevochten. Eindhoven ook al bezet. De haven van Antwerpen proberen de Canadezen in handen te krijgen. Zeeuws-Vlaanderen wordt hevig bevochten. Breskens bezet. Walcheren is een poosje geleden gewaarschuwd, door de radio, direct de huizen te verlaten: de Zeedijk werd de volgende dag al gebombardeerd. Het water komt al tot Middelburg. Maar het was de enige manier om de moffen op te laten duvelen zo vlug. Wat oerzonde, alle vette zeeklei, verpest door dat zeewater. Nooit zal het weer te gebruiken zijn. Nog een herinnering aan de oorlog. Ook Rotterdam heeft een herinnering: de havens. Toen het namelijk de geallieerden zo goed ging, zó dat ze spoedig Rotterdam of zelfs heel Holland prijs zouden moeten geven, gunden ze de Engelsen niet onze haven ongeschonden in handen te geven (of zoals in Antwerpen, waar ze verrast werden). Toen zijn de rotmoffen begonnen de kaden, pakhuizen, loodsen, dokken enz. te laten springen. Hevige klappen (met bommen werd het gedaan), elke keer een stukje Rotterdam, een stukje van je leven, van je hart sprong weg, in de lucht. Tot op een dag (sjabbath, wij maakten nog grapjes over de vrome Duitsers) hield het op. Wij waren gewaarschuwd die dag onze ramen eruit te halen, daar vlakbij de havens opgeblazen zouden worden. Heel de straat ruitloos. Heel aardig gezicht, bij alle buren kon je door het hele huis doorkijken (wij hebben de gordijnen laten hangen, verboden te kijken bij ons). Aan de andere kant leek het of er een bombardement geweest was, zo'n chaos zonder ruiten! Wij wachten op de klappen, er komt niets. Om 12 uur wordt er gegild: "Gaat niet door!" Iedereen zie je ramen lappen, iedereen maakt van de gelegenheid gebruik: grappig, alle huisvrouwen zijn hetzelfde.

Tot nu toe zijn ze niet verder gegaan. De één zegt, dat *Völkers, commissaris van de stad Rotterdam, in Berlijn geprotesteerd heeft; hij voelde zich verantwoordelijk voor Rotterdam. Anderen beweren, daar het er nu weer uitziet alsof Duitsland wint, willen ze de haven behouden. Hmm!! Voor zichzelf graven ze een kuil, als ze Rotterdam vernietigen. Heel de handel met het Rijnland zou dan toch vernietigd worden. Of zou alles na de oorlog gemoderniseerd worden, alles per vliegtuig?? In ieder geval zijn we blij dat er nog iets van de haven over is. Ook in Amsterdam. Maar de Amsterdamse kaden zijn allen naar de maan. Miljarden schade! Om Aken wordt hevig gevochten. Vorige week ultimatum: overgeven of bombarderen. Van overgeven was natuurlijk geen sprake. Nu is het één puinhoop, de bevolking mocht niet weg! En nog is het niet overgegeven. In Oost-Pruisen zijn gisteravond de Russen binnengetrokken. Maanden stonden ze op de grens, aber jetzt geht's los!

Met *Warschau is het iets treurigs. Maanden geleden stonden ze voor de stad. Elk ogenblik konden ze het offensief openen, maar de partizanen in de stad beginnen vast. (dus zonder toestemming van de Russen) Hevige gevechten werden in de strijd geleverd. De Russen kwamen niet te hulp (aan één kant gelijk: het lag niet in hun plan, zij houden een eigen strategie erop na), maar al hebben de Partizanen een fout gemaakt, moeten ze daarom aan hun lot overgelaten worden? Maanden hebben ze het nog uit kunnen houden. Hevige ellende (honger) in de stad. Alleen Partizanen tegen zo'n overmacht. Een paar weken geleden hebben ze zich overgegeven. De Duitsers voeren de overblijvenden (ook vrouwen, want hebben als soldaten gevochten) weg naar concentratiekampen, twee-vijfde van de bevolking omgekomen. Nu gaan de Russen zeker over een paar dagen of weken, wanneer het hun in de kraam te pas komt, 1-2-3 Warschau veroveren, terwijl er toen miljoenen voor niets sneuvelden. Politiek, oorlog, bah!

Gisteren zijn de Amerikanen op de Filippijnen geland, nadat het wekenlang gebombardeerd was en landing voorbereid. 'n Groot deel al in Amerikaanse handen.

Als ik zo doorga wordt het een feitenboek in plaats van een boek met persoonlijke indrukken en ideeën. Maar het kan niet anders. Dit (de politiek) is toch met je leven verbonden, daar leef je op, daar verwacht je alles van, en daarom belangrijk en interessant te vermelden. En vooral nu moest ik veel inhalen: heel de strijd in Nederland. We hebben weer in huis het boek *"Liefde, Tscheka en Dood" van Alja Rachmanowa, dit is ook een dagboek van een vrouw (studente eerst) in Rusland tijdens de Revolutie, net zo erg als nu. De Duitsers hadden een goede leermeester aan Rusland. 't Is een prachtig doorvoeld (hoe kan het anders in een dagboek) boek. Jaren geleden las ik het al, en altijd heb ik het Bram aanbevolen. Nu eindelijk brachten ze het voor ons mee en wil ik het overlezen, daar ik toen eigenlijk te jong was en nu 't nog beter kan aanvoelen.

Maandag 23 X '44.

Gisteravond beetje herrie met Bob gehad: pa heeft voor mij een rokje gemaakt uit een oude jas van Ma II. Mijn oude rok is totaal op, ik loop met een gat midden op mijn buik. (ik ben hier ook zo gegroeid in lengte en breedte) Nu wilde ik pa voor de moeite een sigaret geven voor de aardigheid. 's Ochtends ga ik naar Bob toe en vraag 2 sigaretten. "Neem ze maar uit het pakje". Over betalen geen woord. Ik kruip even bij pa in bed en geef er één (de volgende volgende week voor het bloesje). Erg blij! Pa zei dat hij nu ook gauw het bloesje af ging maken...

's Avonds geef ik Bob een gulden (1 sigaret = f 0,45!). Wil hem niet hebben. "Doe niet zo flauw" over en weer, geen van twee toegeven. ('t was gewoon in huiselijke kring) Toen was ik zo kwaad, ging naar Mies toe en zei "geef mij 2 sigaretten van jou, hier een gulden". Maar Bob wil ook de sigaretten niet hebben. Ik heb ze laten liggen. Later heeft Mies ze genomen (nu heeft ze én een gulden, én twee sigaretten, maar daar heb ik niets mee te maken, ik heb afgerekend) Flauw en kinderachtig is het van hem. Als ik pa een cadeautje geven wil, hoeft hij het toch niet te betalen? Hij koopt veel clandestien, als ik bij hem koop, kan hij toch gewoon geld aannemen. Anders zou het zijn als ze voor mij persoonlijk waren. Hij presenteert zo dikwijls, dan zou het een belediging zijn om te betalen. Maar nu noodzaakt hij mij om naar een ander toe te gaan. Hij moest zich eens in een ander standpunt kunnen verplaatsen. Zou hij het prettig vinden als je opgesloten zit, je wilt iets voor iemand kopen en die wil geen geld. Dan kan je toch nooit nog eens aankloppen? Nee, 't valt me tegen van Bob. Laatst was ik ook woedend op hem. Hij gooit mijn haar door de war. Ik trek prompt daarop aan zijn strikje. Dan begint pas de vechtpartij. Maar daarbij was hij zo ruw, hij trok me bij hem op schoot met zulke ruwe bewegingen (misschien was dat bij hem wel een uiting van tederheid), maar daar ben ik niet van gediend. 'n Beetje ravotten is leuk (ik doe het echt alleen maar uit sportief oogpunt, geen greintje koketterie of flirt zoals mij wel eens verweten wordt), maar ruw worden...
Ik heb direct het huwelijksaanzoek afgezegd dat ik nog altijd

had lopen (al meer dan een klein jaar, geloof ik). Heb niet de reden verteld, maar wel gezegd dat hij maar naar een ander moet uitkijken. Dus nu zijn we weer vrij. Ik voelde me al net zo gebonden!!! Gelukkig dat mijn basis serieus is, anders zou ik hier helemaal vrije ideeën krijgen. De tijd hier heeft toch een grote invloed op mijn karakter uitgeoefend en vooral Bob, daar hij een rechtschapen, goed mens is. Maar wat betreft met een meisje uitgaan, vrijen, neemt hij het niet zo nauw. En als hij vertelt hoe de meisjes allemaal hetzelfde zijn, zich allemaal voor de gek laten houden, lach ik erom, trek het me wel aan, en denk, dat als we nog eens vrij worden, ik hem voor de gek zal houden (of andersom). Maar ik zeg al: te serieus ben ik, als de tijd ervoor rijp is, neem ik een 'vaste verkering'. Maar het trekt me nog lang niet aan, als ik hier zo de paartjes zie. Of heel erg vrijen (kwijlen noem ik het) of ruzie. En daar heb ik een broertje aan dood. Leve de vrijheid! Maar ik hoop niet de vrije manier van vrijen overgenomen te hebben... Net had ik het over karaktervorming. Is dit juist? Krijg je bij je geboorte niet een bepaald karakter, niet een bepaalde hoeveelheid goede en kwade eigenschappen mee? (erfelijkheid van vader en moeder)

Zo geloof ik niet dat als een kind goed en onbedorven is, het door een boek slecht wordt. Hoogstens als de slechte kiem in je zit, kan hij dieper wortel schieten. Dus de goede en kwade eigenschappen, kunnen uitgebreid worden door omgang met goede (slechte) mensen (of beheersing, gewezen op de fouten). Maar ben je in wezen goed, dan word je niet slecht. Zo ook andersom.

Daarom is mijn gezegde net eigenlijk onjuist. Mijn ideeën zijn hier beïnvloed. De kiem van goede dingen, misschien iets meer bovenop gekomen, evenzo de optimistische natuur. (als ik thuis iets gebroken had, werd er gejammerd en getierd, hier zegt Ma II en ik nu: wat geeft het, als je verdriet hebt en huilt, het wordt toch niet heel!) Misschien omdat hier een godsdienstige sfeer hangt, je in Gods hand bent, "geen haar op je hoofd gekrenkt wordt zonder Zijn wil". Zodat je niet zwaarmoedig kunt en mag zijn. Alles Zijn wil! Fatalistisch? Neen! Geloof! Neen, ik ben blij dit huisgezin ontmoet te hebben. Later zal ik zeker veel met Bob, Canis of Mies praten. Nu werken mijn hersens haast niet. Of het aan gebrek aan frisse lucht, zuurstof komt of misschien gebrek aan fruit (vitaminen), ik weet het niet, maar ik voel dat ik sinds mijn 15^e jaar, dat ik hier kwam, niet veel opgeschoten ben. Van de debatten onthoud ik weinig, mijn geheugen laat me in de steek (waarschijnlijk ook door zuurstofgebrek) en omdat ik nog te weinig onderlegd ben (het ligt niet in mijn aard om over dingen waar ik niets vanaf weet, dus niet competent te oordelen, te debatteren zoals de meesten hier in huis, en au fond een gesloten natuur). Wat schiet de gemeenschap ermee op als ik hier in de huiskamer mijn bescheiden meninkje zeg. Dus houd ik meestal mijn mond en luister naar een debat. Misschien is het helemaal niet noodzakelijk dat ik meepraat (er gillen toch al zoveel door elkaar), maar Canis, die toch maar een paar maanden ouder is dan ik, praat wel mee, heeft wel een eigen oordeel en laat die horen. Als er economische vraagstukken behandeld worden, weet iedereen wat anders, maar als de econoom Bram de oplossing geeft en de anderen het er niet mee eens zijn of als hij de oplossing niet weet, wie moet het dan weten? Hij is op dit gebied toch de expert. Alle mogelijkheden die wij verkondigen hebben de proffen op de hogeschool natuurlijk allang uitgepluisd en bewezen niet goed te zijn. Waarom dan nodig er nog verder over te praten? Het is zo nutteloos. Over godsdienst problemen, komen we ook nooit uitgepraat, daar we bij Jezus de Vervolmaker (?) blijven steken en dan wordt het kwetsend. Wij weten elkaars meningen al, waarom dan nog eens praten, daar we elkaar toch nooit overtuigen? Altijd vervallen we tot dezelfde onderwerpen, dan herinner ik me wel weer wat er gezegd was, vorige keer, maar om dan mee te praten en een andermans mening te debiteren, vertik ik. Later, of op school, zal ik wel eens lezen wat al die partijen willen (*D.A.P., N.S.B.) want ik geloof dat ze allemaal veroordelen hier zonder te weten wat het doel is. Iedereen veroordeelt Rusland omdat in 1917 tijdens de Revolutie duizenden priesters, Joden enz. vermoord werden. Dit was overgangstijd. Kan het daarom nu niet goed zijn daar? Tenminste, ze zullen ernaar streven m.i.

Zou ik het nu lezen, 1. zou het me weer ontschieten. 2. krijg je nu geen objectieve lectuur, verboden, 3. ben ik nog te jong. Ik ben hier wel omringd door allemaal volwassenen, maar ben het nog niet. Daarom zie ik waarschijnlijk mijn geestelijke tekortkomingen duidelijker. Bram zei laatst nog dat ik een fase overgeslagen heb, en dat ik later zeker de terugslag ervan bemerken zal. Op school zal het inderdaad heel moeilijk voor mij zijn om in 't gareel te lopen, te gehoorzamen. Ik doe liever wat ik wil, leid mijn eigen leven. Maar wil je kennis vergaren, dan zal je moeten buigen.

Dinsdag 24 X [1944]

Vanochtend onlusten in de stad. De hele week zijn we al gewaarschuwd dat er ± duizend Grüne Polizei (SS) aangekomen is. Vanochtend speelden ze wild west. ± 11 voorbijgangers doodgeschoten, die moesten blijven liggen (dus niet opruimen). Mensen worden gefouilleerd naar illegale blaadjes (Vrije Pers) of wapens. Wordt er iets gevonden, dan gefusilleerd ter plaatse of mensen die doorlopen terwijl er halt geroepen wordt: neergeploft. Op de Mathenesserlaan is een *tandarts gedood, zijn huis in brand gestoken, mag niet geblust worden en niets eruit gehaald worden. In de buurt was hij bekend als N.S.B.'er. Zeker een illegale die pro forma in de Bond was en nu gesnapt. Wij moeten heel erg oppassen voor huiszoeking. Nu is het al niet zozeer voor ons, als wel voor de mannen te doen. Alle weerbare mannen moeten uit Nederland. In Utrecht is laatst heel de stad afgezet. Alle mannen van 15-60 meegenomen. Daarom zullen 's nachts de mannen in

het hok, indien nodig, en wij meisjes gewoon in bed blijven. Wanneer zal die rottijd afgelopen zijn? Bob, die gisteravond niet thuis is komen slapen (om 8 uur moeten we binnen zijn, dikwijls haalt hij het niet, daar er geen trams rijden), is nog niet thuisgekomen.
Net is hij heelhuids gearriveerd.

's Avonds

Een *illegale drukkerij in 't souterrain van het Franciscusziekenhuis ontdekt. ± 10 personen gearresteerd (2 ter plaatse gefusilleerd). De nachtwakers deden het: in plaats van rond te lopen zorgden zij dat het nieuws in Rotterdam verspreid werd. Prachtwerk, maar is het wel zo belangrijk dat duizenden mensen (ook de verspreiders) er hun leven aan jagen? Want niet alleen de wacht (de ontdekte) bestaat, nog vele anderen, als één van hen nu eens dagelijks het nieuws zou drukken (radio hebben de meesten niet), zou dat dan voldoende zijn?

27 X '44.

Dinsdagavond is direct een *overval op het politiebureau Haagse Veer gepleegd. 5 pseudo-politieagenten + 8 SS man (!) hebben 46 arrestanten bevrijd. Dit is prachtig werk. Hier waag je je leven, maar voor één doel: andere levens uit de klauwen te redden en dit niet alleen: bij een verhoor zouden ze kunnen gaan praten, anderen verkletsen, en er dan dus nog meer in luizen. Neen, dit is nog de safeste manier. Mensen met revolvers, ze geven mensen die tegenspartelen een klap met gummistok en gaan verder op het doel af. 's Ochtends woensdag, toen de moffen of N.S.B. agenten het merkten, waren ze zo woedend, dat ze de eerste vier arrestanten (2 burgers, 2 marechaussees) direct doodschoten en voor 't bureau op de Coolsingel neerlegden. Vreselijk, moet je man 's ochtends zorgeloos uitgaan of naar zijn werk, en nooit meer terugkomen. Denk je eens in. Je wacht, en als er iets eindelijk komt is het het doodsbericht. Terreur! Gisteren vertelde de radio dat in Amsterdam een *lage een hoge mof doodgeschoten had. De Duitsers namen als represailles (!!!) 29 burgers willekeurig en ter plaatse gefusilleerd. Gisteravond in bed met Bram debat. Hij zegt: die mensen moest je als je ze te pakken krijgt na de oorlog doodschieten. Ik: maak je je dan niet aan dezelfde schoftenstreek schuldig? 1^e gebod: gij zult niet doden! Moeten wij over mensen oordelen? Laten wij dat aan de Rechtvaardige, God, overlaten. Wel, om ze onschadelijk te maken, ter verijdeling van nog zo'n misdaad, levenslange opsluiting, verbanning, maar nooit doden. Het leven is heilig, God gegeven, God zal nemen. 't Is misschien menselijk zo te denken als Bram. Iedereen doet het wel eens, maar ik hoop niet dat het ooit in praktijk gebracht zal worden.

De laatste buitenwijken van 's Hertogenbosch worden van Duitsers gezuiverd. Vught bevrijd (leider zijn de gevangenen al naar Duitsland gevoerd), het kamp wordt nu voor N.S.B.'ers gebruikt. 3 km van Roosendaal (gisteren las Ton een brief voor, van Rachel ook een soort dagboek vanaf september, de valse geruchten van de val van Breda). Zelfs werd gezegd Rotterdam al vrij, ze begonnen de Duitsers die er nog waren te doden, N.S.B.'ers te berechten, vlaggen uit, enz. Toen werd gerucht tegengesproken, Duitsers weer terug en werden de anderen weer berecht. Hevige bombardementen zijn daar. (5 oktober werden alle wollen dekens gevorderd) Zou Rotterdam nu aan de beurt komen?

Maandag 30 Okt[ober 1944]

Gisterochtend bericht: 't leger dat het dichtst bij Breda zit nog 5 km van de stad verwijderd. 's Avonds wachtten we allemaal op de val van Roosendaal (buitenwijken gevallen). Maar Ra kwam en vertelde: Breda gevallen! Wij dolblij! Waarschijnlijk zonder slag of stoot. Fijn!! Wij horen nu geregeld kanongebulder en gedreun van bombardementen in de omtrek. (Gouda gisteren) Tilburg ondertussen ook al bevrijd. Goes is al bevrijd. Naar Zuid-Beveland zijn de geallieerden overgestoken van Zeeuws-Vlaanderen eergisteren.

Alleen bij Venlo gaat het niet zo florissant. Plaatsjes worden weer terugveroverd. Ze staan nu weer 25 km van Eindhoven. Jammer. Eerst feestvreugde en dan weer de domper (de kater van het feest). Stel je voor: Rotterdam vrij, wij op straat, de Duitsers weer terug, N.S.B. weer de macht, wij voor de bijl. Daarom onderduikers, blijft zelfs dan binnen! Daarom hoop ik dat Rotterdam gelijk met heel Nederland zal capituleren, omdat de verleiding erg groot is en de mensen hier zo onvoorzichtig.

8 XI '44.

Ten gevolge van de Spoorwegstaking zitten we (Rotterdam) met nog beperkte voorraad kolen (en natuurlijk omdat onze kolenmijnen al door de Engelsen bezet zijn. Zuinigheid wordt nu geboden, zelfs door de illegale pers). Gas krijgen we nu nog maar 2 uurtjes per dag (de rest koken we op de kachel). Elektriciteit van 's ochtends 5 tot half 8 en van 11.45 tot 13.15 uur (kunnen we naar de radio luisteren en stofzuigen) en 's avonds van 17.15 tot half 10. (vorige week was het 11 uur) Wij gaan naar bed en kletsen dan nog wat. De familie Zijlmans blijft beneden bij een kaarsje zitten. Ton bracht vorige week een carbidlamp mee uit Den Haag (hij gaat zijn ouders af en toe nog opzoeken op een fiets met of zonder banden). Hij zou geprobeerd worden. Carbid + water, niets bij aansteken, even wachten. Toen stak Bram een pijp aan en hield de lucifer vlakbij de lamp. Floef! Een stuk uit het plafond. Bloed, bloed! Zijn hand gewond. Zijn gezicht vol water. Waarschijnlijk een te grote gasophoping. Bob zou het later nog eens proberen. Floef! Twee vingers bezeerd. Prachtuitvinding, die dingen. Enfin, gisteravond uitgekleed, zit ik op het bed, kanker op het rotlicht, rottijd, rotmoffen, rot-enz… Bah, je verslaapt je hele leven. Overdag lees ik niet, en 's avonds gaat het licht uit. Half 10, 10 over half 10… het gaat maar niet uit. 10 uur nog aan. Aan de overkant alles donker. We overwegen of er geen huiszoekingsmogelijkheden zijn. Of het wel kan, dat een bepaald blok huizen doorzocht zal worden (een bepaalde wijk kan wel licht behouden). In ieder geval ruimen we de kamer netjes op (bracht mijn dagboek in veiligheid). Maar later op de avond horen wij wagens, troepen, paarden. Veronderstellen troepen, verschuivingen, inkwartiering (wat nu juist blijkt te zijn), en dat ze daarom licht nodig hebben. Maar zeker wisten we het niet. Rustig? Gelukkig werden we vanochtend in ons eigen bed wakker. Toch wel nodig, dat we er van tijd tot tijd aan herinnerd worden dat we er nog niet zijn, dat we voorzichtig moeten zijn, dat ons leven toch afhangt van de Hogere Macht. Dat we maar niet moeten zeggen: "later doen we dat", omdat er eerst een later zijn moet.

9 XI '44.

Het is een verschrikkelijk weer, regen, koud, wind. De troepen kunnen natuurlijk nu niet opereren. Ze staan vlak voor de Moerdijk (Willemstad gevallen). In Zeeland alleen Schouwen en Duiveland nog maar te veroveren. Bah, het is triest buiten en binnen is het zuinig met de kolen! (wij hebben gelukkig nog iets, velen zitten zonder iets en er is geen kans dat we nog iets krijgen)

Vrijdag X XI '44.

Huiszoeking gehad! Wij gelukkig er doorheen gerold. Maar duizenden anderen zijn de sigaar. Net gingen er rijen en rijen voorbij, zeker 5000. Troosteloos. Net als bij ons met rugzak en koffer. Vanochtend 5 uur werd er een bevel in de bus gegooid: alle mannen van 17 tot 40 bepakt direct voor de

2. ONDERDUIK, 1942-1945

deur gaan staan. Niemand mag op straat. Anders huiszoeking. Wat moeten wij in onze positie doen? Gaan natuurlijk de jongens. Ton en Canis zeggen dat ze gaan. Maar Ma II wil niet. Toen alle mannenkleren ingepakt in koffers, bedden opgemaakt, papieren verbrand of bewaard, kortom, grondige opruiming van alles wat man is. Deze moesten allereerst weg. En nu wij, alle vrouwen? Pa en ma (de buitenlands sprekenden) ook verbergen, voor ons is er dan geen plaats. Geeft niet meisjes. Ik werk hier (studeer), Rachel vriendin van Mies, komt buurpraatje maken.

Toen alles netjes opgeruimd was, wij allemaal een boterham uit het vuistje gegeten, alle mannen + ma ook wat gebracht hadden (want die bleven in de buurt van 'het hok'), ben ik heel rustig gaan werken. Franse vertalingen, maar er werd gegild door de SS (en je moest weten wat ze gilden), de mannen kwamen even binnen. Nee, 't was niet zo rustig! Eensklaps iemand met het voorstel: er gaan zoveel meisjes op straat boodschappen doen, ja jullie ook, veel safer! Onderhand begonnen ze in het begin van de weg te zoeken: 4 mannen, 2 naar boven, 2 benedenverdieping. Ze kwamen al nader. Wij zijn toen weggegaan. Melk halen en brood. Steenkoud was het. Wind, af en toe regenbuien. Bij een broodzaak een queue. Wij lopen door (het was ± 11 uur). Naar de melkboer. Bij het Marconiplein staat een hele grote rij mannen, en alsmaar meer komen. Op de hoek van de straat staan huilende vrouwen, dikwijls met kinderen: dag pappie! Een meisje staat er met een paar sokken: "Mijn broer heeft niet eens een paar sokken bij zich". "Geef ze dan mee met iemand". "Aan de eerste de beste zeker, niemand is te vertrouwen, alles stelen ze". Een paar SS-lui en karabijnen jagen ons weg. Bij den melkboer, vele vrouwen, de één nog mooiere praatjes dan de ander. Wij alleen: ja? Nee? 't Is koud. Wij blijven een poosje in de zaak, we kunnen toch niet naar huis... (als er tenminste nog een thuis is, als we terugkomen, als de zaak ontdekt is, kans op een paar granaatjes) De melk plenst uit de kan, bah, we zijn echt zoiets ontwend, eindelijk na veel wijzen dat we op de Weg wonen, krijgen we door een zijstraatje het gezicht op ons huis. Afgesproken hebben wij: als het middelste gordijn weg is, alles goed, als de zijkanten weg zijn, alles verloren, de zaak erbij gelapt.

Maar alles hing er nog, dus nog niet geweest. Weer terug. Een mof komt. Halt! "Brot holen". Aber schnell! Brood halen, maar waar, nergens brood. Beneden in Spangen. Bij een zaak horen we dat er een snoepbon voor ieder uitgekomen is. Een vrouw: "Laten ze verrekken, met hun onsje snoep!" Een half pakje boter krijgen we nu in 2 weken, noodvermindering! 1 halve liter melk per maand. Bij een bakkerij gaan we staan. Al wel honderd staan er maar, wij kunnen toch niet naar huis. Tijd genoeg. Haast aan de beurt. Moffen met karabijn jagen ons weg. Weer terug. Bij een groentezaak kunnen we tomaten krijgen. Met geld staan hannesen, we hadden niet veel bij ons. En alsmaar die melk meeslepen! Bij een paar vrouwen kwamen we: "U hebt tenminste nog melk." Rachel direct: "Wilt u een liter?" Er was een vrouw met een baby die niets had, die het aanbod graag aannam. Onderhand was het 1 uur. Naar huis. Bij de zijstraat komen we weer, ik kijk: Goddank! Het middelste gordijn weg. Goddank! Tegenover ons bakker heeft brood. Maar wij hebben wel bonnen, geen geld. Ra gaat vast in de zaak. Ik vraag aan een SS-man of ik naar huis mag. Zeker zag hij me uit de bakkerij komen, want hij vraagt of ik brood heb. Wat moet ik antwoorden? Nee, wel tomaten. Geen brood? Nee, ik heb geen geld bij me. Bars is hij, maar ik mag naar huis. Voor de deur staat ook een Mof. Halt! Weer, je wordt er gek van, "nach Hause". Zeer vriendelijk, ik waagde het hem te vragen of ik terugmocht om brood te halen, als ik geld gehaald had (alles Duits om hem gunstig te stemmen). "Gut!" "Danke". Thuis dolblij. Wel zijn ze geweest! Even vluchtig de drie kamers beneden doorgekeken, WC, keuken. "Keine Männer versteckt?" Ze knikte maar (dus heeft niet eens gelogen). Ze waren zeer geschikt, 3 nachten niet geslapen door het op en neer van trappen lopen, doodmoe. Voor het heilig hart beeld bleven ze staan. Op de Amerikaanse vlag (onder het tapijt) bewonderden ze Bobs schilderij. Wel kwamen ze boven met gerichte karabijnen. Toen ik alles gehoord had, ging ik weer terug naar Rachel, eerst nog even met de Duitser gesproken. Bij onze terugweg vroeg hij: "Schwester?" "Ja". Mochten we door. Niet eens P.B. gevraagd. Doodmoe waren we. Hoofdpijn van de wind of van emotie, 'k weet het niet. Maar mijn hoofd bonst. Vanmiddag rustig gezeten. Wel kwamen die troepen mensen voorbij. Verschrikkelijk! Stel je voor, onze jongens erbij. Pikdonker, ik zie niets meer.

Zondag 12 Nov[ember 1944]

Wat zijn we blij dat we allemaal nog bij elkaar zijn. Dat we niet aan een impuls van Ton toegegeven hebben om te gaan. Stel je voor dat wij ook hadden gezwaaid naar onze jongens, en ze voor het laatst vlug nog iets toe zouden stoppen. Maar ja, je kan niet weten, hoe het gaan zou. Net zo goed zouden ze de mannen voor de deuren kunnen hebben laten staan, en waar niemand stond zoeken. (dan zou de kans dat wij ontdekt zouden worden natuurlijk erg groot zijn, als er niemand stond) Maar straten werden in zijn geheel weggestuurd, en overal vluchtig gekeken. Dus met onze schuilplaats kleine kans van ontdekking. Ja, risico is bij alles. Wagen moet je iets in je leven! En wij hadden nog het geluk gemoedelijke te treffen. Nu moeten we alleen heel erg oppassen voor verraders. Alle buren vragen: zijn uw jongens ook weg? Jaloers allemaal. Ma II zegt natuurlijk ja. Maar de jongens hier zijn zo luidruchtig, ze houden er zo weinig rekening mee dat ze nu ook duikers zijn. Bob zegt: "Morgen ga ik op straat, als meisje verkleed". (alleen zijn neus is te groot, te scherp, verder is hij zeer geslaagd in jurk, mantel, doekje op hoofd; mijn schoenen kan hij aan) Waarom nodeloos gevaar lopen? Wij kunnen wel 2 jaar binnen blijven en zij nog niet eens 3 dagen.

Melk van gisteren niet te krijgen. Wel vanochtend zou de melkboer krijgen, voor 9 uur. Maar dan zijn Pa II, Ma II en Mies naar de kerk. Ma II vroeg of ik gaan wilde. Vanochtend is de weg vrijgegeven, zelfs over de brug (Heemraadsingel verboden, daar zoeken ze nog).

Eerlijk gezegd voelde ik er geen snars voor, alle buren die mij op zondag maar in en uit zien lopen met een melkkan, alleen risico voor niets. En vandaag dit, morgen dat, waar is de grens? Ma II en Pa II hevig beledigd. Scholden Bram (die het woord deed) uit voor bangerd. Maar ook Bob was er niet voor. Hij zei (wat wij ons natuurlijk niet mee kunnen bemoeien): "Als je zo graag melk hebt, moet je er iets voor doen. Ga dan niet naar de Hoogmis voor één keer, maar een mis vroeger of later." Het eind van het liedje was dat Mies zelf ging, na de Hoogmis, en de melk nog niet aanwezig. Had ik daar 3 uur in de kou kunnen staan... naar praatjes luisteren. Wat geen praatje is, is dat heel Rotterdam zo gezuiverd is van mannen, evenals Hillegersberg, Schiebroek en Schiedam, Maassluis, e.a. Twee nachten brandt het licht nu al door en nog zijn er enkele straten in het westen nog niet geheel doorzocht. 8000 man was gelijk in heel Rotterdam bezig (ook over Maas). In loodsen, waar de ratten over hun gezicht liepen, sliepen enkele groepen, anderen weer moesten naar Delft lopen of naar Gorinchem met de boot. Reken maar dat je ze niet terugziet tot de vrede. Duizenden en duizenden zagen we voorbijtrekken, alleen langs ons huis, van het westen alleen. 90.000 wilden ze hebben, zouden ze er zoveel minder hebben van Rotterdam en omstreken? Kunnen ze pracht verdedigingswerken laten aanbrengen, gevechtspauze ingetreden; Holland wordt zelfs niet meer genoemd in radio. Ach, was de oorlog maar afgelopen, over 3 dagen ben ik jarig. Triest ziet het eruit.

2. ONDERDUIK, 1942-1945

Donderdag 16 November [1944]

18 jaar. 3^e verjaardag in ballingschap!! Dag rustig voorbijgegaan, dankbaar in ieder geval dat we nog bij elkaar waren allemaal. 's Ochtends, nadat ik onze kamer opgeruimd had, wat gelezen, 's middags zoals altijd boven gewerkt. (Franse vertalingen) Toen ik beneden kwam kreeg ik van de familie Zijlmans een schattige rode bolbegonia in een wit muroplast (soort plastic) potje. Ben er heel blij mee. Vorig jaar kreeg ik van pa en ma een hoogbegonia! Maar in de loop van het jaar is hij eens omgegooid, stekjes gebroken, daarom niet zo erg mooi meer op zijn 1^e verjaardag. Van pa en ma een envelop met ƒ 5,-. Van Ra en Bram pantoffels, van Mies kousen. Ik houd ervan luxeartikelen te krijgen op je verjaardag. (niet allemaal praktische als sokken, jurken, enz, die krijg je toch wel) Maar onnodige dingen, is jammer. Zo de kousen: hier draag ik ze toch niet, en voor als ik vrij ben, heb ik nog wel een paar paar. Dus zonde als ze verliggen. Pantoffels heb ik weliswaar niet, maar dragen doe ik ze toch nooit. Soms, en dan neem ik wel van ma. Maar het lijkt er zo ondankbaar als je geen blij gezicht trekt. Ze vinden mij toch al lastig omdat ik niet zo gauw tevreden ben. Poeder, parfum, enz., waar ik helemaal geen prijs op stel, wilde ik niet hebben. Parfum vind ik goed, lekker voor een ander, maar zelf, nee! Poeder hebben we gemeenschappelijk. Waarom nutteloze geschenken? Echte thee gedronken met een paar suikerklontjes. Ma II 's ochtends 2 uur voor in de rij gestaan; op snoepbon. Half 10 zoals gewoonlijk floepte het licht uit. Schoften om, als ik jarig ben, er niet eens een poosje rekening mee te houden. 18, ik word ouder, maar niet verstandiger. Ik kan mij hier niet ontplooien. 20, 21 jaar zal ik zijn als ik eindexamen zal doen en dan? Studeren 6 jaar. 27! Naar Palestina? De tijd zal het leren. Maar om mij heen zijn bewust denkende mensen en ik voel mij er nietig bij. Daarom wil ik omhoog. Vanochtend debat met Canis, vanmiddag vervolg gehad met pa en Mies over het wel of niet studeren of zonde vinden van studeren van vrouwen,

daar zij toch trouwen. Waarom mag een vrouw niet haar ambitie nastreven? Wie garandeert haar dat ze trouwt, als zij een roeping voor chemie heeft, waarom zou zij die niet mogen volgen? Hoe meer ontwikkelde mensen, hoe meer de gemeenschap gebaat. Waarom onderscheid man-vrouw en geen mens? Zelfs al is de vrouw getrouwd, kan zij nog doorstuderen, kan zij nog voor de wetenschap werken, naast haar zorg voor de kinderen. (dienstmeisje voor huishouding!) Nee, met Canis kan ik het niet eens zijn, dat de vrouwen slechts in specifiek vrouwelijke beroepen mogen komen: kinderjuffrouw, naaister, dienstbode, verpleegster. Op kantoor doen al die meisjes het minderwaardige werk, 't geestdodende waar de man geen zin in heeft. Volgens Canis alleen omdat vrouwen goedkoper zijn en dikwijls veel meer geschikt dan mannen voor geduldwerkjes e.a. worden zij genomen. En moet zij gelijk staan met de man. Waarom zij evengoed mogen kiezen, hun levensideaal nastreven, daarom vindt men ze ook op kantoor en den universiteit. Nooit is het geldverspilling (ook niet van de staat die bijbetaalt bij de f 300,- collegegeld) voor vergaarde kennis.

24 XI '44.

Mama ziek geweest. Nu gelukkig weer zo goed als beter, alleen erg zwak nog. Ze was namelijk 10 dagen achtereen ongesteld. En het bloed vloeide in grote stukken (wel van een half pond, volgens ma) Nu is het vloeibaar geworden en zelfs een beetje verminderd, maar ma is vreselijk afgezwakt nu door al het bloedverlies. Daarom blijft ze nog in bed.

De toestand in Rotterdam wordt kritiek. De laatste paar dagen krijgen we nog elektriciteit van 5.15 - 6.45. Gas anderhalf uur per dag. Vanaf morgen krijgen we noch het één, noch het ander. Eten van de gaarkeukens, of indien mogelijk (wat waarschijnlijk beter zal zijn) op de kachel. Suiker krijgen we helemaal niet (soms in plaats van jam een beetje), boter krijgen we helemaal niet (misschien indien voorradig spijsolie).

2. ONDERDUIK, 1942-1945

Broodrantsoen wordt verminderd, aardappelen in de zaken niet te krijgen, misère overal! Maar in Noord-Holland is het allang zo, alleen nog een graad erger, daar het water gedistribueerd is (3 liter per dag). Dat lijkt me vreselijk. Uit de illegale pers weten we, dat er in Rotterdam kolen (dus stroom) genoeg zou zijn geweest tot februari, maar de moffen vonden het een te grote voorraad en sleepten het weg naar Duitsland. Daarom wij in het donker. Dat is zo vreselijk. 't Idee alleen dat je geen licht kan maken indien er iets gebeurt. Maar gisteren hebben we iets uitgevonden voor de slaapkamers (uit-, aankleden, mama eten, in de huiskamer brandt een carbidlamp, net een gezellige schemerlamp). We hebben namelijk een glazen potje met petroleum gevuld, in de deksel gaatje, daar doorheen een ventieltje met katoentje aansteken en het geeft een leuk klein vlammetje, net genoeg om je niet helemaal eenzaam en verlaten op de aarde te voelen.

Rachel is dinsdag jarig geweest. Heel kalm voorbijgegaan. Ma lag trouwens op bed. Ik gaf een geolied lampekapje (de glazen bol was kapot), en ma en pa een tientje, familie Z[ijlmans] pantoffels, Mies en Ton kousen, Bram fresia's, schattig. Kale verjaardag voor als je 22 wordt. Maar volgend jaar moet en zal het beter zijn.

Woensdag 29 Nov[ember 1944], 1 uur.

Net om 11 uur kwamen heel laag een paar vliegtuigen over, ± 14. Schieten! Met afweergeschut en mitrailleurs! Een lawaai, erg! En daar tussendoor worden er bommen gegooid. Een rookzuil. Later hoorden we het gebouw van de Sicherheitsdienst van achteren geraakt, waarschijnlijk in het gebouw alles ingestort. In de omtrek vele huizen beschadigd (niet kapot, wel ruitenschade). 1 vliegtuig heb ik gezien. Heel laag nam hij een duik. Prachtgezicht. Mieters als het maar goed geraakt is. 8 burgers gedood, en veel Duitsers, maar nog lang niet genoeg, daar ze ontsnapten.

's Avonds

Ma is met Ma II een wandelingetje gaan maken. Het is zo'n mooi weer geweest vandaag. De 1^e zonnige dag, na maanden regen. En wie kwam ze tegen op de Heemraadsingel? Pa II! In Corner House een kop bouillon gedronken (een likeurtje, 2 slokjes, ƒ 3,-!). Ma vroeg of ze een boterhammetje met een kroketje hadden. De kelner vroeg daarop of ze al een jaar niet op straat geweest was (hij moest eens weten). 't Heeft ma echt goed gedaan. Door 't vele bloedverlies ziet ze nog bleek. Versterkende middelen krijgt ze niet, zijn er niet. Buitenlucht heeft ze niet. Ma voelt zich erg zwak. Ze zijn vlakbij het gebouw geweest. Maar de straat was natuurlijk afgezet.

Donderdag 30 Nov[ember 1944] 1 uur

De moffen hebben de schrik te pakken. Vanochtend al 4x luchtalarm geweest. Gisteren moesten ze waarschijnlijk heel de sirene-installatie nog in orde maken; stroom inschakelen, want toen alles afgelopen was kwam pas alarm. Om half 10 heel erg geschoten met mitrailleurs en uit de vliegtuigen met boordwapens. In ieder geval zo hevig, dat de vliegtuigen niet bij de doelen konden komen. Maar... ze komen terug.

Vrijdag 1 December [1944]

December... waar blijven de maanden!! Vliegen om. Tegenwoordig koken we op een kolenfornuis, nu we geen gas meer hebben. Maar dat kost kolen, we hebben nog wel wat, want in de huiskamer stoken we erg zuinig, maar *"zó benzje, jac nje benzje"? Daarom besloten we Rachel erop uit te sturen naar haar chef (niet de directeur, want die is zo'n echte aristocraat, die gaat niet met zijn personeel om, kent ze dus haast niet). Gistermiddag stapte ze op de fiets van Mies met Bob. Ze fietst zo weg, net alsof het haar dagelijkse bezigheid is. Bij de chef treft ze zijn vrouw. Hij is niet thuis. Nee, komt vandaag niet.

2. ONDERDUIK, 1942-1945

Is al anderhalf jaar niet thuis geweest, want... woont samen met een juffie van kantoor. Toen Rachel het hoorde dacht ze dat ze gek geworden was. Serieuze man, die ze altijd gerespecteerd en sympathiek gevonden heeft. Het meisje kent ze erg goed. Niet wat je noemt een geraffineerde flirt, alhoewel ze verloofd was met een onderwijzer en op kantoor elke dag opbelde en afspraakjes maakte met een mijnheer van een ander kantoor. En nu dit. Zaterdag maakte ze de verloving uit en zondag woonden ze al samen. Schande. 23 jaar is ze, hij 43 met een dochter van 18. De vrouw vertelde Rachel alles (wat idioot is natuurlijk, tegen de eerste de beste kantoorjuffrouw), met commentaren, wat die ervan vindt en die, de bloemist, bakker, enz. Dus wat je noemt een 'openhartige' vrouw. Zij wil een scheiding, hij niet. Dit is wel wat raar. Daar dit toch kennelijk overspel is, waarop men echtscheiding verkrijgt. Enfin, misschien na de oorlog horen we het rechte er wel van, kan ze het nu niet zeggen. Maar voor kletspraatjes was ze niet gekomen. Dus ging ze door, toch naar de directeur. Deze trof ze niet thuis. Wel zijn vrouw, een lief hartelijk mens. Ze stond net te koken. Rachel ging bij haar in de keuken staan en heeft haar alles uitgelegd. Toen verzekerde ze dat het best in orde zou komen. Nu maar afwachten. Rachel enthousiast, zo'n mooie woning hadden ze, en in de keuken zo'n wit fornuis en zo'n prettige fietstocht achter de rug. Nu, het is haar van harte gegund, want ze werkt zich hier rot.

5 uur

Bob komt net thuis en vertelt dat er 2 mud in zakjes (krijgt niemand anders) afgeleverd zijn. Zonder rekening. Reuze baas. Rachel blij. Door háár connecties en bemoeiingen tenminste ook eens iets bereikt.

Zondag 3 XII '44.

Rachel schrijft een bedankbrief! 10 kladjes. Ieder moet wat zeggen en tenslotte neemt ze toch het allereerste wat ze zelf opgesteld heeft. Echt Rachel. Wanneer iemand schrijven moet, bemoeit zij zich ermee, dit moet er wel in, dit niet. Maar als zij schrijven moet, dan steunt zij op haar beurt weer op een ander... is het niet veel beter dat ieder sterk, ieder op zijn eigen benen leert staan en zo een gemeenschap van sterke individuen vormt?

Dinsdag 5 Dec[ember] 1944.

Vanmiddag deed ik de trap. 'n Boterham had ik in de oven gelegd om op te drogen. Toen ik beneden kwam, nam ik in het voorbijlopen een hap. Keihard was ie. Toen ik hem ingeslikt had, voelde ik ineens iets hards in mijn mond. Vulling. Een hele grote vulling, gebouwd op één klein hoekje nog maar van een kies, was eruit gevallen. Vorig jaar kerstmis was nog een klein hoekje eruit gevallen. Toen was het nog niet zo safe op straat te gaan, maar nu was ik besloten te gaan! Ma II zei: "Naar onze tandarts, jij bent een nichtje dat uit Tilburg gelogeerd bent en niet terug kunt". Haastje repje de trap af gemaakt. Toen alleen op stap. Bij de dokter bel ik aan, geen gehoor (misschien wel geen elektriciteit, enkele doctoren hebben 't wel). Getikt tegen 't ruitje, maar 't huis leek wel afgestorven. Een eindje omgelopen. 't Hele spelletje weer herhaald. Tevergeefs. En nou ben ik weer thuis en ben woest, woest en nog eens woest. Ga ik al een keer ergens heen, dan is het nog voor niets. En buiten alles triest, een zaak van *C. Jamin bijvoorbeeld, 5 december Sinterklaas, hartstikke leeg. Maar dan ook helemaal leeg. En miezerig weer en vervelend buiten. Bah, ik kruip straks lekker bij de kachel met m'n kapotte kiezen.

2. ONDERDUIK, 1942-1945

Vrijdag 8 Dec[ember 1944]

Woensdag wilde ik teruggaan, maar, ik werd 's nachts ongesteld. Heb een paar moeilijke uurtjes meegemaakt (ook mijn kamergenoten, want die kunnen niet slapen als ik kreun en tot overmaat van ramp nog moet overgeven). Maar tegen de ochtend sliep ik in. De hele dag verder in bed gelegen, daar ik te zwak was op te staan. Ik verlies veel kracht, energie in zo'n moeilijke nacht.

Gisteravond met Ma II grote schoonmaak gehouden op de gang, alle deuren gedaan. 'k Was nog wel gammel, maar men kan geen week ziek blijven. 's Middags weer vlug naar den pil. Weer bellen, tikken. 'n Hele tijd wachten. Eindelijk wordt er opengedaan. De dokter is er niet, hij is gevorderd met alle mannen tussen 17 en 40. Enkele tandartsen zijn teruggekomen, maar hij nog niet. Daar stond ik met mijn goede gedrag. Voor spoedgevallen een dokter precies tegenover ons huis, waar Rachel ook destijds geweest is. Net toen ik weg wilde gaan kwam er een oud vrouwtje aan, dat een gebit wilde laten herstellen van een schippersvrouw. Het haar uitgelegd, dat de dokter weg was, en vroeg of ze mee wilde lopen naar Dr. Hans. Dit deed ze. Onderweg een verhaal over d'r "rimmetiekvoeten". Een slechte tijd, enz. Nooit geweten dat ik ook zo kon kletsen (zo'n onzin). 't Was net een ander die sprak, Rachel bijv. kan dat erg goed, met iedereen een praatje maken. Thuis krijgsraad. Mies informeerde bij kennissen naar een 'goede' (2 betekenissen) tandarts en het resultaat is dat ik morgen ergens heen mag. 't Is tamelijk ver. Vandaag was hij besproken en J., die voor mij afgesproken heeft, vergat dat ik sjabbath niet fiets (want ik zou Mies d'r fiets mogen lenen). Dan morgen maar tippelen. 'k Vind sjabbath überhaupt vervelend om te gaan, maar afspraak is afspraak. Ik kan hem niet laten stikken. 't Is nog een jonge man, zegt Bob. 'k Ben benieuwd. Als hij me maar geen pijn doet, want aan tandartsen heb ik de p. (wat hun beroep betreft tenminste)

10 Dec[ember 1944]

Gisteren bij de tandarts geweest. Heb vlug doorgelopen, zodat ik niemand ontmoette. Alleen ben ik opgebotst tegen Mijnheer Nachtegall. Later eigenlijk, misschien een seconde later, één reflex, besefte ik dat het oom Nico was. Hij rookte een reuze sigaar en herkende me niet gelukkig! Even verder zag ik zijn dochter Elly. Netjes gekapt. Maar ik wilde haar niet zien, dus snel mijn hoofd omgedraaid. Bij de dokter werd ik in een prachtwachtkamer gelaten. Mooie nieuwe 'oude meubelen', een prachtkleed boven een laag buffet met een pul. En Bob heeft me opmerkzaam gemaakt op een paar etsen van de empire tijd, 16ᵉ eeuw, heel mooi. 'k Werd juist door de dokter gehaald. Een sympathieke vent, ± 35 jaar, vroeg niets, boorde een beetje in mijn kiezen (hij begon systematisch bij het begin, deed mij heel eventjes maar pijn, riep de assistente, die noodvullingen klaarmaakte en klaar was ik). 't Geheel heeft misschien 10 minuten geduurd. De kies waar alles om begonnen is kan niet gemaakt worden. Is al te ver, waar de 'kroon' op gerust heeft, daarvan is nog een stukje afgebroken vorig jaar, en als ik te lang wacht met uittrekken krijg ik een abces. Voilà. Mama wil niet dat ik hem trek, ik moet wachten tot Onkel Mondek terugkomt, dat is zo'n wonderdokter, metselt op één brokje nog een hele kies, maar als het te lang duurt, zit ik met de gebakken peren. Op de terugweg heb ik op mijn gemak alle winkels bekeken. Maar ik heb niets gekocht. Eenmaal thuis in geuren en kleuren alles verteld. Moet maandag terugkomen.

Donderdag 14 Dec[ember 1944]

Maandag geweest, zo'n 5 minuten boorde hij met één boor 5 gaatjes uit. Toen was ik klaar. Nooit zoiets beleefd en helemaal geen pijn. Op de heenweg had ik reuze haast. Was heel erg laat en toch zag ik nog Simon Nachtegall (ze wonen daar namelijk in de buurt). Maar ik draaide mijn hoofd om. Giste-

2. ONDERDUIK, 1942-1945

ren kwam ik te weten dat hij me herkend heeft, dit had ik nooit gedacht. Hij was te verlegen om me aan te spreken. Maar goed ook, want ik rende gewoon, zo'n haast had ik. Van hem zijn we ook te weten gekomen dat vele ondergedoken kennissen gepakt zijn: Gorki, Viool, e.a. Van ons dachten ze dat we bij het bombardement 3 maart 1943 gedood waren. Terug heb ik voor ma II boodschappen gedaan, maar het is treurig. Overal: het is er niet! 'k Kwam thuis met een fles rumpunch: vies, zuur, gistig en ik dacht nog wel een hele vondst. Bij een boekhandelaar rondgeneusd, maar niets bijzonders. Alleen 1 exemplaar van Inleiding tot de Chinese Filosofie ƒ 5,90. Dit was mij een te groot kapitaal. Morgen, vrijdag, moet ik weer op stap. Gisteren heeft hier de 2e gast zijn intrede gedaan: een half Indootje, onechte zoon van baboe en 'n Europese heer, die op 2-jarige leeftijd naar z'n grootmoeder gestuurd werd, hier aan de Gemeentelijke Hogeschool gestudeerd (gelanterfant) heeft: in al die jaren nog geen één tentamen gedaan. Nu is hij 24 jaar en werkte op 't departement in Den Haag. Maar daar heerst hongersnood. Al dagen eten ze daar aardappelschillen, op de bonnen niets te krijgen, en in den Haag is nog scherpe controle, dus kan hij niet op straat. Nu heeft Ton hem gisteren meegebracht. Het is een stille, aardige jongen. Een zielige figuur eigenlijk. Geen thuis, alleen een oude grootmoeder en een oom die er heel eigenaardige opvattingen op na houdt. Deze hielp hem ook aan die baan. Hier bij ons, bij al die vreemde snuiters, heeft hij niet eens een klein plekje dat helemaal alleen van hem is, waar hij eens alleen kan zitten. Wij hebben gelukkig nog een eigen kamer. Aan tafel is hij zo stil. Misschien is hij nog niet helemaal op zijn gemak. Ten eerste is hij uitgehongerd, hij moet bijkomen. Maar je kan medelijden met hem hebben, zelf is hij toch een zwak mens. Hij wist niet wat hij moest doen, is ongelukkigerwijze afgekeurd voor Indië: Culturen en Binnenlands Bestuur, dus ging maar Economie studeren. Heeft 5 jaar verdaan met fuiven, kletsen, nietsdoen, slapen. En dat is jammer. Heeft heel zijn toekomst vergooid. Nu op 't distributiekantoor van kachels en fornuizen heeft hij flink gewerkt, is opgeklommen tot sous-chef van zijn afdeling en heeft het er prettig. Dus als hij wil kan hij (zijn oom zat achter z'n vodden). Nu genoeg over onze 9^e duiker!!!

Maandag 18 Dec[ember 1944]

Ik heb weer eens op een fiets gezeten! En het ging, alleen heb ik nog een paar pijnlijke plekken over! Vrijdag moest ik naar de tandarts. Nu stond in Hillegersberg Mies d'r fiets. Als ik hem zou halen, mocht ik erop terug. Ik heb me weer doodgehaast naar de dokter (niemand ontmoet), hij heeft al mijn tanden geplombeerd, heel zorgvuldig en pijnloos, niet eens geboord. Eigenlijk was ik klaar nu, maar heb afgesproken om te trekken. 'k Ben doodsbang voor complicaties. Doorgelopen naar Hillegersberg, onderweg geprobeerd boodschappen te doen (te krijgen), maar haast overal tevergeefs. Kom ik eindelijk doodmoe aan, dan hoor ik dat mijnheer nog even een boodschapje is gaan doen op de fiets. Geen manier van doen, want ze wisten hoe laat ik komen zou. Maar enfin, met de vrouw des huizes heb ik een half uurtje gekletst. Er hing een heel mooi schilderij van haar door Bob geschilderd. Heel gezellig, maar veel te vol, de kamer. Een paar mensen ontmoet, o.a. een wijsgeer, dichter. Hij kwam binnen met een grote flambard, eerst dacht ik een schilder. Mevrouw liet mij het huis beneden zien. Prachtkamer aan het water gelegen. Zou verrukkelijk zijn om te studeren, zo rustig. Een schattig huisje is het. Maar intussen was het erg laat geworden en ik wilde voor mijzelf een bh kopen. 4 uur zaken dicht. Heb geraced, maar de zaak was toch gesloten.

Toen fietste ik maar op mijn gemak voor mijn plezier een beetje door Blijdorp. 't Was lekker koud. Vrieskoud. Ik hoop maar dat het niet gaat vriezen dit jaar, want er heerst toch al zo'n nood. Wij zijn bevoorrecht dat we nog kolen hebben en eten hebben om op die kolen te bereiden. Maar mensen die van het rantsoen leven: 1 kilo aardappelen en brood, half ons kaas, 1 ons vlees per week (meer niet), die hongeren. Gelukkig is witte kool genoeg te krijgen, maar daar kun je je tenslotte niet vol van eten en je wordt er na 2 weken misselijk van. Ik eet ongeveer hier het minste middageten (stamppot witte of rode kool), maar dit zijn drie porties van de gaarkeuken: de familie Zijlmans zag laatst iemand met een pannetje lopen, er was weinig, maar goede vette jus bij. 1 kilo aardappelen en 2x per dag warm eten! Honger!

Wij krijgen gelukkig wel eens wat erbij, zodat wij, in vergelijk met anderen, het rijkelijk hebben. 's Ochtends 3 boterhammen, voor de lunch 3 met koolsoep, 's avonds een goed vol bord stamppot en soep voor! Nu krijgen we de Kerstdagen. Volgende week al. Wat is dit jaar gevlogen! Dit komt waarschijnlijk in afwachting op de vrede, want we leven van maand op maand, hoop op hoop. De dagen zijn de laatste maanden zo kort, dat ze omgaan voordat je iets anders gedaan hebt dan afwassen, eten zorgen, afwassen, enz. maar dit jaar kerst wil Ton hier een feestje maken: heren avondkledij en dames avondtoilet. Wij hebben het niet, jammer, anders zou de sfeer nog volmaakter kunnen zijn. Maar misschien ga ik pa z'n smoking wel halen. Dansé, burp, na. Toch prettig, even de sleur doorbroken.

Maandag 1ᵉ Kerstdag, middag, 1944.

Net kwam er visite, waardoor we naar onze koude kamer moesten vluchten. We zaten allemaal netjes aangekleed in de salon. Net koffie gedronken met room (d.w.z. gecondenseerde blikjesmelk) en koekjes en echte suiker (!), en vanochtend boter op 't brood. Wat zijn we sober tegenwoordig, dat we deze doodgewone dingen luxe vinden. Zelfs vergaten we af en toe boter op het brood te doen. Vanavond gaan de heren zich verkleden van jacquet of zwart pak naar smoking of rok. Met pa's smoking heb ik reuze last gehad: 3x ben ik erheen gegaan en de 3e keer trof ik de betrokken persoon pas thuis. Dolblij was ze dat ze me zag, en informeerde naar pa, ma, enz. Ik heb haar één en ander verteld, hoe we hier leven, maar ze snapte er niets van. En waar we zaten, daar was ze nieuwsgierig naar! Niets verteld, alleen gezegd "Rotterdam Zuid". De laatste keer, gisterochtend, was het steenkoud. IJsbloemen op de ruiten, vriezen! Met een lange wollen strandbroek en wollen kousen en vest ben ik op de fiets gestapt, net alsof ik een reisje naar de Noordpool ging maken. Daar aangekomen was ik half bevroren, en was reuze dankbaar voor een kopje zwarte koffie. Daar hebben ze nog elektriciteit. Wat een weelde voor iemand een lichtje te kunnen maken op de trap. Ze gaf me een appel mee en een puntzakje zout van haar eigen rantsoentje overgespaard en bij het weggaan stopte ze me een riks in de hand voor de Kerstdagen. Natuurlijk wilde ik het niet aannemen, maar over en weer "beledig mij niet" en toen stopte ze het in mijn zak, "koop er een bloemetje van voor je ma". Natuurlijk erg aardig van haar, zo goed bedoeld. Echt lief was ze. Bij het smoking ontbraken alleen jammer genoeg de boorden en 't strikje, misschien heeft ze die ergens anders neergelegd. Maar in ieder geval, pa heeft zijn smoking met geleend strikje en boordje. Wat zullen we mooi zijn vanavond allemaal. Met ons 13 aan tafel ('t Indootje zal mijn tafelheer zijn, 13^e is Pop, het vriendinnetje van Canis, zij komt ook). Daarna bal, d.w.z. dansen. Bram speelt en... er is een geleende grammofoon.

Dansen, brr, een crime. Vooral nu, nu we zo gehoopt hadden op vrede, dat dit het vredesfeest zou zijn, is het zo treurig. Zal het eigenlijk een ontbreken van de werkelijke sfeer zijn, misschien dan wel de avond bederven, omdat de werkelijke vreugdestemming ontbreekt. Maar we zullen afwachten en constateren.

Vrijdag heb ik een kies laten trekken. Nu is 't nog opgezet en 't doet een beetje pijn, 't is gevoelig. Er is een klein stukje blijven zitten of het nu een stukje kaak of kies is weten we niet, maar hier zegt men dat het er vanzelf uitvalt. Ook dit zal de stemming voor mij verre van volmaakt doen zijn.

Dinsdag 2ᵉ Kerstdag 1944.

We hadden een reuze gezellig diner! De heren allemaal zo chique. Bram, voor het eerst in smoking, was zo trots als een pauw, als hij in de spiegel keek geloofde hij niet dat hij het zelf was. Het stond hem dan ook erg goed. Paste als gegoten. De eerste borrel van zijn leven heeft hij gedronken; gezoete bessenjenever, 15% (!) en aan tafel twee glazen wijn. Het beviel hem allemaal best, onze anti-alcoholist. Maar toen hij met ma een walsje gewaagd had, begon het snel: draaierig, misselijk. Overgegeven! Ja ja, dat heb je ervan als je er niet tegen kunt. 's Nachts nog vaak overgegeven en rillerig, en nu ligt hij met een kater in bed en snurkt. Gegeten heeft hij nog niets, wel gedronken, nadorst van het ene borreltje. Wat hebben we gelachen gisteren om hem, terwijl de arme jongen op de WC stond. Hij zegt nooit meer een borrel aan te zullen raken, maar wij maken hem wijs dat het van het draaien (walsen) komt en dan het vette eten dat we niet meer gewend zijn. Toen gisteren tegen 5 uur de visite weg was, en wij weer beneden konden komen, lag daar Ton in een stoel. Hoofdpijn, half flauw. Ineens is het opgekomen. Waarschijnlijk teveel gesjouwd de laatste dagen. Kerstboom zelfgemaakt, takken opgebonden op een bezemstok, is heel aardig geworden, niet van een echte boom te onderscheiden, terwijl hij al niet lekker was: influenza, spit. Toen Mies en ik samen de tafel dekten, zat hij rustig in een stoel bij de kachel, maar kreunde en hield zijn hart vast (hij heeft altijd al last van zijn hart gehad, laatst is hij onder het bidden nog flauw gevallen). Maar hij hield zich goed. De tafel was prachtig. Veel kaarsen, het was goed licht ('n paar carbidlampen hadden we geleend). Veel gezelliger dan elektrisch. We hadden allemaal menuutjes in het Frans opgesteld en met een tekeningetje, toepasselijk op het kerstfeest, van Bob. Schattig.

We begonnen met toast de la paté de poisson, kalkoen potage, macaroni, tussengerecht Dindon met appelmoes, pudding, enz. Reuze uitgedijd. We tafelden van 7 tot 10, de tijd vloog. Rachel en ik onderhand van alles afgewassen. Ton at maar hele kleine beetjes van alles, zijn gezicht was vertrokken van pijn. Toch heeft hij nog een paar woordjes gezegd en drie wensen geuit: 1. De wens van Ma II in vervulling te mogen zien, Aad en Bob een meisje, 2. De familie Ulreich de vrijheid te hergeven, en 3. Een privé-wensje: Mies spoedig zijn vrouw. Wat zal het hem een hoop moeite gekost hebben en hoe lief gezegd.

Bram sprak zijn dank aan de gastvrouw uit. Pa II dankte voor de spijs en sprak nog over Aad, Ma II en het kerstfeest an sich. Ma II vroeg het woord en dankte ook ons, voor alle hulp. Dit was tenminste zeer attent van haar, want de anderen hadden daar niet aan gedacht. Mijn tafelheer was zeer geschikt, zo attent, zocht de lekkerste beetjes voor me uit, stapelde mijn bord met kalkoen op. Zelf zou ik nooit zoveel hebben durven nemen. Snuf zout, peper, enz. en hij zette het weer op zijn plaats, in één woord af. Ja, het diner was reuze gezellig. Daarna afwas, opruimen, onszelf opknappen en toen we allen weer in de salon zaten declameerde Canis: *"Kerstnacht schoner dan de dagen". Prachtig, alhoewel het te dramatisch voorgedragen werd. Poppie droeg "Iris" van Jacques Perk voor. Zij heeft een goede stem. Ze was er helemaal in, echt in trance, haar ogen afwezig op één punt gericht. Heel goed uitgesproken. Wat een prachttaal is het, die klanken, alliteraties. Geweldig.

Toen een plaatje gedraaid. Ton was direct na het eten naar bed gestrompeld, hij heeft hoge koorts, ruim 39 en ijlde. Maar van de muziek had hij geen last, volgens hem. Jammer van Ton, want hij was geestelijk vader van het feestje, hij die ons eens anders wilde zien dan in overall en met roethanden, lag in bed. Het bedierf de avond, want voor Mies was het niet leuk, en zo druk dorsten we toch niet te zijn. Eén keer met Hans gedanst. Maar hij kan er niets van en ik ook niet, dus fiasco, een paar malen gekeken. Café noir gezet, daarmee ook een paar dansen overgeslagen en met Bram een slow pose gedanst. Maar toen was hij al niet zo lekker meer. Maar toch was het nog een oergezellige avond. Een borreltje nog gedronken (zuiplap!!) en om 2 uur lagen we in bed. Mijn tafelheer heb ik extra de hand gedrukt en bedankt voor de goede zorgen. Maar de sluier van Ton... misschien doen we het met Oud en Nieuw wel over als de sluier weggerukt is. Hij klaagt over pijn in rug, benen, hoofd, alles beter dan zijn hart... Pop is een lief zacht meisje, Canis is echt dol op d'r, zoent d'r en neemt haar op schoot. Net echt. Snotneuzen!!!! Net kwam Canis uit de kerk, maar hij voelt zich niet erg goed, misselijk. Net kwam mam boven en vroeg aspirine, hoofdpijn en zuur op d'r maag. Ze kan al dat vet niet verdragen. Wie is er eigenlijk nog fit na dat feestje?

Zondag 7 Jan[uari] 1945.

Inderdaad, wie is er nog fit? (aanhaling laatste zin) Toen ik, nadat ik in mijn dagboek geschreven had, 2 weken geleden dinsdag naar beneden kwam, had ik het ontzettend koud. Rilde over mijn hele lichaam. Ben in de keuken gaan staan, vlak boven de oven en nog rilde ik. Opeens kwam ik tot de ontdekking dat ik ook wel eens koorts kon hebben. Bij het eten, nog een paar overblijfsels van het kerstdiner, erg weinig gegeten. Na het eten rustig bij de kachel gezeten, maar nog steeds steenkoud. Toen heb ik maar eens getemperatuurd: 39. 'k Schrok me naar. Mies zei: "Ach, je hebt de thermometer niet afgeslagen, Ton had ook 39, of je kijkt niet goed", in ieder geval, ze geloofden het niet. Toch ben ik maar gauw in bed gestapt en ben er een week in gebleven. Alsmaar 39 koorts. Als ik dan een hele ochtend geslapen had en niets gegeten, dacht ik "nu zal het wel geminderd zijn", en dan was het 39,4.

De eerste dagen niets gegeten. Toen van een klein schoteltje rijst. Anderhalve dag gegeten rijst. Na 5 jaar oorlog. Toch kan het me nog niet bekoren. Ik kon het niet doorkrijgen, die harde korrels. Misschien omdat ik totaal geen trek had. 'k Had een beetje last van diarree, erge hoofdpijn, stijve nek, rugpijn. Waarschijnlijk een beetje influenza. Donderdagavond had ik hoge koorts, ± 40 en vrijdagochtend ineens 37,5 gedaald. Vrijdagnacht kreeg ik hevige buikpijn. Ik zat op de WC en een half uur lang kromp ik in elkaar. Tot ma kwam, Mies had me horen kreunen, en me mee naar boven sleepte. De volgende dag werd ik ongesteld zonder pijnen. Zodat het waarschijnlijk 's nachts voorpijnen geweest waren. Zondagmiddag opgestaan, nog erg tollend. Maar rustig gezeten en voor de oudejaarsavondschotel heb ik de krootjes heel fijn gesneden. Bob heeft de appelbeignets en oliebollen gebakken, hele schalen vol. Wij hebben allemaal maar 3 gehad. Waar de rest gebleven is? In de magen van Bobbeltje, Miesje, Ma II pikt er nog één van de schaal, mijnheer zegt "lekker" en neemt er nog één. Wij wagen dit niet en mam zag toevallig in Ma II's linnenkast gisteren nog een hele schaal vol bollen. (zeker voor Ton, want die was nog niet helemaal lekker)

Ik vind het niet erg, ik zou er toch niet meer hebben kunnen eten, maar de anderen... Rachel bijv. stond in de keuken, terwijl Mies bakte. 4 achter elkaar at Bob op. Aan Rachel gaf hij niks, haar liep 't water langs haar mond, ja duiken is nog niet alles. 't Begint ons allang te vervelen. 't Duurt te lang. En de mensen hier verveelt het natuurlijk ook. Maar ja, bidden, bidden om de vrede maar. 'n Borreltje gedronken (ik een paar slokjes bessenjenever), de schotel was erg lekker (ik echter had er nog helemaal geen trek in). Ton was ook even opgestaan. Om 12 uur was er 'vuurwerk'. De soldaten schoten met gekleurde kogels, wel 10 minuten lang, erg leuk. Daarna de gebruikelijke speech. Nog even praten en om half 2 naar bed.

Nu voel ik me weer helemaal kiplekker. Als je opstaat, knap je vanzelf op, een beetje doorzetten. Ik kon toch ma en Rachel

2. ONDERDUIK, 1942-1945

niet alles alleen laten doen. Deze week heb ik aardappels geschild en Rachel boven in de kou onze kamer. Bram is weer aan zijn eigen werk gegaan. Pa II zei in zijn oudejaarsspeech dat hij nu wel eens om zijn toekomst moest denken, de aardappels worden toch wel gespit. Au fond heeft hij gelijk, alleen wij zijn verwend, want Bram hielp reusachtig, en zijn er de dupe van. Pa II heeft gemakkelijk praten.

Ton is nog ziek. Voelt zich nog erg slap, en ziet eruit als een schim. Hij had erge last van diarree en heeft drankjes geslikt, maar teveel, want nu heeft hij dit jaar nog geen ontlasting gehad, terwijl hij toch gisteren wonderolie genomen, maar nog geen uitwerking. Bram hoest nog een beetje, heeft poeiers van de dokter gekregen. Overigens wordt hij vervelend. De tijden werken niet mee, vooral voor hem niet, daar hij het ergste vermoedt omtrent zijn ouders en Borah, maar daarom hoeft hij nog niet doorlopend in depressie te zijn. Voor Rachel op 't onbeschofte af en onaardig. Zelf vindt hij geloof ik dat hij nog erg lief is en dat juist Rachel, die zo houdt van een man die galant en teder is. Bij een debat, altijd Bram die Rachel aanvalt, en verwijten van beide kanten. Rachel wil namelijk Bram veranderen in een pop, zoals zij graag de man zou hebben, en dan is het alsmaar: "jij doet dat niet om mij" en "dat moet je laten als je verloofde het graag heeft", enz. Stom m.i., want dan is het Bram niet meer, en dat voelt hij zelf en wil niet met zich laten sollen.

Maar iets geven moet. Anders had hij zich niet moeten verloven. Anderzijds mag Rachel niet teveel vragen. Wanneer het haar helemaal niet bevalt, zou ze de moed moeten hebben te breken. Maar zo zijn we niet. Eenmaal begonnen, dan afmaken. Maar is dat verstandig? Het is het hele leven van jezelf, je man en eventuele kinderen. Is het niet veel verstandiger te breken? Daarom is per slot die verlovingstijd: om te zien of je bij elkaar past. Jammer zou ik het vinden, als het uitging, maar... misschien veel beter.

9 Jan[uari] 1945.

Krakau en Warschau gevallen!!! Een paar dagen geleden stond in de courant een artikel, dat Rusland geweldige troepenconcentraties had, nog nooit was zoveel materiaal bij elkaar gezien. Het volk werd voorbereid op een misschien noodlottige, geweldige slag. Een dag later 50 km voor Krakau, nog een dag later gevechten in Krakau en gisteren kwam Bob thuis en vertelt heel gemoedereerd dat Warschau ontruimd is. Wat hebben we daar maanden geleden op gewacht! En nu, nu de stad verwoest is, de burgers als gijzelaars weggevoerd en zovelen vermoord en gesneuveld, nu valt zonder slag of stoot Warschau. En Krakau ook gevallen, vertelt even later Mies, als ze thuiskomt. Mam huilde haast van blijdschap, maar waar is Onkel Iziu? En andere familieleden? De Russen rukken maar op en stoten door! Over een poosje zijn ze in Berlijn!

Ook hier (zegt men, want er komen geen berichten door en Engeland zegt er haast niets van) zijn er geallieerde offensiefjes aan de gang. Tiel gevallen, oprukken naar en beschieten van Gorinchem. Maar deze laatste berichten niet officieel bevestigd. In ieder geval zijn we blij dat er nog schot in komt. De hele tijd dat ik niet geschreven heb was het koud. Het vroor wel 10 graden alsmaar. Berichten hoorden we helemaal niet. Iedereen verkouden. Bah, deprimerende tijd. En dan iedereen die over honger klaagt. Wij hebben gelukkig nog wat mudden aardappels gehad. Maar daar raken we deze week doorheen. Elke dag wordt er ruim 10 kilo opgegeten (soep tussen de middag ook). Terwijl we eigenlijk volgens de distributie recht op 1 kilo hebben per persoon per week, dus 1 ½ kilo per dag met ons allen. 1 brood krijgen we, 1 kilo piepers, 1 ½ ons vlees en ½ ons kaas. Voilà! Dit is toch hongeren en zo moeten 50% van de bevolking doorrollen, de andere 50% ruilt voor schoenen of gaat de boer op. Maar dat zijn rotlui. *f* 20,- vragen ze voor 1 brood, *f* 330,- voor een mud aardappelen, *f* 1500,- mud tarwe. Voor niemand haast te betalen dus. En dan kolen. Heb je iets te eten, dan moet je het toch koken!

Waar haal je de brandstof vandaan? Een mud antraciet, ƒ 180,-! Bomen zie je op straat haast niet, iedereen kapt stiekem en stookt hout. Neen, ellende is er. Wij zitten nog binnen en slapen veel en krijgen zeker 7x ons rantsoen (piepers wel 6x). Maar anderen, die werken in koude lokalen en door regen moeten... voor hen nog veel ellendiger. En stel je voor, dat je dan thuis komt en weer in de kou zit en 3 dunne boterhammetjes met niets erop. Wat een zwak opkomend geslacht zullen we krijgen. Die arme baby's sterven bij bosjes bij gebrek aan suiker en melk. Wat zullen we het later goed hebben, als we weer koffie met melk krijgen en suiker erin, en haal eens wat "gebakjes". We maken ons soms eens lekker en praten over 'de goede oude tijd'. Kou, honger, donker, oorlog! Ontzettend fijn! Maar... nu wordt het beter, nu beginnen de offensieven, maar nu is het zo'n slecht, regenachtig stormweer, net herfst, dat de soldaten niet kunnen vechten, en zo is er altijd wat. God geef ons Vree!

De honger is zelfs zo erg, dat toen er een oproep in de krant stond, dat nu alle mannen van 17-40 zich moeten melden (ook met Ausweise), er zoveel kwamen, zelfs mannen tot 50, dat de Duitsers de krachtigste aanwezen en de rest verjoeg van 't Feyenoord terrein. "Wat moeten wij met al die mensen beginnen". In Den Haag meldden zich vrijwillig 52.000, Rotterdam 18.000 man, maar 16.000 teruggestuurd. "Wohl fressen, nicht arbeiten". Ja, van honger voor een paar boterhammen meer, heulen die lui met de vijand en gaan werken aanleggen tegen onze bondgenoot. Schande! Maar... ik zelf heb nog nooit honger geleden, mag misschien niet zo hard oordelen.

Maandag 29 Jan[uari] 1945.

't Vriest nu al meer dan 5 weken achter elkaar. Er is ontzettende ellende. Per week half brood, en 1 kilo aardappelen. Vlees is er al niet meer. Erg koud, als je thuis komt en er brandt geen vuur (want de halve bevolking zit zonder), is dit dan niet om gek te worden? Wij persoonlijk hadden nog een voorraadje aardappelen en erwten, maar morgen zijn ook wij door onze piepers heen. Maar... we hebben goede moed, met ruilen enz., nog iets te bemachtigen. Door onze kolen waren we ook haast heen, gisteren ging Rachel naar haar ex-directeur toe. Een hele laag sneeuw lag er. Met de fiets is er niet door te komen. Dus ging ze lopen. Om half 1 weg, om half 5 thuis. Met 10 minuutjes rust bij hem. Maar ze had succes. Tenminste een toezegging, en vanochtend kon Canis al 2 mud enthousiast gaan halen. Hebben wij zegen of niet? Goddank wel! Maar de ellende die Rachel onderweg tegenkwam... Een jongen, bleek en hol, van 18 jaar, met een pannetje vroeg haar of ze niet iets had. Bij wel 20 mensen had hij aangebeld en kreeg niets. Hij had geen moed meer! 2 kinderen, 11 en 5 jaar, met een klein zakje met kooltjes bij zich. Rachel gaf 't meisje even haar mof om d'r handjes te warmen. De jongen vertelde, dat hijzelf geen kou of honger had, want hij at in 'n kindertehuis, maar zijn ouders hadden al 4 dagen niets gegeten, en zijn moeder heeft T.B.C. Elke ochtend gaan ze naar Pernis om hout te halen. Rachel gaf een klontje suiker mee. Een meisje weer met heel koude handjes, aan wie Rachel haar mof geeft, vertelt dat ze in 'n tehuis is, waar ze 's ochtends 1 boterham krijgen, 's middags prakje, 's avonds weer 1 boterham. Zij was van haar moeder weggelopen, daar die niet goed voor haar was. Ziehier 3 gevallen. Maar zijn ze niet ontzettend. Is het niet om te huilen?

Geen kolen om je te warmen of zelfs om eten te warmen, geen warm kopje thee. En 's avonds in 't donker zitten. Geen petroleumpitjes, want dit raakt ook op. Ach, wanneer komt de Vrede?

Met oorlogsnieuws gaat 't goed, heel goed! Breslau is gevallen! En in Koningsbergen wordt gevochten. De krant lees je tegenwoordig voor je plezier. Hij wordt onder de carbidlamp voorgelezen door één van ons na het eten. Heel productief, want anders kom je er niet toe, daar de lamp direct na 't eten afzakt. Je probeert toch iets te lezen, maar je verpest je ogen. We wachten allen op de val van Berlijn, nog 175 km. Opstand in bepaalde delen van Duitsland. In Oost-Pruisen trekken de mensen met hun bundeltjes op hun rug weg. Heel erg, maar de Duitsers zelf mogen ook wel eens voelen wat ze anderen aangedaan hebben. Wij liepen 2 jaar geleden al zo, en vorig jaar liepen de Nederlandse mannen zo. Wie weet zijn er wel een paar kampen met Joden bevrijd: daar in de buurt waren ze toch, en de Russen zijn zo onverwachts daar binnengerukt. Wie weet, Onkel Iziu en pa's broers en zusters? Ach, toen wij weggingen, waren zij al weg. Zouden ze dan nu nog leven?

Katowice is in ieder geval vandaag officieel gevallen. 't Is zo grappig, dat je elke plaats die valt kent, dat je er zelf geweest bent. Helemaal kun je 't volgen, de route. Als ze nu maar niet ophouden voor ze Berlijn binnengerukt zijn. Ach, als allereerst die vorst maar ophoudt, en er weer wat aangevoerd kan worden zodat de allereerste nood geledigd zal worden. Oh God, dan zullen we al dankbaar zijn, en wat zullen we later voor alles dankbaar (moeten) zijn.

Donderdag 1 Febr[uari 1945]

Goddank! De sneeuw weg! Gisterochtend viel de dooi in, de sneeuw smelt zienderogen en vanochtend waren de straten helemaal schoon! Gewoon een wonder dat die dikke ijs- en sneeuwlaag in één dag weg is. Maar gelukkig. En... onze aardappels zijn ook weg, d.w.z. verdwenen in onze buiken. Geen één hebben we er meer in huis. Vanmiddag bij de lunch de laatste geraspt in de bruine bonensoep en vanavond eten we alleen maar erwtjes. Heel erg lekker, maar dit kunnen we nog maar een paar dagen zo volhouden. En wij hebben 't gelukkig nog. Wat moeten die duizenden mensen doen, die dit kleine noodrantsoentje niet bewaard hebben? Al weken hebben de groenteboeren al geen groente. Maar nu zal er wel weer wat

aankomen, nu de wegen weer te berijden zijn.
± 100 km van Berlijn. Wanneer zal 't grote feest zijn?

Vrijdag 9 Febr[uari 1945]

Prachtig zonnig weer. En buiten is het zo lekker. Ik kom namelijk net van de tandarts. Weer een gat, zelfs een pijnlijke, had ik. Toen ging ik naar de dokter aan de overkant en vandaag is hij gevuld. Nog meer heeft hij er ontdekt. Deze worden maandag gevuld. Ik hoop dat het dan ook weer zo zonnig is. Gek hè, eerst vorige maand heel mijn gebit na laten kijken, en nu alweer een paar gaatjes. Zo kan ik mijn hele leven wel door blijven gaan. In ieder geval, vandaag was ik op straat en niet alleen in functie van patiënt, maar ook als koopvrouw. Bram en mama (en papa is zo mager) zijn namelijk erg zwak. Hoe kan 't ook anders op 3 boterhammetjes als ontbijt en een bordje soep voor lunch. Tenminste wij!

Mies, als ze naar kantoor gaat, snijdt achter elkaar 7 boterhammen en eet ze lekker op, Bob eet als hij trek heeft, Canis snijdt zo veel hij wil, Pa II krijgt een boterhammetje extra mee. En wij zitten op een droogje toe te kijken en zwakken af. Want ook ik voel mij soms zo slap. Toen nam ik vanmiddag een paar kousen mee om te ruilen voor kaas of boter. Eigenlijk is het tegen mijn principes. Ten eerste: wij leven in een gemeenschap, dus als ik iets wil, hoor ik het beneden af te leveren. Maar... de familie Zijlmans eet zo dikwijls iets extra's waar wij niets van zien. En zelfs alles van het weinige dat we op de bon krijgen is nog niet voor ons bestemd, bijv. kaas. Men deelt zondag ieder zijn portie rond. Een kwart ons en ons rantsoen is een half ons. Dus de andere helft verdelen zij 's avonds natuurlijk of op brood. In ieder geval: de sleutel van de linnenkast (Ma II's privé provisiekast) draagt ze op d'r borst en daarom vind ik het niet zo heel erg als ik nu ook eens iets, wat wij toch voor onze eigen kousen ruilen, in ons eigen kringetje nuttigen. Toch mogen wij ook niet in dezelfde fout vervallen, als de anderen, want dan zijn we even a-sociaal als zij. Maar toen ik die bleke gezichten zag gisteren, heb ik besloten 't toch te doen. Ten tweede: als ik in een gewone kaaszaak iets clandestien koop, moet het toch ten koste van de klanten gaan. Enerzijds-anderzijds, ze krijgen altijd iets minder, en elke winkelier heeft wel iets 'achter de hand'. Dus gewetensbezwaren opzij en de zaken ingestapt. Eén had geen kousen nodig, de ander had geen kaas, de 3e niet de goede maat. Ten einde raad ben ik 'n *R.M.I.-zaak in gegaan. Daar stond een ouderwets geklede oude juffrouw, maar ze voelde er iets voor voor haar dochter. Ik wou 3 pond, maar daar kan ze niet aan beginnen: ze moest het van haar eigen rantsoen inboeten (wanneer dit werkelijk waar was, zou dit natuurlijk niet juist zijn, zie 2). Met d'r dochter en man overlegd. Ik krijg 1 kilo ruim. Volgens haar kost de kaas f 5,- per ons. Een pond meegenomen, 't andere maandag. Ze haalde uit haar eigen appartementen de kaas, haast een hele (dus zo erg zal ze wel niet hoeven sparen), 40+ maar niet volvet. In elk geval hele lekkere. Rachel maakte de deur open, en nam vlug de tas mee naar boven. Ik een verhaal ophangen binnen dat het zo druk was bij de dokter... Excuus voor lang wegblijven. Mama is zo blij ermee. Ze zegent me in stilte. Nu heeft ze weer erge pijn in d'r kiezen en oor. De andere kant als de vorige keer, maar dezelfde verschijnselen. Ze leeft weer op aspirine en is versuft ervan. Dus ik ben blij iets voor haar te hebben. Maar de vrede zou het allerbeste zijn. ± 50 km van Berlijn.

Dinsdag 13 Febr[uari 1945]

Gisteren kreeg ik 't hele hoekje dat nog van de kaas overgebleven was, ± 9 ons. Dus toch bijna 3 pond gekregen. f 75,- per kilo, zei Ton laatst. Dus voor het paar kousen kreeg ik f 100,-. Ja, ja, die tijden. Wat moeten mensen zonder geld doen? Aardappelen f 350,- per mud, 1 brood f 50,- (!!!), 1 kilo erwten f 40,-. Antraciet kost f 165,- per mud. Enz. enz. Overal heerst honger: tenzij er iets geruild kan worden. Aan de deuren vragen ze dagelijks om 1 aardappel of 1 boterham. Werkelijk net geklede mensen komen en vragen. Enkelen zullen ertussen zijn die het clandestien verkopen of uit gewoonte bedelen (vóór de oorlog). Toch ook heel dikwijls hangen ze ook allemaal verhalen op over 10 kinderen, geen werk en zieke vrouw, alhoewel die zeer goed zijn, maar niemand bedelt uit rijkdom, laten we dit onthouden. Als we na de oorlog een arme tegenkomen, zullen we hem direct kunnen helpen. Je stapt een zaak binnen en koopt 10 broden, f 2,-, pond kaas f 0,50, pond boter f 1,-. Dus voor f 3,50 is ie al een heel eind op weg. Nu betaal je voor één droge boterham zoveel. Stelen leer je ook. Zou het vroeger ooit in mijn hoofd opgekomen zijn een boterham uit de trommel te nemen? Zelfs in tijden van overvloed, nee, nooit! Nu als je de kans krijgt neem je een stukje kaas of een lepeltje jus extra en zelfs een boterham stiekem, maar dit komt mede daarom omdat de anderen in huis het allemaal doen. Achter elkaar stappen ze naar de keuken en dan, foets, het brood is op. Hele broden verdwijnen, waren weg, waar wij geen stukje van zien. Dit rechtvaardigt ons niet om ook te nemen, nee helemaal niet, want als de één neemt, mag de ander het nog niet. Maar als die ook honger heeft, en niet zozeer ik, maar meer pa en Bram en ma, die hebben 't het hardst nodig, dus voor hen nemen Ra en ik wel eens wat, en dan eten ze het op hun eigen kamer op. 't Is naar, dit stiekeme gedoe, maar noodzakelijk om een beetje op peil te blijven. Na de oorlog hoop ik het weer te kunnen afleren en rein verder te leven.

Bij Nijmegen is een nieuw offensief begonnen. Kleef gisteren gevallen. Maandag Gennep. Elke dag is de positie hachelijker van de Duitsers en nog geven die barbaren het niet op. De Conferentie van Jalta is geëindigd. De Poolse regering van Lublin wordt opgelost in die te Engeland. Polen naar het westen toe uitgebreid. Zal hierin niet de kiem voor een volgende oorlog liggen?

2. ONDERDUIK, 1942-1945

Vrijdag 16 Febr[uari 1945]

Hoera! Het Zweedse Rode Kruis stelt aan ons allen in het westen van Nederland 1 brood en een half pakje boter beschikbaar! Volgende week houden we een broodfuif. Kunnen we tenminste eenmaal allen ons buikje vol eten.

[vijfde schrift]

Vrijdag 23 Febr[uari] 1945.

Jammer, heel jammer, maar mijn 5e oorlogsdagboek moet ik met narigheid beginnen. Allereerst de narigheid dat het nog oorlog is. Dat het nog hopeloos is buiten en hopeloos binnen. Want de mensen laten zich door hun zenuwen leiden en voeren met elkaar nog oorlog. We vallen over kleinigheden en er komen grote woordenwisselingen van. Terwijl ik God om Vrede smeek, hoor ik beneden 2 mensen ruzie maken. In één huis en nog wel onder zulke omstandigheden, ruzie, hoe moet het dan in de wereld? Of komt het juist dóór die omstandigheden?

Vanmiddag kwam ik in een tijdschrift het idee tegen van onze Koningin in 1931 over geestelijke en morele herbewapening. In 1938 hebben we er te weinig over nagedacht (oorlog kwam toch), laten we het tenminste nu doen en beginnen zelf verdraagzaam te worden en zijn. Geestelijk en moreel herbewapenen.

Dan de narigheid, dat er een *mof dinsdag doodgeschoten is (één?! Duizenden waarschijnlijk die dag) of zoals men later beweert: die zelfmoord gepleegd heeft, voor de Beurs, Coolsingel. De volgende dag werden 10 doodonschuldige burgers uit 't Haagse Veer gehaald en ook doodgeschoten en liggen gelaten op de Coolsingel. Verder nog 10 mensen willekeurig in de stad. Een vriend van Canis ging naar een andere vriend toe om te bridgen, hij werd op de Mathenesserlaan doodgeschoten, heeft 6 borstschoten. Nadat hij gezegd had dat hij naar 't Franciscus Gasthuis wilde, is hij gestorven. Een 18-jarige jongen, stel je voor. De ouders wisten niets, tot de volgende dag, want zij dachten dat hij bij die kennissen zou overnachten en die mensen wachtten tevergeefs. Welgemoed van huis, waarschijnlijk zonder afscheid, en voor eeuwig. Ontzettend!

Manus, arme Manus. Hij is gepakt. Hij woonde de laatste tijd na zijn evacuatie in Ede. Daar kwamen de Duitsers fietsen vorderen. Dit is niets voor hem ze direct af te geven en beduvelde hen. Even later kwamen ze terug, namen én fiets én Manus mee. Hij wordt verdacht Jood te zijn (!), kreeg een klap tegen zijn nek, toen op zijn blote rug en armen 20 slagen met een boomstam. Veel bloed, maar heeft geen kik gegeven. "Dit gunde ik ze niet" schreef hij. Nu is hij in een werkkamp (Lunteren??), moet hard werken, veel lopen, maar wat eten betreft, schrijft hij, heb ik het veel beter dan jullie; half brood per dag, 's ochtends pap, 's avonds prakje. En betrekkelijke vrijheid, want in een zoutfabriek die maar braak lag en alles lag te verrotten had hij zout gevonden. Die goeierd wilde ons ook nog wat sturen, als we er behoefte aan hebben. Niemand kijkt ernaar om en 't vergaat maar: chloor, bouillonblokjes enz. (allemaal artikelen die wij hier niet meer kennen!) "Mijn leren jas hebben ze afgenomen, nu loop ik in een lor". Arme vent, eerst heel zijn huis vernietigd, nu hebben ze hem zelf, en allereerst nog was zijn meisje weg. Zijn liefde nog niet verminderd voor haar. Maar toch is hij opgewekt en maakt zich meer zorgen om ons dan zichzelf.

Onze voedselpositie nog niet verbeterd. De gave van het Zweedse Rode Kruis nog niet gearriveerd. Wel hebben de Duitsers bij voorbaat ons olierantsoen ingetrokken (sinds kerstmis hebben we nog altijd hetzelfde halve litertje olie). 't Voordeeltje van die 125 gram boter gunnen ze ons niet. Nu krijgen we 800 gram brood in plaats van 1000 gram, plus 1 brood zonder bloembonnen toewijzing. Bah, wat een misère.

Zelf zag Ton laatst op een boot naar Den Haag, de Moffen een dik plak brood afsnijden en 1 cm boter erop smeren. Een meisje sprong de tranen in de ogen, van honger, nijd, afgunst? Wat een materialisten zijn we tegenwoordig. Als de krant 's avonds komt, kijken we allereerst of er niet een nieuwe bon voor één of ander aangewezen is (als het dan nog te koop is later) en dan pas naar de politiek. We vallen als de één iets meer krijgt dan de ander. 's Avonds verdeelt Ma II het eten. Iedere man 4 scheppen aardappels. Maar de mannen Zijlmans krijgen andere scheppen. Nu, omdat we allen trek hebben, vallen we erover, maar dat zouden we vroeger toch nooit gedaan hebben, en laten we hopen later ook niet meer. En de broodmaaltijd, hoe verheugen wij ons daar niet op? Allemaal krijgen we ons brood en boter voor ons en Ma II zal wel iets lekkers uit haar privéprovisiekast toveren en dan maar snijden en eten 20 boterhammen... Wat een mensen, wat een materie-aanhangers.

Pa heeft laatst aan Nico Nachtegall een brief geschreven, Ma II heeft hem afgegeven. Pa II was er wel eens meer geweest om de groeten over te brengen van ons en nu heeft pa iets meer gevraagd over kennissen in de brief. Prompt de volgende dag kon mijnheer een brief terug komen halen en pa vond er in een pakje shag van Oom Nico en van tante Cor een doosje *Consi... Wat ontzettend hartelijk en lief is dat van hen. In deze tijd, dat je deze producten niet meer ziet of ze zijn ontzettend duur (Consi ƒ 15,-). En een reuze hartelijke brief, die je goed doet. Helaas zijn vele kennissen gepakt. Alle zelfs. Pa heeft bedankje teruggepend. Elly is verloofd! Van de [onleesbaar], is ze zo'n kind nog, alhoewel haar brief meeviel, al wat ernstiger is ze. Onze eerste weg is naar hun, hebben we beloofd.

Zondag 25 Febr[uari] '45.

Hoe meer ik over het broodfeest denk, des te belachelijker vind ik het. Eerst je buik volstoppen met allerlei lekkere dingen en dan naar bed. En dan is het uit. Hoogstens nog wat nare gevolgen van 't overmatige voedsel, omdat je het niet gewend bent: zoveel en dan nog wel met boter! Zinloos! Een zinloos bestaan als je epicurist bent. 'n Kort, maar nietszeggend, niet blijvend genoegen. Beter zou je elke middag, als je honger krijgt, een paar boterhammen kunnen nemen, maar wij mogen de stemming niet bederven. Gisterenmiddag kwam ineens een mof de trap op met een groot pakket. Een vriend van Ton had met de Duitse Wehrmacht iets meegestuurd: roggebrood, roggebloem, pakjes pudding en een Duits soldatenbrood. Direct iedereen een sneetje Duits roggebrood met kaas. Dit was erg lekker, want we hadden er best trek in, en ook wel aardig. 't Was niet een overmatig iets, geen epicuristisch genoegen. Neen, maar weet je wat wel een blijvend, diep genoegen is? De avonden soms, ze hebben een bepaalde sfeer, als de carbidlamp zó slecht brandt dat je er toch niet meer bij lezen kunt en Bram speelt piano. Stemmingsmuziek of vrolijk of klassiek, al naar gelang zijn stemming. Dat is soms zo zalig, echt prettig. Alleen jammer dat wij ons aan zijn stemming aan moeten passen, want als dat niet zo is en wij vragen om een ander stuk, of hij speelt het niet, of hij speelt het, maar hóe! Zodat het beter niet gespeeld had kunnen worden. De familie Zijlmans slaapt dan meestal of sluimert in hun stoelen, want zij leven pas op als wij naar bed gaan en wij luisteren en denken bij elk liedje dat hij speelt aan de daaraan verbonden herinneringen. Wij leven op die herinneringen. Bij bepaalde dansmuziek denk ik of aan die avondjes thuis of hier, vorig jaar toen wij onder elkaar met elkaar dansten. Soms aan Simon de Haas, de pianist. Wat zou ik hem weer eens graag horen. En de familie Vromen, waar zit die? Met hen luisterden we toch altijd naar hem. Of aan Max Hach[g]enberg, die al die liedjes altijd floot. Komt hij nog terug? Die sufferd om te gaan! Maar hoe flink ging hij! Och, hoe flink gingen velen en komen niet weer?! Er is een groot offensief aan de gang in het westen, richting Keulen, nog 45 km van Keulen. Ze zijn over de Roer bij Roermond. Ook in het oosten is een begin gemaakt met 't offensief. Jetzt geht's los!

2. ONDERDUIK, 1942-1945

Donderdag 1 Maart [1945]

*"Zou jij nog een borreltje lusten?" kwam ik gisteravond zingende de trap op. En jawel hoor, iets pittigs wel, want ik had echt geen honger meer, en niemand in huis. We hadden namelijk 't broodfeest achter de rug. Reuze gezellig geweest. De tafel netjes gedekt. Op ieder bordje een heel brood, een kwart pak boter en een stukje kaas. Verder schaaltjes met gebakken uitjes en wat 'chocolade hagelslag' (voor ieder 1 boterham uit de privéprovisiekast van Ma II), een stukje ontbijtkoek (idem), een mengseltje dat leek op pinda's, met gebakken uitjes, erg lekker, stroop, 'n plakje spek (!). Dus een uitgebreide vooroorlogse tafel. En 't brood was wit en lekker, hmm!! Echt witbrood, net koek, elke keer als ik een boterham afsneed verwonderde ik me weer over het prachtige witte gerezen brood. Vroeger hadden we het altijd. Wat waren we verwend. Nu begrijp ik tante Dora, die ons brood koek vond en er niet genoeg van kon eten en krijgen. En de margarine was en is zo lekker. Het hinderlijke bijsmaakje proef je haast niet, ze is erg vet, een beetje melig, misschien van melkpoeder gemaakt, maar verrukkelijk. De grasroomboter heb ik niet gemist. Allemaal van de familie Zijlmans waren ze van plan het helemaal op te eten en alleen Pa II is erin geslaagd. De anderen lieten allemaal een klein stukje over. Ma II een half. Mama en ik ook. Pa, Rachel, Bram een kwart. Ik heb 17 boterhammen opgegeten, maar flinterdunne (kun je je voorstellen, uit een half brood). Als ik gewild had, had ik misschien wel meer opgekund, als ik dikkere gesneden had, maar ik wilde wat bewaren, want vanmiddag heb ik ook trek en morgen ook. Alles flink beboterd en toch nog overgehouden, vanmiddag in mijn prakje heb ik een lekker klontje gedaan. Er stond van alles op tafel en waarmee begon ik? Een dun hoekje met dit boter en... zout! We hebben allemaal gesmuld als smulpapen, maar voor één keer is het te vergeven.

Bram vertelt van Rachel, dat ze zó smakelijk in haar boterham hapte dat ze een goede reclameplaat leek van *"eet meer brood". 'k Heb er niet op gelet. Had het veel te druk met mijzelf om op anderen te letten! Heb een half stukje gerookte spek gegeten (zonder boter natuurlijk), maar al sla je me dood, ik weet niet hoe 't smaakt, 'k vond dat ik 't vet nodig had, daarom gedaan, de andere helft aan pa gegeven. Bij de laatste kreeg ik ineens genoeg, zelfs zo, dat ik een nog gesneden boterham aan Bram gaf. Van de boter kreeg ik een misselijk gevoel tenslotte. De tafel hebben we maar zo laten staan en naar boven. Daar zei Bram "ik zou nog best een boterham blieven", en hij begon weer, toen heb ik hem maar gezelschap gehouden en er ook één opgegeten... Die matige Carry. Alles bij alles, het was gezellig en ontegenzeglijk lekker. Bram en Rachel namen vanochtend in bed weer een paar plakken en Bram net na de lunch maakte de rest van zijn brood *haschiweinoe. Terwijl ik dit schrijf, stop ik ook weer elke keer een hap van het flinterdunne brood in mijn mond en al die vreugde dankzij het Zweedse Rode Kruis. Dank Zweden! Ere aan Zweden!

De kranten schrijven artikeltjes dat een moeder tenminste éénmaal hun kinderen genoeg kan geven. "Tast maar toe, vandaag hoef je niet met honger naar bed". Zielig, maar waar, de andere avonden die we niet kunnen genieten van Zwedens gift. En wat een honger moet Bram niet hebben anders, direct na ontbijt en lunch vloog hij naar boven met een mes. Of is dit alleen maar omdat je weet dat er nog iets is, dat je er dan niet af kunt blijven? Dat je weet "vandaag hoef ik niet genoeg te hebben met mijn portie, want als ik wil, kan ik er nog iets bijnemen"? En dan de factor 'als je meer eet, krijg je hoe langer hoe meer trek' speelt een grote rol. Als je je maag uitbreidt, vraagt ie de volgende dag weer zoveel. Wij bijv. aten gisteren eerst gewoon: witte bonen, soep voor lunch, om half 5 (dus vroeger dan anders) aardappelen in schil gekookt met zoute prinsessenboontjes uit vat. En daarna nog die uitgebreide broodmaaltijd. Vandaag zal het ons tegenvallen, als we na de aardappelen met rode kool niets meer krijgen. En hoevelen zouden niet met ons willen ruilen! Bij ons vliegen de zegeningen en wonderen naar boven. Aan wie van ons wij die speciale Bescherming te danken hebben hier in huis weet ik niet. Aan de biddende Ma II en familie, of aan de ondergedokenen van 't Uitverkoren Volk? Wat zeer typisch was het volgende: 's ochtends constateerden wij dat het zout op was. Ineens konden we geen korrel meer vinden, voor de aardappels van het prakje hadden we zelfs niets. Niemand had meer iets 'achter de hand'. 's Avonds wordt er gebeld. Iemand die zout aan komt bieden voor ƒ 6,- per kilo. 'n Wildvreemd iemand, die alle huizen afging. Is dit een wonder of niet? Natuurlijk dadelijk 5 kilo gekocht. Dinsdag zaten we net de allerlaatste aardappel te schillen. Er wordt gebeld. Mies komt met een carrier waarop anderhalve mud aardappels. Van de baas gekregen, had ze geruild voor schoenen! 'n Wonder of niet? Brood hadden we haast niet meer (de Zweedse hebben we toch extra opgegeten). Vanmiddag komt er een groot pak voor Ton uit Holten met roggebrood en roggebloem. Een wonder, of niet? Net als het op is, komt er nieuwe. Altijd weer een nieuwe zegen, en gelukkig ook maar!

Zondag 4 Maart [1945]

Rachel is de enige die van 't Zweedse broodfeest nadelige gevolgen gehad heeft, en dan nog niet eens van het feest zelf, maar de dag daarop nam Rachel nog 4 dikke boterhammen met nog dikker boter, dus 's nachts kwam boontje om zijn loontje en Raatje werd misselijk, gaf over, bleef vrijdag in haar bed met een wit gezichtje, en bliefde helemaal geen boter meer, maar vandaag is ze weer kipgezond en zou best nog een Zweeds broodje lusten. Trouwens, wij allemaal...

Vandaag Joechoes jarig! 'k Hoop dat je nog leeft, en nog vele jaren zult leven!

Dinsdag 6 Maart [1945]

Den Haag hevig gebombardeerd, duizenden doden en gewonden! 30.000 dakloos. Al een paar dagen achter elkaar werd het Bezuidenhoutkwartier gebombardeerd. Alsmaar huizen geraakt. We begrepen niet wat dat te betekenen had. 'n Bom kwam er neer in een cafetaria in de Spuistraat, waarvoor een hele grote rij stond op hun portie eten uit de gaarkeuken te wachten. Ontzettend, en zaterdagochtend ineens het grote bombardement. Wij hadden 't de hele tijd horen dreunen tussen 8-10 uur, en later op de dag grote rookzuilen en vuurgloed richting Den Haag. Zondag gingen Mies en Ton op de fiets erheen en net zijn ze terug. Hevig onder de indruk. Niet te verwonderen ook, want het moet er verschrikkelijk zijn. "Je hoeft mij niet te vragen of dit of dat er nog staat in 't Bezuidenhoutkwartier, want alles is finaal weg," aldus Ton. In die buurt werden in garages dag en nacht aan onderdelen van de V1 gewerkt. Deze zijn nu natuurlijk ook weg. Maar hoevelen zijn er niet dakloos? Hoeveel ellende heeft het niet met zich meegebracht? Radicaal, alles weg. De Tommies dachten natuurlijk "waarom wij wel elke avond die ellende van de V1 op Londen". Zij liever dan wij, en inderdaad, wij horen nu ook veel minder V1's opstijgen. Zouden de startbanen ook getroffen zijn? (Wassenaar vele malen gebombardeerd) In ieder geval hoorden wij dat in Rotterdam, Blijdorp, Vroesenpark startbanen aangelegd worden. Dus binnenkort zijn wij weer de sigaar. Maar misschien is het tegen die tijd Vrede. Nu zit Den Haag in de misère. 't Rode Kruis stuurde direct 800 Zweedse broden ('t mijne is vandaag helemaal opgegaan, wat was 't toch lekker, maar ben blij dat ik niet als compensatie voor al die schrik of huis verloren nog een brood heb gekregen). Zaandam stuurde 20.000 sneetjes belegde boterhammen en Verkade koeken. Stel je voor, nu je huis kwijt te zijn. Een vriendin van Mies is dakloos, meebrengen kan ze haar natuurlijk niet (voor ons). 3 kleine kindertjes, waarvoor ze geen kleertjes heeft, baby die warmte nodig heeft. Thuis had ze ook geen kolen, maar stookte gootsteenkastjes, deuren, enz. op. Nu is ze blij dat ze het gedaan heeft en vindt het jammer niet nog veel meer opgestookt te hebben. Maar wie weet zoiets van tevoren? Ze had er al genoeg voor in de piepzak gezeten, dat de huisbaas 't zou ontdekken. Maar nu zijn er geen huizen vrij, en wanneer zijn er nu wel één toegewezen zou krijgen, hoe aan meubelen te komen en kleren, nergens in geen één zaak is meer iets te krijgen. En beginnen zonder levensmiddelen in voorraad te hebben... Erg! Heel grote misère. Voorlopig zijn ze bij broeders in een school ondergebracht, en de Hagenaars zijn zo bang dat het nog niet afgelopen is, dat ze nog eens komen bombarderen... Allemaal door de pracht-rotuitvinding van de V1, de vliegende bom, hier afgeschoten en ergens in Londen valt hij? Maar afwachten. Kan niet uitgerekend worden, dus altijd en iedereen in angst. Wat een leven.

Zondag 11 Maart [1945]

De Engelsen zijn over de Rijn! Van de week viel Keulen! En vrijdag was er bij Remagen aan de andere kant van de Rijn een bruggenhoofd gevormd. Als ze nu maar op vele plaatsen over kunnen steken of optrekken vanuit die ene stelling en aldus in de rug aanvallen, dan zal het wel vlug afgelopen zijn. Als heel 't Rijnland maar eerst in geallieerde handen is. Dan zullen wij (Holland) wel vrij worden zonder vechten, doordat het Duitse leger capituleren zal. De Russen hebben een poosje 'uitgerust' en nu beginnen ze weer, gisteren ging zelfs het gerucht dat de Oder overgestoken was, richting Berlijn. Dat zou prachtig zijn. Als ze maar opschieten. Kunnen wij goed zeggen, als we op een stoel zitten in een dagboek te pennen. Heel makkelijk, maar beseffen doe je niet dat bij elk 'opschieten' duizenden sneuvelen, duizenden wenende en treurende moeders erbij komen. En toch moet het. Oorlog is er nu eenmaal, willen wij zo gauw mogelijk Vrede, dan zullen ze op moeten schieten. Met zo min mogelijk bloedverlies zo vlug mogelijk Vrede, is mijn dagelijks gebed 's ochtends. En daarom is het goed dat 't verdomd taaie Duitsland van 2 kanten tegelijk bedreigd wordt. Dresden is weg van de kaart, zo ontzettend is het woensdag gebombardeerd. 10.000 liggen bijeen in massagraven. Je vijanden, maar toch ook mensen?

Over bijna 3 weken Pesach. 'k Had zo gehoopt vrij te zijn, misschien, 't kan nog, maar we kunnen nog niet geïnstalleerd zijn en de matzes zouden er nog niet zijn. Maar als we allereerst de Seider maar zouden kunnen houden, wat zou ik dan blij en gelukkig zijn. Elke dag zingen we "en als het lente (Vrede) is, dan is elke dag een feest" en bidden maar dat de Lente en Vrede tegelijk aan komen waaien.

Dinsdag 13 Maart [1945]

Hevig debat gehad gisteravond. Ma beweert dat hoezeer ze wel naar Vrede verlangt, het toch liever nog 4 maanden langer oorlog heeft dan dat er hier (Rotterdam) 4 dagen gevochten wordt. Bram zei "akkoord", maar Ma heeft nog geen honger (wel trek natuurlijk), zoals er duizenden zijn, en die kan het misschien niet schelen als 't nog een paar weken duurt gaan ze toch dood. Dus zij prefereren hier vechten boven Duitsland eerst vrij maken, daar er dan voor hen een grote kans bestaat dat ze het wel halen.

In Rotterdam sterven dagelijks 225 mensen aan ondervoeding. Mijn mening gevraagd. Maar ik durf en kan dit niet zeggen. Ik ben dolblij dat mij nooit zo'n vraag voorgelegd zal worden, waar duizenden en duizenden mensenlevens van afhangen. Hier hevig vechten, betekent tenslotte voor velen een verlichting, maar mensenlevens zal het kosten... en egoïstisch gedacht, weer uit je huis te moeten en misschien je liefste en naaste mensen te moeten missen. Anderzijds kunnen we het nog best 4 maanden uithouden, we hebben al zo lang zóveel verdragen en Duitsland wilde oorlog, dus moet Duitsland er ook de ellende van dragen. Dan worden wij vanzelf vrij als Duitsland capituleert. 'n Hele moeilijke vraag, waar ik geen antwoord op weet. Een bombardement is al zo verschrikkelijk, laat staan 't gevechtsterrein te worden van de tegenwoordige Engelse oorlogsmethode.

Vanmiddag kwamen de kinderen thuis en... vertelden dat men zegt dat 'de Engelse vloot patrouilleert voor Goeree en Overflakkee'. Daaruit leidt men af dat er best spoedig een landing zou kunnen komen. Ja inderdaad, de ondergrondse strijders moeten gewaarschuwd zijn dat ze paraat zijn, daar het wel zou kunnen gebeuren dat ze spoedig hier in Rotterdam zullen moeten beginnen te vechten. Voilà. Helpt het wat, of je debatteert over het wel of niet komen en hier 't strijdperk maken. 't Komt toch zoals het komen moet. Afwachten maar, of inderdaad deze week iets gebeurt. Hoop... en vrees!

Vrijdag 23 Maart [1945]

't Internationale Rode Kruis stelde deze week een half brood (regeringsbloem) beschikbaar. Bijna ieder kankerde, "maar een half brood, wat hebben we daaraan?", maar ieder heeft het dankbaar aangenomen en opgepeuzeld. Inderdaad, veel voedsel hebben we er niet van gehad, maar beter dan niets. 't Zweeds Rode Kruis geeft ons ook weer iets, wat weten we niet. Men spreekt van boter, brood en een verrassing. Misschien sardientjes of een ei voor Pasen, I don't know. Maar het gesprek van de dag is: wat zou het Zweedse Rode Kruis ons wel geven? En hoeveel? Hongerlijders!

Net komen Mies en Ton thuis. Het 3^e Amerikaanse Leger van generaal Patton is over de Rijn, bij Oppenheim ten zuiden van Mainz. Gisteravond. Wat gaat het goed. Maar dit is nog niet het grote offensief. Dit wordt ook wel eerdaags verwacht. Haast zonder tegenstand is een bruggenhoofd gevormd. Bij Remagen is het bruggenhoofd uitgebreid tot 50 km breedte na veel en hevige strijd. De laatste brug over de

Rijn die nog in Duitse handen was bij Spiers is vernield. De Duitsers zijn nu vrijwel geheel ten westen van de Rijn teruggedreven. Prachtig. In het westen van Duitsland zitten geen Duitsers meer (op een paar bruggen na). Als het nu maar vlug afloopt. Lente, en stralend zomerweer. Warm is het, gloeiend zelfs. Zelfs al hadden we kolen, dan nog zouden we niet hoeven stoken (in het keukenfornuis stoken we zwarte steenkool, roetten als 'n hel, daar was 't niet om uit te houden, zelfs niet met open ramen omdat de warme wind binnenwaaide). Ach, wanneer is de tijd gekomen dat wij hier eens 'binnenwaaien'?

Zondag 25 Maart [1945]

Montgomery is over de Rijn bij Rees ten zuiden van Emmerik. Het grote offensief is begonnen. Gisteren kregen wij het bericht. Wie weet landen ze wel spoedig ook hier, of beginnen ze het offensief over de Moerdijk wel om ons zo te bevrijden. Eigenlijk nog geheel onverwacht, dit offensief: over de Rijn bij Emmerich. Ik begrijp niet hoe de moffen 't uithouden en waarop ze nu nog wachten. Op de dood van de laatste soldaat? Stommelingen zijn het allemaal! Von Rundstedt is afgezet. *Kesseling is nu benoemd tot opperbevelhebber van het westen. (in Italië is zeker niets meer te doen voor hem) Von Rundstedt moet vredesvoorwaarden aangevraagd hebben bij de geallieerden. Afgeslagen natuurlijk, met dit regime willen zij niets te maken hebben. Maar ook Kesseling zal niets helpen. Vroeg of laat capituleert 't Duitse Rijk toch!

Gisteren stond in de courant wat we krijgen op de ingeleverde bon van het Zweedse Rode Kruis: een half brood en een half pakje boter (125 gr margarine). De verrassing blijkt een verrassing, niets dan een half brood. Ze zijn netter dan 't Internationale, want ze geven margarine erbij. Tenminste iets op 't brood, maar veel is het ook niet, maar… tevreden zijn. Wat we krijgen is meegenomen, als we maar blijven leven. Tevreden zijn moeten we wel alsmaar zeggen, als we 's ochtends merken dat er 's avonds zo en passant een heel brood opgesneden is en er kaaskorstjes op de grond liggen. Dan horen wij ook tegen onszelf te zeggen: wat gaat het je aan? Zij ruilen toch, dus zij hebben er recht op, maar... daar tegenover staat, dan moeten zij ook niet zeggen dat alles zo eerlijk gedeeld wordt wat er in huis komt. Want wij weten wel beter. De geruilde goederen, of als Ton naar Den Haag geweest is, zijn koffer worden naar de salon gebracht en dan is dáár familievergadering. En daarna komt Ma II binnen en laat theesurrogaat zien en andere van die kleinigheden. Een keer vonden we zelfs eierschalen! Maar waarom kankeren? Waarom kijken naar die mensen, die 't beter hebben dan wij, waarom niet naar duizenden die 't slechter hebben, waarbij wij nog een hemel op aarde hebben. Wij, die elke dag nog volop aardappels en groente hebben. Peulvruchten en af en toe vlees! (vanochtend hadden we aan 't ontbijt ieder een karbonaadje; 5 pond vlees, dus voor ƒ 150,- vlees opgegeten in één ontbijt) Vanavond krijgen we namelijk vlees van op de bonnen. Tegenwoordig eten Rachel en ik ook vlees aan 't ontbijt, want 't weinige wat je krijgt heb je hard nodig. Elk beetje vet en kracht dat je op kan doen, ben je verplicht te nemen. God zal het ons vergeven, als we het maar gauw afleren na de oorlog. Als we het vanochtend niet gegeten hadden, zouden we net als elke dag droog brood gegeten hebben, want er was niets anders. Zelfs geen kaas, "want die moet met Pasen gegeten worden". Ik durf te wedden dat er in mevrouws kast nog best een stukje kaas zijn zal. Neen, wij mogen niet klagen. Nooit en te nimmer! Wij hebben trek, maar geen honger!! En dit laatste hebben maar al teveel hier in Nederland. Gelukkig dat wij nu dus weer iets krijgen van het Rode Kruis, maar wat is het voor al die uitgehongerde ondervoede mensen? Woensdag is het Pesach. *Seideren wil ik en nog wel dit jaar, maar...

's Avonds

Nu krijgen we meer nauwkeurige berichten over 't offensief. Duizenden parachutisten werden met 5000 vliegtuigen neergegooid. De Rijnoevers onder water gezet, nu ± 10 km breed, werd met veerbootjes overgestoken op 4 plaatsen. Rees al bezet. Weinig tegenstand. Churchill begeeft zich zelf naar 't front. Al een bruggenhoofd gevormd. 't Bruggenhoofd bij Mainz is 5 km breed al. Iedereen enthousiast. Bob zegt "nog maar 6 weken", Mies zegt "4 weken, dan is het afgelopen". Ton hoopt op zijn verjaardag, 28 maart. Als het nu maar niet wordt zoals zovele keren, een groot offensief en net op 't beslissende ogenblik een gevechtspauze van 3 maanden, zodat we over een paar maanden nog in de misère zitten.

Dinsdag 3 April [1945]

3 April. Vandaag beginnen de middelbare scholen weer. Ik had 'n stille hoop… maar het mocht niet zo zijn. Waarschijnlijk, volgens de courant, wordt er in juli en augustus doorgewerkt, om de verloren tijd in te halen en zo een normale overgang te forceren. Wat zou dat mieters voor mij zijn, met een heel hard werken zou ik dan misschien nog in september in de 5e kunnen komen.

2 april – Pa jarig, feest. En 2e Paasdag, feest. Dubbel feest.

1 april – 1e Paasdag, feest. Enkel feest.

31 maart – Paaszaterdag. 's Ochtends hard werken, 's avonds half feest, en dat alles in deze misère tijd, in die hongerperiode. Neen, wij hebben in die dagen niets gemerkt daarvan, de stemming was puik en mijn buik ook in de goede stemming.

Voor de Paasdagen hebben we hard gewerkt, kasten en gangen doen, want met Pasen moet alles in de puntjes zijn. Zaterdag extra hard gewerkt: aardappels voor 3 dagen geschild (ongeveer voor 2, maar er is zoveel overgebleven dat het voor 3 genoeg bleek), spinazie wassen voor 2x, enz. enz. en 's middags kregen we ook nog gasten: 2 kleine jochies van 5 jaar, die de boel op stelten zetten. Druk, echt ontzettend, gek zou ik ervan worden als ik die de hele dag om me heen zou hebben, maar Rachel was in haar element. Begon sprookjes te vertellen, liet ze spelen met een serviesje, speelde dat St. Nicolaas in een grote kist bij ons in de kamer zat en elke keer lichtte zij de deksel op en suggereerde de kinderen dat er een stipje van de Sint te zien was, dan volgde er een gegil en gejoel. Ze hebben zich uitstekend geamuseerd, ze waren niet weg te brengen...

Toen we eindelijk klaar waren en verkleed, zodat we echt eens van de sjabbathrust konden genieten, ging ik naar binnen. Daar waren bloemen in de kamers, nee! Alle vazen waren vol, zelfs jampotten waren gebruikt! 18 vazen vol! Seringen met appelbloesem, fresia's, narcissen, trompet en kleine witte tulpen, rode, gele, witte, roze, enz. Haast een sprookjestuin. En ieder is in zo'n prettige stemming. Mies was sigaretten aan 't rollen. De berichten waren net gekomen. Ontzettend goed. De geallieerden schieten ontzettend op. Al ver in Beieren is een Amerikaans leger doorgedrongen. Württemberg bezet, ze gaan verder in richting Nürnberg! Het leger van Emmerik rukt op, alhoewel het hevige tegenstand ondervindt. 't Gaat allemaal reusachtig. Na het eten worden er sigarettenpakjes verdeeld. Mies geeft elke man + haarzelf 25 stuks: zelfgerolde binnenlandse verbouwde, maar op de fabriek gefermenteerde, en Consi. Mama kreeg een paar Consi's die overgebleven waren en "dan hoefde ze niet altijd om een trekje te bedelen". Ontzettend lief en goed van Mies, om alles zo eerlijk te verdelen. De mannen waren dol- en dolblij. Tenminste eenmaal de 2 beide paasdagen roken zoveel je wilt. (1 pakje shag clandestien kost ƒ 110,- = 40 sigaretten, 20 Consi's = ƒ 71,-, inlandse ƒ 60,-). Ons ieder een cadeautje van ƒ 75,-!

Toen kregen de niet-rokers een pakketje: 5 koekjes en 10 bonnetjes. Ma ook. Toen, om de feestvreugde volmaakt te maken, ging Bram piano spelen (de buren hebben laatst al gevraagd wie of er toch zo mieters speelde? 'n Vriendje van Canis). 'n Andere buur vroeg op een dag of hij vanavond weer een nummertje wilde geven? Die arme jongen, hij kan geen noot spelen tot zijn verdriet. Wij hadden nog een beetje echte thee, die naar alles (kamfer, parfum, zeep) behalve thee rook, maar zalig smaakte. Mies had toen een suikerklontje voor iedereen. De kamer had de sfeer van een café: muziek, goede sigarettenrook, zingen, praten, applaus en... veel mensen. Om 10 uur een paar boterhammetjes met kaas en roggebrood, 11 uur naar bed. Gezellig nagepraat. Nu eens niet een roddelpartijtje, maar waarderende woorden. Niet voor niets zaten ze hele uren in de salon of zaten aan tafel onder elkaar te fluisteren over dit of dat ruilen, dit of dat al hebben, tot je er naar van werd, totdat wij ons zo teruggesloten voelden dat we maar naar bed gingen, maar alles vergeven en vergeten nu, maar zondagochtend Paasontbijt, 7 verschillende soorten brood: 1. regeringsbrood, 2. Zweeds witte brood, 3. zelfgemaakt witte melkbrood (was net koek en mooi, nou!, hoog en prachtig wit van Hongaars bloem), 4. Roggebrood uit Holten, 5. Zelfgekookt roggebrood, 6. Bij de bakker laten halen tarwebrood, 7. Zelfgemaakt half tarwe, half roggebrood. Zou ik zo'n verscheidenheid van broodsoorten ooit nog aan één tafel zien? En dat is zo'n oorlogstijd. Als belegging hadden we een ei! Ik nam hem geklutst-roerei (kost ƒ 16,-), jam hadden we in maanden niet gezien (ƒ 30,- per pot), honing (ƒ 35,-), kaas, worst met gebakken uitjes en Zweedse margarine. Koninklijk was het. Ieder wel 10 boterhammen. (voor de feestdagen hebben we 16 broden in huis gehaald. Allemaal netjes op 'n rijtje gelegd zaterdag, net een tentoonstelling, al die verschillende broden) En daarna een lekker sigaretje. Wat een verschil met andere jaren: toen hadden we wel 5 verschillende soorten matzes: Hollandse kleine en grote, Amerikaanse, Belgische, Palestijnse, "aber schwamm darüber, wie es war, wie es sein sollte". 1 uur kopje koffie met blikjes melk en... speculaasjes. (die anders in Wehrmachtsmaag verdwenen zouden zijn geweest) Gelezen in de salon. 4 uur borreltijd. Ik kreeg er ook één, die me niet buitengewoon smaakte. De mannen gingen door tot 7 uur (ieder wel 5). Toen diner. De tafel dekte ik weer eens met een echt tafellaken, niet met een papieren, met platte en diepe borden; bloemen. Wij kregen niet zoals anders ons deel op ons bord gesmakt (vanwege de eerlijke verdeling), maar mochten uit dekschalen zelf nemen, en jus uit juskommen, en pudding op puddingbordjes. Het is een afwas van ik weet niet wat, maar het loont de moeite: mooi én gezellig. Afgewassen, thee gedronken, gepraat, elf uur naar bed. Niets geen zin nog eigenlijk, Bram was echt in een fuifstemming, zong, danste, deed gek – maar er hielp geen moedertje lief aan: naar bed! Maandag, weer zondag! Zalig! Pa 'n lang en gelukkig leven samen met ma in vrede gewenst. Ma gaf pa 5 van haar sigaretten. Bram 10 van de beste (arme ziel, nou heeft hij zelf niets meer), van Rachel een tube tandpasta, goeie nog, en van mij een sigaret die ik destijds voor mijzelf apart gehouden had. "Eerlijk zelf gestolen," zei ik erbij, toen pa haar van me kreeg. En van ons allemaal (mag ie zelf betalen) tulpen, maar zulke ontzettende mooie. Ze staan voor me in een hoge jampot; schitterend staan ze erin. Het zijn hele grote dubbele rode tulpen met paarse gloed, ontzettend lange broze stelen. Meeldraden half zwart, half rood, stamper gelig. Nog nooit heb ik zulke mooie gezien, maar de prijs is ook 10 voor ƒ 4,50. Niet zwart, maar bloemen zijn verschrikkelijk duur. Ontbijt zoals 1^e dag, alleen in plaats van ei gebraden rolpens in 't zuur (zal ik, jammer genoeg, later wel nooit meer eten, want ik denk niet dat er *koshere blikjes bestaan daarvan). Pa trakteerde sigaret na 't eten. 's Middags heb ik een heel aardig bockje gelezen: *'Heersers van het gewest' van Herman de Man. De boeren, die alsmaar vreemden uit hun familie weren, zodat van de huwelijken met families onder elkaar vele ongelukkige kinderen geboren worden: inteelt. Totdat 1 zich ervan afzondert, uitgestoten wordt, maar gezonde kinderen voortbrengt. Goed boek. 4 uur weer borrelen. Rachel en ik namen samen een glaasje met een beetje suiker erin. Deze jenever vond ik wel lekker. Van Bram kreeg ik een trekje. Eensklaps zei pa: "Waar heb jij leren inhaleren? Je rookt als een man!" Het spijt me voor pa, maar zijn jongste dochter is geen baby meer. Als ik rook, inhaleer ik. Mies bood me daarop een sigaret aan, eerst natuurlijk (beleefdheidshalve) weigeren, maar tenslotte gezwicht: 'n Consi. Half opgerookt met Rachel, de andere helft bewaar ik voor pa, als hij niets meer heeft.

De klok was die nacht verschoven, dus we zouden geen licht nodig hebben bij het eten. Tenminste, daar verheugden we ons op. Anders kwam het uit. Om kwart over acht gingen we pas aan tafel. Ter ere van pa aten we een tussenschotel van tarwerand met ragout (variatie op rijstrand). Het is verrukkelijk, een beetje hartig, net gomballen, een reuze uitvinding; erwtjes en peentjes. Pa mocht zoveel erwtjes eten als hij bliefde... wat ie dan ook gedaan heeft, maar toch bleven er zoveel nog over, dat we vandaag genoeg hadden voor een prakje. Na een kopje koffie met echte melk.

Ton richtte het woord officieel tot pa. Feliciteerde hem nog eens, zei dat het mooiste cadeau dat hij krijgen kon die goede nieuwsberichten waren, dat we moesten leren leven zoals de familie Zijlmans, d.w.z. zorgen opzijzetten. Alles komt goed. Heel aardig en lief. De andere schoonzoon vroeg toen 't woord: sprak over de goede verstandhouding van beide families, dank voor de zorgen en verzorging, en herdacht mensen die nu niet aanwezig waren. Hij was ook bang voor de vrede. Ja, kan ik mij levendig voorstellen. Arme jongen.

Afwassen – tenminste, ma (die om half elf pas binnenkwam), wij waren gaan dansen. Eenmaal met Canis gedanst en eens met Bob. Erg goed gaat het nog niet. Vooral bij een variatie moet hij me nog teveel trekken. Ach, dansen is geen noodzakelijk leven. Je moet het kunnen, want als je ergens komt, zou je je niet op je gemak voelen als je niet mee kon doen, maar daarom vind ik het nog geen prettige bezigheid. Als je rustig in een stoel zit, kun je beter van de muziek genieten. Maar voor afwisselingetje vond ik het wel weer prettig en

leer het tegelijk. Ja, de dagen waren wonderwel goed geslaagd.
Met kerstmis was de halve feestvreugde in 't water gevallen,
Ton was immers ziek geworden. Nee, nu was hij in een goede
bui, hij heeft zelfs na 't diner ieder een Smyrna sigaret getrakteerd (op verjaardag gekregen, ƒ 120,- per doosje). Rachel en
ik samen één. 'n Vooroorlogse zakje, goede, mieterse, zachte
sigaret. Misschien dat ik hem niet zoals de anderen kan waarderen, maar toch vond ik hem ook goed. Ze hebben reusachtig gesleept, de jongens, maar het was de moeite. 2 dagen van
overvloed, 2 dagen dat we geen gebrek kenden, maar ik geloof
dat wij de enigen in Rotterdam waren die het zo hadden;
brood en koekjes en lekkertjes en borreltjes, enz. enz. Wat een
materienajagers zijn we geworden. Of sleurverbreken-najagers? Hoelang moeten we nog binnen zitten? We hadden allen
gehoopt: paasfeest, vredesfeest – maar Pinksteren is, ik ben
ervan overtuigd, vrede. Berichten van zondag zeggen dat er
een leger vanuit Münster naar Nederland optrekt: Hengelo,
Enschede en Doetinchem moeten officieus bevrijd zijn. Een
ander leger moet naar Apeldoorn oprukken. Wat ervan waar
is allemaal weet ik niet. 'k Mag lijden een hele hoop. Alhoewel, als de Moffen afgesneden worden, valt hier de grote slag.

Vrijdag 6 April [1945]

Pesach voorbij. Jammer dat wij hem niet konden beleven zoals
het hoort met de Pesachsfeer. Zondag en maandag hadden we
wel Paassfeer, maar hoe anders dan bij ons thuis is die. Onze
Seider, geestelijk genoegen. Pasen hier: paasdiner etc. louter
epicuristische genoegens. Woensdagavond had ik *erge zin te
schrijven, maar daar het één van de laatste hoofdfeestdagen
was, deed ik het niet. Eén van de weinige dingen die ik laten
kan, waarom dan niet te doen?
  Het offensief is nl. hier in Holland aan de gang. De geruchten waren toch waar. Hengelo en Enschede bevrijd! In Zutphen hevige straatgevechten. Lochem staat in brand! Heel

willekeurig allemaal: in enkele plaatsen zag de bevolking in plaats van de moffen ineens Engelsen door de straten marcheren. Wat een zalige bevrijding is dat! Plaatsen dus zonder slag of stoot gevallen, anderen weer (o.a. Zutphen) zijn van de kaart weg; helemaal verwoest. In Rotterdam en Amsterdam zullen waarschijnlijk straatgevechten plaatsvinden. De moffen bereiden zich voor op verdediging: Grüne Polizei is zelf aan 't loopgraven en bunkers bouwen hier. Neen, onze bevrijding zal niet zo vlug en gemakkelijk gaan. De Duitsers zijn afgesneden langs de IJssel en hier zal het uitgevochten worden. Maar... wij maken ons nog geen zorgen voor de tijd, maar hopen, hopen op de spoedige ineenstorting waardoor wij vanzelf bevrijd worden. Arnhem en Wageningen zijn nu ook ontruimd. Arnhem... treurig punt in de geschiedenis. Was 4 september het plotselinge offensief gelukt, dan was de oorlog allang afgelopen, maar de moffen waren toen nog sterk, zodat de slag verloren is en wij nog meer dan een half jaar onder kun regime hebben moeten leven. Nu zijn de geallieerden weer bezig de Rijn over te steken. En 't is gelukt! Maar de Rijn is al op veel meer plaatsen in Duitsland zelf overgestoken. 'n Groots werk verricht. Maar de stomme Moffen geven 't nog alsmaar niet op.

Donderdag 12 April [1945]

Over de IJssel! De geallieerden rukken nu snel op, om de 3 grote steden van het westen te gaan veroveren. Met name Rotterdam, Den Haag en Amsterdam genoemd!!! Nu nadert onze bevrijding werkelijk. Laat ze a.u.b. vlug opschieten. Tussen Zwolle en Zutphen zijn ze over de IJssel. Zondag waren er parachutisten geland in Zwolle, hoorde Rachel... onderweg... zij was nl. weer eens om kolen vragen (heeft 1 mud anthraciet gekregen, wat een reuze gunst is, daar vele lieden van het personeel zelfs zonder kolen zitten). De waterleiding wordt zelfs eerdaags helemaal stopgezet, omdat er geen kolen zijn. Alle

2. ONDERDUIK, 1942-1945

telefoonlijnen zijn nu verbroken (ook Duitse dus), omdat er geen kolen zijn, en wij hebben nog een mud gekregen. Gelukkig, wij kennen nog geen gebrek, altijd nog aardappels en groenten genoeg gehad, wij nog nooit één dag zonder groente gezeten, maar helaas moet ik wel geloven dat wij één van de weinige enkelingen gelukkigen zijn, want in de groentewinkels was de hele winter geen kruimel groente, behalve af en toe een half pond kool. Nu komt er veel groente vrij; de sla is zelfs vrij. Maar zonder azijn en 1 kilo aardappels in de week, hoe moet je dan die sla eten? Maar om bij Rachel te blijven: zij ging onderweg even bij een half-Joods kennisje. Daar werd zij een beetje koel ontvangen, zij begreep niet hoe het kwam dat een onderduikster er 'zo gewoon' uitzag. Zij had zich altijd voorgesteld zo iemand wit en mager. Zij raadde Rachel aan vooral zeer goed op te letten de laatste dagen, weken, want er waren massa's gepakt. Iedereen had haar om kleren gevraagd. Zij heeft een brief gelezen van iemand in Polen, vorig jaar nog had hij geschreven: tamelijk goed ging het hem: Jo Akker. Ik ken hem niet. Maar van de Meerschwams vertelde ze ons iets treurigs. Mijnheer en mevrouw zijn gepakt bij een razzia in Blijdorp. Zij heeft een brief van een kennis in Westerbork gelezen, die hen daar gezien heeft. Dinah (dit weten we toevallig van andere kennissen) moet gepakt zijn bij een huiszoeking naar zwarte goederen. Zij zat bij een zwarte handelaar in Apeldoorn. Dit kennisje wist er niets van. Stel je voor dat dat waar is, dat wij onze beste kennissen niet meer zullen zien, het zal 'n grote slag zijn voor pa en ma, vooral voor pa. En Rachel, als zij Dinah niet meer zal spreken, zal Holland helemaal geen aantrekkingskracht meer voor d'r hebben. Maar... toch zal het leven verder moeten gaan. Ach, laat de Vrede niet alleen teleurstellingen meebrengen, bid ik elke ochtend.

Misschien was het meisje wel bang dat Rachel een spion was, zijn we later tot de conclusie gekomen, waarom moet zij haar zomaar ineens vertrouwen? De mensen vinden het nog niet prettig als je komt (Rachels baas is ook altijd heel erg kort, niet onvriendelijk maar... ja, 'k weet niet wat). Als dat ons na de oorlog ook maar niet tegen zal vallen. Wij stellen ons voor dat ieder dolblij zal zijn ons weer te zien en te ontvangen.

Bij haar hoorde Rachel van die parachutisten bij Zwolle. Beneden heeft Rachel er niets van verteld, dat ze op 'bezoek' was geweest. Wel dat ze bij een bloemist bloemen heeft besteld (donkerrode en witte tulpen, prachtcombinatie, hadden wij ook laatst hier) voor de 'baas'. Laten we de laatste weken voorzichtig zijn, opdat wij niet van het *Haagse Veer uit de vrede tegemoet zullen treden.

Vrijdag 13 April [1945]

Gisteren Roosevelt overleden! Werkelijk een tragedie. Heel zijn leven opgeofferd om vrede in Europa, in de hele wereld, te scheppen, en een paar weken voor hij die vrede aanschouwen kan sterft hij. Arme man; nu komt hij ter verantwoording te staan tegenover God. Roosevelt, die vrede wilde, heeft echter miljoenen soldatenlevens op zijn geweten. Zou hij daar verantwoordelijk voor gesteld worden? Moesten Engeland en Amerika Duitsland maar hebben laten oprukken totdat het de hele wereld bezet zou hebben, en overal zouden zulke vreselijke toestanden geheerst hebben als hier nu heersen. Neen! Maar men mag toch niet doden? Dus toch ook geen oorlog voeren? En waarom hielp God de Joden dan in de woestijn, toen ze tegen de *Filistijnen vochten? Toen hoorde God Jozua's roep om hulp. Dat was ook oorlog, en nog wel tegenstrijd door God? Is dit geen tegenstelling in de Bijbel? Heeft een mens wel een 'vrije wil'? Tot nu toe was ik er overtuigd van: Zijn wil staat boven alles, dus boven ons willetje en beheerst haar. Maar hoe kunnen wij dan ter verantwoording geroepen worden na onze dood? Dan zouden wij nooit zondigen, nooit verkeerde neigingen hebben, want alles Gods wil. Dan zou de hele wereld rechtschapen zijn en dit is ze helaas

2. ONDERDUIK, 1942-1945

niet. De mensheid zondigt, voert oorlog, is slecht, heeft ze dan toch een eigen wil. Ik geloof dat ik dat geloof. 'n Mens wordt geboren met goede en kwade (overgeërfde) neigingen. Deze kunnen we met ons verstand regeren en laten kiemen. Handelen goed of slecht met onze vrije wil, maar... zodra er iets groots besloten moet worden, grijpt God in. 'De mens wikt, God beschikt'. Roosevelt wikte, dit of dat doen met Duitsland, maar God zelf beschikte over hem, en zal beslissen wat er met hem gedaan zal worden. Zou hij een betere plaats dan Hitler krijgen? Hij heeft toch ook op 'n schandalige manier Duitsland laten vernielen, ook soldaten levens laten verwoesten. Maar tot zijn voordeel is te zeggen, geen mensen vervolgen en plunderen. Misschien soms wreed, maar dat zijn we allen, maar als mens edel, en een goed staatsman.

Vrije of eigen wil? God is almachtig, kan zich best elke minuut met ieder bezighouden, maar wacht geloof ik af hoe de mensheid handelt voor op 't beslissende ogenblik in te springen. Ik zal nog wel eens van gedachten veranderen wat dit betreft, want wat weten we van het leven af? Wat is het doel van het leven? Zalig sterven? 't Eeuwig leven verdienen in de Hemel? Waarom zijn we geschapen? Ma II zegt (katholieke gedachte?) *"om God te dienen en te verheerlijken", maar dit kan ik haast niet geloven. Lijkt me zo egoïstisch en egocentrisch van zo'n altruïstisch Wezen. Waarom dan? Opdat God weet waar ons in te delen in Zijn Hemels Land naar onze zonden. Maar vóór onze geboorte, wat zijn 'wij'. Als die wij niet geboren zouden worden, wat zou er dan zijn?

Maar ik word filosofisch. Je komt er toch nooit uit. Gods wil staat bovenal en is ondoorgrondelijk. Hij schiep ons. Ik aanvaard het leven, zal ook later de dood aanvaarden, en wat dan nog later komt. Het doel van het leven en menselijk streven, misschien kom ik 't later nog wel eens te weten. Nu denk ik nog wel eens als ik iets doe: "Wat heeft het voor zin?" (uit het Eeuwigheidsstandpunt dan) Je hoeft om te leven eigenlijk niets anders te doen dan te eten. Als je niet eet ga je onherroepelijk dood (zien we in deze tijd). Maar anders ga je uiteindelijk ook dood, en dit zijn we nu op weg te gaan. Dit is ook geen leven. Hier op 't ogenblik zorgt iedereen maar voor eten, en nog eens eten, net of er niets belangrijker is. En dit zet zich toch allemaal om in stof, net als ons lichaam na de dood. En als we niet eten gaan we dood. Maar daarom (om zo gauw te sterven) zijn we niet geschapen. Anderzijds gaan we niet voor onze tijd, vicieuze cirkel. Wij leven, laten wij er dankbaar voor zijn, en aanvaarden.

Zondag 15 April [1945]

De geallieerden staan voor Apeldoorn! Daar wordt hevig gevochten. Maar ze zijn ontzettend opgeschoten. 't Leger van Almelo is via Coevorden opeens opgerukt naar Ter Apel. Vorig weekend gehoord, maar ik geloofde het nog niet. Nu zijn de berichten bevestigd. Zelfs staan de geallieerde voorhoedes vóór Groningen. Overijssel, Drenthe en Groningen zijn in een minimum van tijd bevrijd.

Nu hebben we net aan tafel een prijsvraag uitgeloot. Waar zitten ze volgende week zondagmiddag? Ik zeg Soesterberg, maar bij nader inzien geloof ik nooit dat ze werkelijk naar Amersfoort zullen gaan. Deze stad is toch veel te verdedigd, waarom zoveel troepen wagen. Veel waarschijnlijker is het Gooi of Driebergen of zoiets. Pa II zei Amsterdam! Canis Gouda, Pa Utrecht, Rachel buitenwijken Utrecht, ma de optimist Vrede. Wie heeft gelijk? Allen hopen... ma.

Dinsdag 17 April [1945]

Ma gisteren jarig geweest. 49. Jammer, haar mooiste jaren slijt ze in ballingschap. Nu als ze tevoorschijn komt 50, vrouw van middelbare leeftijd al. Maar ze ziet er nog jong uit en voelt zich gelukkig jong, en zal nog veel jonger worden als ze tante Dora of Onkel Iziu maar terug zou zien. Het was 'n echt prettige dag, met echt 'n verjaardagssfeer. Pa en ik hadden elk een boterham bewaard van het Rode Kruis-brood. Rachel een peen geschrapt, die met een lintje erom aangeboden werd. Maar 't blijst was ma met een flesje eau de cologne, dat Mies met veel moeite (en veel ruilen) op de kop heeft kunnen tikken. Van de familie Zijlmans kreeg ma een prachtboeket: 4 witte en 4 paarse seringen, met sneeuwballen, schitterend en... een tube tandpasta (ook geruild, want is in heel Rotterdam legaal niet meer te koop). 't Was prachtig weer en Mies drong eropaan, dat ma en Ma II de bloesems zouden gaan bekijken in de Heemraadssingel. En ma heeft het gezien. Fijn voor d'r, want het is zo goed om een beetje lucht te happen, en weer geestelijke moed te scheppen (alhoewel mama erg neergeslagen was van de ellende op straat). Ondertussen hebben wij een privé-thee boven aangericht (zonder thee): Bram had nl. voor ons allemaal een boterham bewaard en 3 hebben we erbij...gegapt, zodat ieder 3 halve kreeg: 1 met kaas (eerlijk zondag bewaard), 1 met een slaatje (sla, daarop tomatenpuree, daarom aardappelprakje van aardappels, tomatenpuree, olie, uitjes, alles gesmokkeld: Pa hebben we 't kropje sla laten halen, want hij wilde ook zo graag uit en... er was toevallig geen sla in huis. 'n Man die één kropje kwam halen, ze dachten zeker een oude vrijgezel! Laten ze!!) en 1 met zogenaamde pindakaas (gerstemoutbloem met gebakken ui, papje van gemaakt). Voor al die ingrediënten was natuurlijk veel moeite nodig. Ten eerste mocht Ma II 't niet zien en voor ma moest het een verrassing blijven. Bloemen boven gezet. Ik heb een heel klein boompje voor ma gekocht (zelf), dat maar... f 1,50 kostte, ik wist niet wat ik hoorde. Ma dacht f 5,-, de prijzen van tegenwoordig in aanmerking genomen. Toen ma thuiskwam, bracht ze heel lange bloeiende bloesems mee, van Ma II gekregen (onderweg stond een man ze te verkopen), heel mooi, feestelijk echt. Pa II kwam thuis en Bob ook net, hij gaf ma... 5 sigaretten. Reuze geschikt van hem, 'n echte verjaardagsdrukte ineens. Toen naar boven. Onze afternoon-tea gebruikt. 't Was mieters. Zo knus onder elkaar. 's Avonds mislukte, pannenkoeken gebakken van gerstemoutbloem, 'n kleverige massa werd het. En naar bed. Lang leve ma!!!

Donderdag 19 April [1945]

35 kilometer van Amsterdam!!! De Canadezen zijn ontzettend snel opgerukt. Gisteren Barneveld en nu Naarden. Maar de moffen hebben de dijken doorgestoken, zodat het hele gebied onder water loopt. Eén geluk is er, dat is de oostenwind. Maar Canadezen, Britten, Polen doen alles om het water te keren. Zou Amsterdam dan toch voor Rotterdam bevrijd worden?

Ach, de nood is hoog, heel hoog. Ik was laatst even op straat, overal zijn ruilbeurzen opgericht, winkels waarin oude schoenen, oud speelgoed, baby-uitzetten, keukengerei, enz. te ruil wordt aangeboden voor levensmiddelen of kolen. Alles verruilen ze om wat tarwe of piepers te bemachtigen. 'n Mistroostig gezicht. En wie doet het? Zou iemand, een particulier, 3 mud aardappels kunnen missen voor een keukenartikel? De mentaliteit van nu is: niets heb je nodig, aardappels kun je desnoods in de po koken, maar eten moet je en wil je. Alleen een boerendochter zou 't kunnen, maar die schoften van boeren stikken in de goederen.

Canis wilde zijn schoenen laten aanstikken. Niemand wilde het, totdat één heel redelijk sprak, en zei dat hij vorige week een naald had gebroken, kostte ƒ 3,50. Canis bood hem aan een kilo aardappels. Toen wilde en dorst hij 't risico aanvaarden. Als je nu geen aardappels hebt, of niets kunt missen, wat dan? Niets krijg je gedaan. Nog iets typisch van deze tijd: Ton had naar huis een zakje piepers en uien laten brengen door een kennis per auto. Er zaten ook stamkaarten bij. Onderweg werd 't zakje van de wagen gestolen. Alles weg, ook stamkaarten, dus hevig gedupeerd, mocht er een nieuwe levensmiddelenkaart verstrekt worden. Maar... een paar dagen later kwam er een brief plus stamkaarten van 'de onbekende', die schreef, dat hij uit honger gehandeld had en dus de rest niet kan gebruiken. Als hij nog de piepers betaald had en 't zakje teruggestuurd, was het helemaal correct geweest... Dagelijks mensen, die om 1 aardappel vragen aan de deur. Wij hebben, dus geven, maar niet velen zullen 't kunnen. Neen, ellende, en daarom is 't zo goed dat de bevrijding nadert. De nachtploeg brengt chocolade, vet en sigaretten mee, wordt er hier verteld...

Maar eerst moet de stad veroverd worden en dat gebeurt met kanonnen, artillerie en bommen. Duitsland wordt elke avond nog hevig gebombardeerd, er blijft maar zo'n klein stukje over, want Hannover vorige week bezet, gisteren Maagdenburg, in Leipzig wordt gevochten, 30 km. van Hamburg. En nu beginnen de Russen ook met hun offensief. 3 km van Berlijn staan ze. De Russen en geallieerden 20 km van elkaar. Spoedig reiken zij elkaar de handen. In Berlijn?

Waarom vechten de stomme Moffen nog? Diep in 't midden der Heimat wordt gevochten en nog volharden zij. 't Roergebied is vrijwel geheel bezet. Stel je voor, echte Duitse industriesteden, bezet: in Essen, Duisburg, Schuppenthal marcheren Engelsen. En... de Duitsers mogen één uur per dag op straat. Dat vind ik zo mooi, 1 uur worden ze gelucht, zij die ons beperkten worden beperkt. Krijgsgevangenen loopt in de honderdduizenden. Andere plaatsen wordt weer hevig gevochten. Maar de opmars naar de vrede gaat gezwind.

Vrijdag 20 April [1945]

20 km. van Amsterdam. Last van water.

Zondag 22 April [1945]

Uitslag wedstrijd. Net aan tafel heeft Bram 't vergeten briefje met onze namen en antwoorden geopend. Mijnheer had Amsterdam gezegd, maar daar horen we niets meer van. Of het waren weer loze geruchten, evenals die Dolle Dinsdag in september, of 't was een patrouille die zeer 'vooruitstrevend' was. We besloten dat Ton met Amersfoort gewonnen had (alhoewel Amersfoort nog niet in geallieerde handen is). Volgende week weer. Ik dacht Aalsmeer, omdat ze Amsterdam zullen laten liggen, ten zuiden doortrekken richting Rotterdam via Haarlem. Anderen weer Utrecht of Amsterdam. Bram zelfs Den Haag. Canis Hillegom. We zullen zien. Wat veel belangrijker is: Russen staan aan de buitenwijken van Berlijn!

Woensdag 25 April [1945]

Van Amsterdam horen we niets meer, wel dat het water in de Wieringermeerpolder hoog staat. De ellendelingen hebben zelfs de sluizen van IJmuiden opengezet bij vloed, zodat het hele land onderloopt. Zelfs Amsterdam is geloof ik niet geheel droog meer. De Britten hebben er erg veel last van. Misschien daarom de opmars gestaakt? Toch wordt hardnekkig beweerd dat Naarden bevrijd is. Nu zitten ze in de Bommelerwaard, nagenoeg geen tegenstand. Appingedam bevrijd. Wageningen en Renkum moeten zwaar beschadigd zijn, Ede niet. Maar dit zijn alle onbeduidende plaatsjes. Berlijn! Berlijn is voor één derde in handen der Russen! Maandagochtend hoorden we dat ze binnengetrokken waren, en nu nog maar 2 km van Unter den Linden (centrum) op één plaats. Hitler is naar Berlijn om het opperbevel der verdediging persoonlijk op zich te nemen! Ik wilde dat hij er persoonlijk sneuvelde, dan was het einde er werkelijk! Want naar het einde snakken we allemaal. Ik zou wel weer eens iets anders willen doen dan kamers stoffen, dweilen, aardappels schillen (ruim 20 kilo per dag, ik kan het al ongelooflijk vlug), enz. enz. Mijn aspiraties zijn nog wel iets hoger. 's Middags doe ik wel iets anders, maar toch niet je ware. Die paar uurtjes dat ik tijd heb per dag. *"Hauptperioden der Deutschen Literatur" doe ik nu. Ben aan de klassieke periode: Goethe en Schiller, schitterende gedichten, en dan de Faust. Prachtig, maar moeilijk te begrijpen als je hem voor de 1e keer leest, die allegorieën. Vanmiddag heb ik voor het eerst dit jaar op het dak gezeten, gewerkt. Er was gelukkig niemand.

De Engelse regering deelde de Duitse Wehrmacht mede, dat voor de hongerlijdende bevolking in West-Nederland levensmiddelen uitgegooid zullen worden, die door de Duitsers gedistribueerd moeten worden. Op die transportvliegtuigen mag niet geschoten worden. Hoe zal dat moeten gaan? Als ze neergegooid worden, kan de bevolking ze toch ook oprapen, en dan zal één 100,= en de ander geen hebben. Waarom doen ze het niet gewoon via Rode Kruis? (morgen weer een half brood en 125 gram margarine van Zweden) Zou dit te langzaam gaan? Of zou er dan teveel bij de moffen blijven kleven, nou, dan nu zeker! Wijst dit erop dat ze nog niet zo erg vlug komen? En wij wachten elke dag op parachutisten!

Donderdag 26 April [1945]

Gisteravond een paar mensen gelukkig gemaakt met... een sigaret. Pa had niets meer te roken (er was de hele week beneden geen shag blijven slingeren) en een pakje sigaretten van ƒ 75,- kan pa en wil pa zich niet veroorloven te kopen. De laatste beetjes die ik 'achter de hand' had, waren ook al op. Toen wilde pa mijn Berlijnse Consi hebben: een halve sigaret die ik van mijn verjaardag af nog bewaard heb om op te roken als Berlijn gevallen is. "Berlijn is nu toch al voor een derde bezet, geef hem nou". Maar ik hield voet bij stuk, zoals ik al zo vaak heb moeten doen, want als er niets te roken valt, willen ze hem mij afhandig maken, maar eenmaal voor Berlijns val bestemd, blijft hij ervoor. Toen gaf ik mijn laatste voorraadje maar, een sigaret die ik met Pasen van Bram of Rachel gekregen heb. Met ma's verjaardag al willen geven, maar toen kreeg mam er toch 5 van Bob. Dus gisteren kreeg ieder 2 trekjes en floeps, weg tot vanavond, de sigaret. Jammer, pa is vol wrok, beneden, we hebben de hielen nog niet gelicht, of ze steken allemaal een sigaret op (zelfs dikwijls al als we nog niet weg zijn). Maar wat moeten we doen? Zij hebben ook maar beperkt en het is erg duur, moeten ze daar ook nog van delen? Een enkele keer wordt er wel eens één aangeboden, maar als je nooit eens terug kan presenteren is dit ook niet zo aangenaam. Maar wat wil pa dan? Waarschijnlijk wat we allen willen.

Zondag 29 April [1945], ochtend.

Hitler stervende. Göring door Himmler doodgeschoten. Himmler bood gisteravond onvoorwaardelijke overgave aan. Gek van vreugde allemaal.

's Middags

Engelse transportvliegtuigen waren net hier en gooiden levensmiddelenpakketten uit boven Waalhaven (ze waren al gekomen, onderhandelingen over). Allemaal op dak, enthousiasme, gezwaai, gegil. Net al vrede.

Zondagavond

Hitler heeft nog 48 uur te leven, volgens de geneesheren. Wat hij heeft weten we niet. Gisteravond hoorden we al dat Himmler de voorwaarden ter capitulatie aangevraagd had. Wat waren we blij. Eindelijk de vrede werkelijk in 't zicht. En vanochtend uit de kerk holden ze naar huis om ons te vertellen dat Himmler onvoorwaardelijke capitulatie aangeboden had én de andere goede berichten. En vanmiddag nog dat prachtige gezicht van vliegtuigen die geen bommen, maar pakjes lieten vallen. Bij elk gevallen ging een gejuich op. Heel laag kwamen de 'vijandelijke' over en er werd niet geschoten! Wat dan ook de afspraak was. Eerst wilden de moffen het niet

2. ONDERDUIK, 1942-1945

toelaten, bang dat er foto's gemaakt zouden worden als ze laag kwamen of parachutisten afworpen [afwierpen], maar nu overeengekomen dat ze boven een afgezet gebied zouden gooien. Gelukkig dat er uitkomst komt, niet zozeer voor ons, want wij hebben toch wel copieus gedineerd (soep, aardappels, erwtjes en vlees, rantsoen van 3 weken, daar er de hele tijd niets te krijgen was), maar de rest van de West-Nederlandse bevolking die op rantsoen leeft (1 kilo piepers per week, meer niet), die kan bijkomen.

Ik hoop vannacht te kunnen slapen, vannacht werd ik om half 6 wakker, van emotie en kon niet inslapen. Zenuwen in mijn buik, die ik vannacht heel poëtisch 'vrede zit in mijn buik' noemde. Het weer is ontzettend gieten!

Maandagavond 30 April [1945]

't Sneeuwt, buiten is het net een natte, koude decemberdag. Dat is geen weer voor parachutisten?

's Avonds

Vandaag werd door Radio Bern omgeroepen dat Hitler overleden was (wegens hersenbloeduitstorting). Welke plaats in de hel zou hij krijgen? Maar misschien is het wel helemaal niet waar.

Vanmiddag waren weer Engelse Lancasters hier en strooiden pakketten uit. Zij bevatten vlees, suiker, thee, meel, kaas. Ik heb nu al diarree, van dat beetje Zweedse boter, en dan?

Dinsdagmiddag 1 Mei [1945]

Vanmiddag zal Churchill een rede houden! De vredesvoorwaarden zijn door hem in overweging genomen vandaag en de capitulatie moet onvoorwaardelijk zijn (of zou dat allemaal nog conventie zijn?). 1 mei, wel een prachtdag van de vrede,

Dag van de Arbeid, Rusland... Maar 't weer werkt niet mee, koud, regen en Ma II is ziek, duizelig, koortsig, naar. Jammer, nooit is het hier op dit tranendal volmaakt. De stemming is prettig, maar Ma II is weer niet aanwezig, de altijd vrolijke optimist (alhoewel het nu niet meer nodig is dat er moed ingesproken wordt). Jammer, maar de vrede is er nog niet, en dan is ze misschien al beter. Bram heeft echter zijn pakje shag al opengemaakt, 't oude vooroorlogse pakje Golden Shag van 37 cent (*f* 150,- nu). Lang gewacht, maar vanochtend kon hij het niet langer dichthouden. 't Is toch al zo goed als vrede. Ieder 8 sigaretten, de stugge rokers, Rachel, Ma II en ik 3 en voor Manus ook 3 bevochten. Als we die maar vlug terugzien. De laatste brieven aan hem afgestuurd zijn teruggekomen, hij was al weg. Waar?

Woensdag 2 Mei [1945]

Vandaag officieel verklaard dat onze Führer overleden is op 't veld van eer. Generaal Dönitz is zijn opvolger. Wat een sufferd, een rotvent. Aan Rusland wil hij niet capituleren, tot de laatste man vechten. Himmler de overgave afgewezen. 1: aan alle staten moet tegelijk overgave aangeboden worden, 2: is hij niet de vertegenwoordiger der regering. De vredestemming is weg. Heel prozaïsch schillen we aardappels (3 emmers per dag!!) en wassen af (voor zover er water is) en wachten. Gistermiddag zaten we letterlijk op iemand te wachten, die kwam vertellen dat de wapenstilstand afgekondigd was. Maar neen... niets ervan. Het zal zelfs nog wel een weekje duren voor Dönitz tot de conclusie komt dat alle mannen werkelijk weg zijn. Hier in Nederland is de strijd geloof ik geëindigd. Levensmiddelen worden nog uitgeworpen, de vliegtuigen komen zo ontzettend laag over. Vandaag pamfletten uitgegooid. De Waterweg is vrijgegeven (snap je dat nou?) en er komt binnenkort een schip aan met levensmiddelen, begeleid door een loods die de mijnen aan zal wijzen. Er komt veel, maar we zien nog niet veel van 't ene gevolg van 't andere. O ja. Mussolini en 15 trawanten door partizanen terechtgesteld. Tentoongesteld op een plein, ieder gaf er een schop tegen. Grote mannen gaan en worden vergeten. Roosevelt, Hitler, Mussolini, Göring.

3. Bevrijding, 1945

Vrijdag 4 Mei [1945], 9 uur 's avonds.

Vrede. Voor Denemarken, Noorwegen, Helgoland, Nederland. Morgenochtend om 8 uur wapens neerleggen. Officieel door Dönitz ondertekend.

Zondag 6 Mei [1945]

Blij en gelukkig. Oh, wat blij zijn we allemaal. Vrijdag hadden we net welterusten gezegd toen we op straat drukte hoorden. Troepen mensen op straat. Ineens, vrede! Canis kwam thuis: wapenstilstand. Iemand kwam er die zelf geluisterd had en bevestigde het. Wij natuurlijk op straat gegaan. "De Wings halen". (pakje vooroorlogse sigaretten van Bram, speciaal voor vrede bewaard) En jawel, iedereen kreeg er één. Vlug paar haaltjes genomen, vóór שבת [sjabbat]. Toen kwam Canis met sigaren... extra bewaard. Toen kwam de borrel... maar daarvoor toch hebben we ons kopje "vredesechte" thee gedronken met suiker (allemaal speciaal bewaard). Het werd voorafgegaan door een plechtig gezongen Wilhelmus. Bram speelde. Ontroerend. Allemaal gestaan en hulde aan ons Koningshuis gebracht.

Bob, die anders niet van die geintjes houdt, stond stram als een soldaat, kijkende recht uit naar één kant. Toen kwam Hatikwa. Ik alleen stond op. Maar het werd me te machtig. Officieel ons volkslied weer te horen spelen, ik begon te huilen en ging weer zitten. Ons Volkslied, waar is ons Volk? Maar spoedig hersteld en weer vrolijk meegevierd en gepraat. Een half glaasje Vermouth gedronken. Om half één naar bed, om half 3 sliepen we nog niet, en praten dat we deden en hard! 't Mocht. Vreugd, blijdschap, dankbaarheid, dat we er zo afgekomen zijn. Dank, Dank God en de uitvoerders van Zijn Wil, onze redders en beschermers.

Eind oorlogsboek.

[zesde schrift: Vredesboek]

Zondag 6 Mei [1945]

Alle indrukken haast niet te verwerken. Vrijdagavond, toen we op straat stonden, heeft Pa II aan onze benedenbuurman verteld dat 2 ½ jaar Joden zijn bovenburen geweest waren. Hij geloofde het eerst niet, want heeft nooit iets gemerkt. Is dat niet prachtig?

Want hoe dikwijls hebben we geen verboden lawaai geschopt. Wel hebben ze zich afgevraagd hoe het kwam dat er zoveel eten naar boven gesleept werd. In één week 4 mud aardappels... Maar nu snapte hij het wel. En niemand heeft het geweten en iedereen is ontzettend blij ons te zien. Prettig weer eens 't middelpunt te zijn. Mensen, die naar jóu toe komen om te feliciteren.

Gisteravond werd er nog niet gevlagd in Rotterdam. In Schiedam wel. Ik was even bij Greet Jonkers. Erg blij natuurlijk, maar zij ziet er ellendig uit. Zij hebben het héél, héél slecht gehad. Vanavond mocht ik ze wel aardappels gaan brengen.

Gistermiddag met hele familie bij Nachtegalls geweest. Lieve mensen, Elly een verveeld meisje van 20 jaar, nog altijd even dom, haar verloofde opschepper die doet alsof de Illegale Wereld om hem draait, terwijl hij niet eens aangesloten is, zelfs eruit geschopt is, omdat hij een oplichter is, horen we van een werkelijk illegale strijder Bob. (nu mag ik het wel open en bloot schrijven) Ja, Bob, de ondergrondse strijder. Gelukkig heeft hij niet hoeven vechten. Ja, wij waren de hele tijd in zeer nauw contact met de illegale. Misschien later meer daarover.

Bij Nachtegall waren ook 2 net opgedoken Joden. Fijn! Echte thee, suiker, kaken met boter gehad... Ondertussen weer visite. Simon, een ventje met lange broek, snotneus. 's Avonds doodmoe in bed gerold. Vanochtend zo leuk, we hoeven niet stil te zijn! Mogen lopen en praten, terwijl de familie naar de kerk is. Opeens zien we vlaggen. Wij ook vlug de onze uitgestoken. Oranje, rood, wit, blauw, Amerikaans, Engels. Een ondergrondse collega van Bob kwam mee om de *'Dionne vijfling' te bewonderen en te feliciteren, en wij hem, want pas is hij vrijgelaten van 't Haagse Veer!

Vanmiddag naar Cor. Wat een lieve ontvangst. Leo zit waarschijnlijk nog in Duitsland, maar toch was ze van harte blij ons te zien. Ik heb nog zoveel te vertellen, maar het is zo donker, morgen verder.

Maandag 7 Mei [1945]

Ik ben doodop, was in Kralingen, gelopen! 6 uur. Maar het doel bereikt. Kan dinsdag naar school in de 4e... Duitsland gecapituleerd. In Europa heerst vrede.

Dinsdag 8 Mei [1945]

Leven is één genieten, ik ben geen moment thuis. Prachtig weer. Rachel en Bram naar Amsterdam op tandem, om Borah te zoeken.

Woensdag 9 Mei [1945]

Heb boeken gehaald, haast allemaal. En Cor Blaak, ons oude dienstmeisje, was vanavond op visite. Wel gezellig.

Donderdag 10 Mei [1945]

Bij een pitje schrijf ik. Ik heb een Canadees aan de haak geslagen. Bij de Nachtegalls waren we vanavond, ontzettend gezellig, daar waren 3 Canadezen. Eén vooral voelde zich zeer tot mij aangetrokken. Aardige, maar ontzettend onbeleefde jongen. Zoen bij afscheid weigerde ik pertinent. Wat mis ik nu mijn Engels...

Vrijdag 11 Mei [1945]

Eindelijk even rust om te schrijven. Het weer is schitterend: te mooi, te warm bijna, maar we zijn haast de hele dag buiten. 's Ochtends op dak aardappels schillen en dan uit! Uit, vrij, vrede, niet te geloven. Ik besef het nog niet helemaal, dat alles nu geleden is, de goede oude tijd weer terugkomt.

Een poging wagen om alles een beetje te vertellen. Zondag zijn we nog bij alle mogelijke mensen geweest. Iedereen dolblij natuurlijk. Lerares van lagere school Van de Schaaf had een theekransje van nog 6 oude vrijsters onderwijzeressen bij zich. Elke van hun had ook weer iets gedaan of wist iets. Illegaliteit is legaliteit geworden. Ik moet tafeldekken, komt weer niets van schrijven.

's Avonds

Rachel en Bram thuis. Borah gevonden! Ze leeft! Maar 't arme kind dacht dat haar ouders veilig gedoken waren en nu kreeg ze de klap, is er erg down onder.

Zondag 13 Mei [1945]

Wat ben ik blij. Borah is er nog! Ik hoop dat wij spoedig een eigen huis krijgen, want dan kan ze tenminste bij ons komen wonen. Ze is nu haar hele leven al in een boerenomgeving geweest, hoog tijd dat ze een beetje met (stads)mensen leert omgaan. Fijn voor Bram, alhoewel hij meer steun heeft van Froukje, de oudere van de familie. Waarschijnlijk is ze uitgewisseld naar Palestina, dus niet eens zeker. Ach, de gezinnen liggen zo uit elkaar. Voor velen is Vrede geen echte Vrede. Mannen die in Duitsland zitten, vrouwen wachten op hen, maar hoevelen tevergeefs? Toen Duitsland zo gebombardeerd werd zijn ook buitenlandse arbeiders gedood, maar ieder hoopt voor zich.

Maandag naar Kralingen getippeld, moest de directrice (Steensma) spreken van het Lyceum. Wel 'n aardig mens, oppervlakkig beschouwd; vond mij een beetje heetgebakerd geloof ik, daar ik haast zette achter 't boeken krijgen. Enfin, overmorgen aan de slag en hard werken om 't bij te kunnen benen.

Dinsdag heb ik naar de Wijlers geïnformeerd. Sam was in de stad, niet thuis, maar met zijn officieuze verloofde (Henny v/d Bosch) op stap. 'n Niet-Joods meisje, jammer. Hij, die onderwezen heeft dat hoogste graad van assimilatie het gemengde huwelijk was! Consequent, bah! Zijn vader is gestorven in Westerbork, Wiet is in Brabant, de rest in Zwitserland of gedoken vanuit Westerbork, ontsnapt of uitgewisseld in Celle. De andere Wijlers gedoken, van Barneveld ontsnapt, zelfs Jet met 2-jarige baby. Sam heb ik gevraagd eens aan te komen om alles te vertellen, en dan kunnen we weer eens spreken over 't wederopbouwen van de zionistische vereniging. Ik wil eerst m'n H.B.S. afmaken, dan naar een landbouwschool voor Palestina en tenslotte werkelijk gaan! Hier is toch niemand meer, echte kennissen hebben wij nog niet gezien, en we vrezen met bange vreze.

Donderdag bij Swidde geweest. Hij had 3 koffers van ons, die wij weer van Duitse Joden in bewaring hadden. Hij heeft ze niet meer. De moffen gestolen. Bij huiszoeking ontdekt en mevrouw door zenuwachtigheid verraden, dat ze gebracht waren door "ik weet niet wie". Mevrouw heeft nog 6 maanden 2 Joodse meisjes in huis gehad, maar het is verraden. Toen waren ze gelukkig al weg. 6 maanden in Vught gezeten daarvoor, maar heeft het tamelijk naar zijn zin gehad, zelf geen marte-

3. BEVRIJDING, 1945

lingen ondergaan, maar veel gezien. Daarna gingen wij even aan bij de Nachtegalls. Toch maar even naar boven gegaan. Hele kamer vol mensen. Kruiken jenever op tafel. Eensklaps muziek. Meisje komt met accordeon, speelde reusachtig. Toen ging de deur open: 3 Canadezen komen binnen. 'God save the king', 'Stars en stripes' gespeeld. Gedanst en gerookt en gegeten. Er waren mensen die vlot met ze konden spreken, met mij ging het maar zo-zo, ik wist ook niet wat te zeggen. Ze gaven sigaretten! Pakken en pakken. Op dat avondje zal zo'n ± 250 (ruim) sigaretten gerookt zijn (niet alleen gerookt, want vele[n] hebben er ook een paar in hun zak gestopt, pa voor de familie Zijlmans een paar). Ik heb geweigerd op één keer na, ik wilde ze niet het idee geven dat ik met ze danste, alleen maar voor een sigaret, zoals veel mensen op straat hen aanhouden en bedelen om chocolade, sigaretten, enz. Onbeleefd zijn ze ook, dansen met een sigaar in de mond, een glaasje in de hand. Toen één mij dat wilde lappen, nam ik rustig 't glaasje weg en zette het op het buffet. Kauwgum kauwen ze aan één stuk door. Erg verlegen zijn ze. Eén vroeg d.m.v. een ander meisje of ik naast hem wilde komen zitten, hij was te verlegen 't zelf te vragen (zei hij zelf). Geantwoord dat ook ik 'timide' was. Eén kende zelfs een paar Poolse woorden, want woonde in 'the Polish settlement', werkte in een spoorwegmaatschappij. Doodeenvoudige jongens waren het maar, één een beetje betere, die zich een beetje afzijdig hield, weinig sprak, niet danste. Zeker te moe, want ze fuiven al zoveel!! En dan die zware schoenen.

Om 10 uur gingen we weg (om 11 uur moesten we thuis zijn). Omarming en zoen gelukkig afgeweerd. Laat hij dat maar aan de Canadese girls overlaten.

's Ochtends was ik bij Mr. Oskam gaan informeren of hij iets van Hannele Franken gehoord had. Nog niets, maar hij was ervan overtuigd dat ze terug zou komen uit Theresiënstadt. Reuze aardige man, vertelde van alle mogelijke mensen die opgepakt waren. Maar kan onmogelijk alles onthouden.

Heel optimistisch. Misschien heeft hij wel gelijk. Sta er een beetje sceptisch tegenover nog.

Dinsdag 15 Mei [1945]

Vandaag naar school gegaan, maar het feest ging niet door. Tot volgende week woensdag nog vakantie. Aan één kant heel jammer, weer minder tijd om in te halen: en het is massa's wat in te halen is, want ik was vanmiddag bij een meisje uit de 4e. Heel aardig kind, 15 jaar! (zou ik ook geweest zijn) Schwamm darüber. Verleende mij alle mogelijke aanbiedingen tot hulp, zal zelfs wel dictaten voor mij meenemen. Heel lief van d'r. Ze hebben wel veel gedaan dit jaar en het zal een hele kluif worden voor ik het ingehaald heb, maar I shall try. Schouders eronder (en rug!).

Donderdag 24 Mei [1945]

In die tussentijd veel en weinig gebeurd. Lopen doen we nog altijd veel, maar toch hebben we nog geen eigen huis. Gisteren hebben pa en ma een leeg huis bekeken. Heel geschikt voor ons: groot, pracht atelier, maar leeg! Waar halen we machines en meubelen vandaan? Er was een gang in van 25 meter lengte (alle kamers zijn aan die gang gelegen). Waar halen we die lopers vandaan? Gemeubileerd is niets te huur, tenminste geen kamers zoals wij nodig hebben. Bram heeft al een kamer gehuurd, gaat er vannacht voor 't eerst slapen. Fijn voor hem. Jonge jongen onder toezicht van schoonma en schoonpa weg. Ik kan me voorstellen dat hij zich onder alle goede raadgevingen dikwijls net een schooljongen voelde en kriegel werd. Toch was de verstandhouding over 't algemeen wonderlijk goed. Ik wou dat wij een eigen kamer hadden. Ook hier weg! Doen en laten, huishouden inrichten wat en hoe wij willen. Maar misschien wel gauw. Wij willen 't forceren, zoals ook wij de vrede wilden forceren, toch kwam hij!

3. BEVRIJDING, 1945

De voedselpositie is al direct een stuk verbeterd. Zelfs zo, dat ik geen kaakjes meer kan zien! (wie had dat ooit kunnen denken na 3 dagen al!) Wij krijgen namelijk geen brood, maar kaken, harde, zoete, voedzame dingen. Deze dagen heb ik er zoveel van gegeten dat ze me tegenstonden. Nu gaat het alweer. Maar voor een boterham zou ik toch wel weer iets geven! Ook krijgen we 1 ons boter per week, 1 reep chocolade, vlees, busje met vlees, peentjes, ½ pond suiker, 1 kg aardappels, de ondervoede mensen weer lekkere dingen als brood, vet, vlees. Voor Pinksteren krijgen we allemaal wat thee, zeep, haring (Zweedse Rode Kruis). Vele gaan vooruit en dit is de hoofdzaak. Veel is het nog niet, maar meer dan 1.2 brood en 1 kilo aardappels en 3 kilo suikerbieten per week, dat wij onder Duits regiem kregen. De Duitse gevangenen zullen voorlopig dit rantsoen krijgen! Heel zielig voor ze, maar verdienen doen ze 't. *"Mit dem Massen wird er gemessen, womit du messt".

Gisteren hadden we een bijeenkomst van leerlingen en oud-leerlingen, docenten, ex-docenten, directrice, ex-directrice in de Beursstraat. Juffrouw van Dullemen was door de moffen geschorst toen zij weigerde de namen van de meisjes te leveren die een bepaalde leeftijd hadden bereikt. Prachtig natuurlijk en iedereen was dan ook vol lof. Ook vol lof over de waarnemend directrice, die een zo moeilijke taak in moeilijke tijd had. Wethouder De Groot en Dr. de Koe aanwezig. Iedereen gesproken, was helemaal niet vervelend, heel interessant zelfs. Na afloop heb ik verscheidene docenten handjes gedrukt. Haast niemand herinnert zich mijn naam, maar als ik hem noem, gaat er een licht op en volgt een extra felicitatie (verwarren mij met oud-leerling soms).

Morgen begint de school werkelijk. Van de week al gewerkt, veel ingehaald, maar nog niet bij. Ik hoop maar dat er de zomervakantie doorgewerkt wordt dit jaar (nog nooit zo ijverig geweest, maar dan hoef ik tenminste niet dit jaar ook nog te verliezen).

Vrijdag, שבת [sjabbat], waren we in sjoel. Broer Vleeschhouwer leidde de dienst. Heel goed. Wat heb ik al die jaren niet gewacht op dat ogenblik God te kunnen danken in Zijn eigen Huis en nu gebeurt [het], want de sjoel was helemaal intact gebleven: de huisbaas had het gewoon gesloten en het is nooit gevorderd. 3 Canadezen waren aanwezig. Een *Canadese veldrabbijn (?), één beweert wel, ander zegt gewoon vrome Jood, hield een speech in 't Jiddisch, sterk vermengd met Amerikaans, toch heel goed te volgen. Noodzakelijk voor ons Joden terug te keren tot geloof en tot eigen land, Palestina! Was heel goed, plechtig! Broer + Greet Vleeschhouwer, dappere mensen, zij zijn hun 2 kinderen kwijt van ± 10 jaar. Toch leven ze moedig voort. Leen Wijler was er ook, zij wil met de eerstvolgende boot naar Palestina. Kennissen niet veel ontmoet, alleen mevrouw Jungholz. Zij is grootmoeder geworden: Rosi heeft een baby van 5 maanden, is niet gelukkig, want haar man (30 jaar ouder dan zij) is een brutus, een tiran, een... ja, geen woorden voor zoiets slechts. Ze wil direct scheiden natuurlijk. Sam Wijler ook even gesproken, maakte excuus dat hij nog niet geweest was, maar had het ontzettend druk. Wij ook, dus dat geeft niet. Toch niet attent.

Wij hebben iets ontzettends gehoord: Carel Kaufman is zijn leven geëindigd als Gestapo-agent. Ik kan het me nog niet indenken. Altijd een aardige, vlotte, geestige vent geweest. En verrader geworden, als Jood des te schandelijker. De bewijzen zijn te overtuigend dan dat we eraan kunnen twijfelen. Hij heeft in Westerbork in een strafgevangenis gezeten. Hetty Wijler heeft met hem gepraat daar, dus het is een feit. Later is hij weer in Rotterdam gesignaleerd. Simon de Haan, die pianist waar ik me zo op verheugd had weer te horen na de oorlog, die altijd bij de Vromens voor ons gespeeld heeft, is door hem aangegeven. Bewijzen aanwezig. Zelfs brief door illegale onderschept, die hij geschreven heeft aan S.D.: altijd zoveel gedaan, kan nog meer doen als u wilt... Schoft, schoft, schoft. Jammer, maar onder elk koren is kaf.

3. BEVRIJDING, 1945

Vrijdag 25 Mei [1945]

Op school geweest. Voelde me weer als vanouds. Maar wel oud, alle kinderen nog zo kinderachtig, beseffen nog niet dat ze op school zijn om te leren. Moest me veel voorstellen en geschiedenis vertellen. Ben nog tamelijk veel achter, maar zal wel goed worden.

Zondag 27 Mei [1945]

Net hadden we hier een Jew op visite. Sal Lobstein en Corry Meijer getrouwd door Broer Vleeschhouwer. Rachel en Bram waren erbij. Daar ontmoetten zij hem. Ra is gek op hem. Hij is dan ook een hele beschaafde, aantrekkelijke man. 54 jaar, heeft zoon van 14 jaar in Londen. Hij heeft economie gestudeerd, is leraar, nu verpleger, heeft kortom heleboel beroepen gehad. Nu werkt hij in de *Jewish Relief Unit, *mageen david* op pet en mouw. Vrijwilligers zijn het allen. Hospitaal opgericht waar 56 arme, ondervoede kindertjes bijkomen. Skeletten, zegt hij. Na 4 dagen leven ze op, herkennen je, beginnen te lachen. Een dankbaar werk, een prachtwerk ook. Iedereen was ingenomen met hem, het is dan ook een lieve man. Sprak expres langzaam voor ons, nodigde ons zelfs uit als we eens in Londen komen te komen logeren. Wij hem voor diner uitgenodigd. Maar het is verboden voor soldaten ergens buitenshuis te eten. Toch at hij mee, pro forma: aardappeltje. Een aanwinst voor onze kennissenkring, deze Mr. Lush.

Vanmiddag, ik zat te werken, alleen thuis van onze familie, riep Ma II me: een verrassing, een brief. Direct zei ik: uit Amerika! En werkelijk, uit Amerika. Van een achterneef van mij. Hij is als kapitein in Amerikaanse leger in Maastricht, als wij ons nog in leven bevinden, zal hij ons opzoeken. Is dat niet mieters? Hij woont een etage lager in hetzelfde huis als Onkel Adolf. Zij weten dat we verborgen waren, schreef hij. Wij hadden eens per Rode Kruis geschreven dat wij bij 'Jan' waren. Fijn, zo gauw contact te krijgen met verre overzeese vrienden. Met die Mr. Lush hebben we direct een brief meegegeven. Nu maar afwachten wanneer die komt.

Iedereen vlast op sigaretten. Maar hij rookt zelf niet, zegt mam, zijn moeder is erg gierig. Misschien heeft ie die eigenschap wel overgeërfd? Dan krijgen we niets van hem. Geeft niets. Ons is het alleen om hem te doen. Hij moet ± 27 jaar zijn. Ze willen me direct uithuwelijken, maar ik voel er niets voor.

Woensdag 30 Mei [1945]

Gisteren bij de Engelsen en Canadezen op gezoek geweest. Met een lorry afgehaald van huis, Mr. Lush chauffeur. Nog een paar afgehaald en naar de Putselaan, waar het hospitaal gevestigd is. Sal Lobstein, Broer Vleeschhouwer, Leen Wijler, Arnold van Esso (van Meppel), een jongen die in Dordrecht op hachsjara is geweest, en nog waren aanwezig. Er werd besproken wat we nodig hadden: zionistische lectuur, grammaticaboeken, e.a. grote behoefte aan. Alles in Engels. Uitstekende oefening. Maar de helft versta je er niet van en zelf is het moeilijk je verstaanbaar te maken, want Duits is uit den boze. Gelukkig waren daar een paar meisjes die al een heel aardig mondje Hollands spraken. Ze vroegen ons of we nog iets nodig hadden van ondergoed. Ik vermande me en vroeg om rokjes, maar donderdagavond is er weer een vergadering, dan moeten we maar een lijstje inleveren. Rachel kwam ineens naar buiten met een pan! Gevraagd! Allemaal kregen we een stukje kosher vlees. 't Eerste koshere vlees!

Als je de meisjes onder elkaar hoort praten, kun je er geen woord van verstaan. Zo ontzettend vlug. Een jongeman was er (Sidney Kahn), ± 30 jaar, leraar chemie. Toen ik dat hoorde steeg hij natuurlijk een paar graden meer in mijn achting. Moet een goed zionist geweest zijn, want kon alle woorden van liedjes meezingen, leidde eigenlijk onze avond. Ook donderdag zal hij spreken over "wat is er in Palestina during the war gebeurd". Natuurlijk heel interessant. Ik ga vast verzoeken langzaam te praten.

Broer vertelde dat zijn zwager in *Celle geweest is vorige week. Zijn auto reed over de dijken. Celle, waar al mijn hoop nog op gevestigd was, 100.000 lijken lagen er opgestapeld. Epidemische ziekten geheerst. Als je nog op geen lijst staat van Palestina of Zwitserland moet je de mensen maar afschrijven. Arme Froukje, zij zat ook in Celle, maar op de lijst van Palestina hebben we haar nog niet gezien. Toen Bram het hoorde werden de kringen onder zijn ogen nog dieper, nog ellendiger zag hij eruit, want we hadden nog hoop en nu is alle hoop weg. De Engelsen hebben zelfs schepen met Joden gebombardeerd die onderweg naar Palestina waren. Ja, vrienden, de Engelsen bombarderen de Joden. Het handjevol dat nog over was in de grond geboord door vrienden.

Theresiënstadt zelf is ook gebombardeerd, maar door de moffen. Andere kampen uitgegast. Eigenlijk mag zoiets niet verteld worden. Ik ben er werkelijk ouder door geworden nadat ik 't gehoord heb. In mijn gevoel dan. Direct daarna zette de cynicus Broer een lied in, ik kon niet mee doen.

Naderhand vertelde me één van de meisjes nog van Hollandse afkomst, dat zij een nichtje van 23 jaar heeft dat terugkwam uit Auschwitz. Zij en nog een paar (2 of 3) meisjes konden ontvluchten. Maar volgens mij had ook zij beter dood kunnen zijn. Die ellende, ontzettendheid, die zij daar gezien heeft, laten haar niet meer los. Geestelijk dood, kapot, gek is ze ervan! Een beest ben ik, zegt ze, wie weet waartoe ze gedwongen is door de moffen. Alles hebben we georganiseerd, gestolen! Ontzettend, zo'n kind, kan toch nooit meer beter worden. Wij, als ik eraan terugdenk, kunnen ook nooit meer beter worden. Hier mogen we 't niet meer riskieren, we moeten naar ons eigen land.

Gisteravond zo ontzettend down, wilde alles erbij neer gooien en naar Palestina. Weg van hier, die rotzooi, waar zulke ellendigheden voorgevallen zijn. Eén ding is mij genoemd... en dit is al meer dan genoeg. Wanneer komen er betere tijden? Waartoe dient dit allemaal eigenlijk, dit tranendal, deze doortocht? Allemaal om de hemel te verdienen?

Epiloog

Nadat de vrede er was, gingen we op zoek naar een woning. Naar ons huis konden we niet terug omdat daar meerdere families woonden, vluchtelingen uit het zuiden of zoiets. Na een maand vonden we een woning. De hele tijd bleven we dus nog bij de familie Zijlmans.

Intussen maakte ik de vierde klas M.M.S. af – in één maand. Grote vakantie! Vrij!

Gaandeweg hoorden we van onze familie: onze twee neven en vrouwen vermoord. Tante Dora weg, de twee broers en zusters van mijn vader weg. Ouders van Bram weg. Froukje en Borah kwamen gelukkig terug. Intussen kwamen de soldaten van de *Jewish Brigade naar Holland (na eerder onder meer in Italië en Duitsland te hebben gezeten). Op een zaterdagochtend kwamen mijn ouders van de synagoge (die intussen geopend was) en vertelden dat er Joodse soldaten uit Palestina waren. Ongelovig zei ik: "Joodse soldaten uit Canada of Amerika zeker." Maar nee, echt uit Palestina. Dat gaf veel "inhoud" voor ons. Ze kwamen ons vaak bezoeken (wij waren de enige "echte" familie: man, vrouw, twee dochters), brachten thee, suiker en ander voedsel, dat hielp ons om ze goed te ontvangen.

We kregen ook Hebreeuwse les van die soldaten. We waren met ongeveer tien jonge mensen, allemaal overlevenden van de concentratiekampen of van de onderduik. Het vervelende was dat die soldaten niet lang in Holland bleven, maar doorgestuurd werden naar België of Frankrijk. Zo begonnen we iedere keer weer opnieuw met dezelfde grammatica. Daar had ik geen tijd voor, ik was ondertussen overgegaan naar de vijfde (laatste) klas en stond dus voor mijn eindexamen en had nog veel in te halen. Dus ging ik niet naar de nieuwe leraar Hebreeuws. Mijn zuster ging wel en vertelde me later dat er nu zo een goede en aardige leraar was. Dus ging ik de tweede keer wel. In het kort: we trouwden één dag nadat ik mijn diploma had gekregen...

We kwamen naar Jeruzalem en woonden een jaar bij mijn schoonouders, totdat mijn dochter werd geboren. Het waren schatten van mensen. Mijn man, die al was afgestudeerd als elektro-ingenieur, kreeg werk op het vliegveld. Zijn enige broer sneuvelde, nog voor onze Onafhankelijkheidsoorlog (1948). We kregen nog twee zoons, hebben twintig kleinkinderen en meer dan zestig achterkleinkinderen (tot nu toe). Gelukkig!

Mijn man stierf in 2003. We hadden een gelukkig en heel interessant leven. Nu leef ik al zestien jaar in een aanleunwoning en heb natuurlijk ouderdomsgebreken.

Voor de familie Zijlmans brak na de bevrijding een moeilijke tijd aan. Hun zoon Aad werd in Nederlands-Oost-Indië (nu Indonesië) door de Japanners vermoord. De jongste zoon, Canis, die met Pop trouwde (die op de hoogte was dat we daar ondergedoken waren) kreeg zes kinderen. Bob, de schilder, trouwde ook. Mies trouwde met Ton en kreeg een zoon. Ton werd naar Nederlands-Indië gestuurd en sneuvelde daar. Mies leefde nog vele jaren. Tot ze een hersenbloeding kreeg. Wij hadden nog veel contact met haar. Ze kwam ook naar Israël en kreeg de onderscheiding van Yad Vashem, de onderscheiding van de rechtvaardigen en er werd een boom in hun naam geplant. Ze vertegenwoordigde de familie. Ook nodigden we haar uit naar Washington toen we daar voor een sabbatical waren. Ma Zijlmans stierf al in augustus 1947, nadat ze het bericht van Aads dood vernam. Pa Zijlmans leefde nog tot 1964 en stierf een natuurlijke dood. Manus, de eerste verloofde van Mies, trouwde met een erg lieve vrouw. Ze kwamen ons bezoeken in Israël.

Bram, Ra's verloofde, kreeg direct na de oorlog een hersen-

EPILOOG

tumor en stierf in oktober 1946. Ra en ik wilden op dezelfde dag, 30 juni 1946, trouwen...

Ra kwam in 1947 via Cyprus naar Palestina (dat vanaf 1948 Israël werd) en was een van de weinigen die van Cyprus wisten te vluchten. Ze leerde en werkte als babyverzorgster en trouwde in 1952, kreeg twee kinderen en stierf uiteindelijk in São Paulo in 2003.

Mijn ouders kwamen in 1949 naar Israël en woonden in Jeruzalem. Pa stierf al in 1960, Ma in 1985.

Carmela Mass (voorheen: Carry Ulreich), januari 2016

Achtergronden bij het dagboek van Carry Ulreich

Bart Wallet

Het dagboek geeft vanaf 1941 een inkijkje in het leven van het Rotterdams-Joodse tienermeisje Carry Ulreich. Toen de oorlog uitbrak was zij veertien jaar, bij de bevrijding was inmiddels haar achttiende verjaardag al gepasseerd. Daartussenin ligt een bewogen periode van Joods leven onder bezetting en – vanaf haar zestiende – van ruim drie aaneengesloten jaren overleven in onderduik. De informatie die Ulreich geeft is vaak gedetailleerd, de feiten worden heel precies weergegeven en in de beschrijving van haar emoties is ze ingehouden en overtuigend. Sommige onderwerpen die ze aanroert, raken aan bredere thema's. Deze slotbeschouwing wil extra achtergrondinformatie bieden en tevens laten zien wat de betekenis van het dagboek is als bron voor microgeschiedenis en voor het beschrijven van de emoties die de oorlog opriep. Dagboeken als deze helpen, misschien wel meer dan andere bronnen, om dicht bij de oorlogsgeneratie te komen en hun visie op de wereld, hun dagelijks leven en hun angsten en zorgen.

Bij het uitdiepen van deze thema's verkeren we in de gelukkige omstandigheid dat niet alleen Carry dagboeken bijhield. Ook haar zus, Rachel Ulreich, hield vanaf 16 december 1940 met enige regelmaat haar ervaringen bij. Zij was daarin minder stipt dan haar zus en werkte haar dagelijks leven ook minder uit. Een reden daarvoor gaf zij al direct op de eerste pagina: 'mijn diepste gedachten, komen er niet op te staan, want daar er in het hele huis geen plekje is, waar niet op een goede dag het [dienst]meisje, nu eene Corrie, stoft of boent en het vinden kan of Carry in een ogenblik, dat ze zich verveelt het lezen zal'. Die terughoudendheid maakt dat Rachels dagboek een goede aanvulling is op Carry's beschrijving, maar zelfstandig minder diepgang laat zien. Rachel besloot haar dagboek op 5 december 1946.

Naast Carry en Rachel zette ook vader Ulreich zich op 21 april 1944 aan een beschrijving van hun oorlogservaringen. Hij deed dat in de vorm van twee bijzonder uitgebreide Duitstalige brieven aan zijn broer Adolf in New York. Naast de brief van 21 april, was dat er één gedateerd op 9 mei 1944. In beide gevallen werd er gedurende meerdere maanden aan de brieven geschreven. De laatste brief eindigt met een beschrijving van de eerste naoorlogse synagogedienst in Rotterdam van 12 mei 1945. Uiteraard werden deze brieven pas na de oorlog naar 'Onkel Adolf' verzonden. Bijzonder is dat Gustav de brieven schreef met het oog op een breder publiek. Rachel merkte daarover op: 'Pa heeft in zijn onderduiktijd alles opgeschreven en hoopt het uitgegeven te krijgen in Amerika bij Onkel Adolf.'[1]

Zoals Carry in haar Yad Vashem interview opmerkt, ook onderduikgever 'Pa II' – vader Zijlmans – schreef dagelijks in zijn dagboek. Dat moet een bijzondere extra blik geven op de drie jaren onderduik van de familie Ulreich, vanuit het perspectief van degenen die hun leven riskeerden om vijf Joden te redden. Helaas is het tot op heden nog niet gelukt om ook dit dagboek te lokaliseren.

Dagboeken schrijven was overigens in oorlogstijd voor velen een manier om de ingrijpende gebeurtenissen te verwerken en te documenteren. Naar verhouding zijn daardoor veel van deze egodocumenten geschreven. In het geval van onderduikers speelt daarbij nog extra mee dat het bij uitstek een tijdverdrijf was dat hun dagen vulde. Het belang van dagboeken werd overigens al vroeg breed ingezien. Minister Gerrit Bolkestein riep uit Londen via Radio Oranje het Nederlandse volk op 28 maart 1944 op om dagboeken en soortgelijke do-

---

1 Dagboek Rachel Ulreich, 18 juni 1945.

cumenten te bewaren, zodat die na de bevrijding als bronnen zouden kunnen fungeren om te reconstrueren wat er precies was gebeurd. Die oproep was voor Anne Frank de aanleiding om haar dagboek te herschrijven. Het zal wellicht ook niet geheel toevallig zijn dat vader Ulreich een maand nadien met zijn oorlogsverslag begon.

De verschillende dagboeken, tezamen met allerhande archiefmateriaal, stellen ons in staat een gelaagd beeld te krijgen van de manier waarop het gezin Ulreich samen met Bram de Lange de oorlog wisten te overleven. Via het prisma van deze vijf mensen wordt bovendien het bredere verhaal zichtbaar van de Rotterdamse Joden en de havenstad in de periode 1940-1945.

De familie Ulreich

Carry – formeel Caroline – werd op 15 november 1926 in Rotterdam geboren. Deze stad vormde het decor van haar jeugd, kleurde haar ervaringen en vormde haar horizon. Zij zag zichzelf als een doorsnee Rotterdams meisje, bezocht de openbare lagere school en later de middelbare meisjesschool recht tegenover het woonhuis aan de Witte de Withstraat 59a. Toch maakte ze deel uit van een duidelijke subcultuur binnen de stad, hoewel de grenzen zeker bij de generatie van Rachel en Carry zeer fluïde waren. Het gezin Ulreich was een migrantengezin en maakte deel uit van de Oost-Joodse gemeenschap in de havenstad.

Vader Ulreich werd als Getzel op 2 april 1891 geboren in het Galicische Zagórze, destijds onderdeel van het Oostenrijks-Hongaarse rijk. Het plaatsje Zagórze, in de regio Chrzanów (Krenau), lag 36 kilometer van Krakau en 20 kilometer van het later berucht geworden Auschwitz. Hij groeide op in een orthodox milieu, waarin Jiddisch de voertaal was. Evenals veel Oost-Europese Joden zorgde ook bij Getzel de Eerste Wereldoorlog ervoor dat hij vluchtte en op zoek ging naar een veilige plaats om zijn eigen familie te stichten. In 1919 streek hij neer in Rotterdam, waar hij zich als kleermaker vestigde. Niet veel later, in 1924, verwierf hij de Nederlandse nationaliteit. Daar was hij bijzonder trots op en hij hechtte zich sterk aan zijn nieuwe vaderland.

Zijn huwelijkspartner haalde hij niettemin uit het oude thuisland: een achternicht, Anna Fany Gottlieb, waarmee hij eerst correspondeerde. In 1922 reisde Getzel – die zich in Nederland inmiddels Gustav noemde – naar Polen, trouwde daar en nam zijn bruid mee naar Rotterdam. Anna Fany – geboren op 16 april 1896 – stamde uit een geassimileerde Joodse familie uit Krakau. Zij behoorde tot de relatief kleine groep Poolse Joden die niet het Jiddisch maar het Pools als dagelijkse voertaal gebruikten. Die identificatie met Polen blijkt ook uit het feit dat haar beide broers – Iziu en Maurycy (in het dagboek huiselijk Mondek genoemd) – in het Poolse leger dienden. Anna Fany laat zich in Nederland ook wel Anja noemen.

In huize Ulreich was het Nederlands de voertaal. Rachel – geboren in Rotterdam op 21 november 1922 – en Carry moesten een zo gewoon mogelijke Nederlandse opvoeding krijgen. Alleen moeder sprak met enige regelmaat Pools tegen hen. Dat kwam van pas bij de jaarlijkse zomervakanties als het gezin naar Polen reisde om de families Ulreich en Gottlieb te ontmoeten. Uit het dagboek blijkt ook enige vertrouwdheid met het Pools en met de kaart van Polen. De radioberichten over Polen worden met extra aandacht beluisterd, vanuit de wetenschap dat veel familie daar nog altijd woonde.

In 1938 kwam de zus van moeder, tante Dora Gottlieb, op bezoek in Rotterdam. Door het plotselinge uitbreken van de oorlog tussen nazi-Duitsland en Polen op 1 september 1939 kon zij niet meer terug en bleef ze bij het gezin Ulreich. Dat bleef zo tot in 1941 de Duitse bezetters bepaalden dat alle buitenlandse Joden niet langer in Rotterdam mochten wonen. Tante Dora verhuisde vervolgens naar Utrecht, waar Anna Fany haar elke zondag opzocht. Ook Carry reisde soms af naar haar tante, zo laat het dagboek zien.

Twee neven van Gustav kwamen ook naar Nederland. Zij woonden eerst bij de familie Ulreich in en leerden van Gustav het textielvak. Ze vestigden zich uiteindelijk in Amsterdam, maar hielden nauw contact met de Rotterdamse familieleden. In Carry's dagboeken komen zij dan ook met enige regelmaat naar voren: Juchoes en Peretz Hochfeld. Zij waren zoons van een broer van Gustav. Met achternamen werd in de familie flexibel omgesprongen: naast Ulreich komen ook Ohrfeld en Hochfeld voor.

Gustav begon als 'damestailleur naar maat' en bouwde dat uit tot een kledingatelier voor het vervaardigen van confectie. Daarnaast ontwierp hij ook kleding. Bij de keuze van zijn zakenpartners was Gustav niet altijd even gelukkig. In 1928 had een zestigjarige man die 25 mantels bij dames in de stad moest afleveren, ze verduisterd. Voor de rechter verweerde de man zich dat hij beschonken was geweest en Ulreich hem de mantels in die staat niet mee had moeten geven. De rechter had echter weinig clementie en veroordeelde de man tot een jaar gevangenisstraf.[2] Ondertussen bouwde Gustav zijn bedrijf met succes uit en had voor het uitbreken van de oorlog onder meer het Nederlandse leger als opdrachtgever.

Joods Rotterdam

Aan de vooravond van de Tweede Wereldoorlog woonden 13.000 Joden in de havenstad. Zij vormden met elkaar de derde Joodse gemeenschap van het land, na Amsterdam en Den Haag. Het was een typische Nederlands-Joodse gemeenschap: hoewel er grote diversiteit bestond onder de Rotterdamse Joden, van bijzonder liberaal tot zeer orthodox, maakten vrijwel allen deel uit van de ene Nederlands-Israëlitische Gemeente (NIG) Rotterdam. Dit was een zogenaamde 'eenheidsgemeente', wat inhield dat de formele identiteit van de

---

2 *Rotterdamsch Nieuwsblad* 30 maart en 12 april 1928.

NIG orthodox was, maar de leden vrij waren om hun leven naar eigen overtuiging in te richten. Wel was het rabbinaat orthodox en werden de synagogediensten volgens de orthodoxe ritus gehouden. Bestuursleden van de NIG, vaak prominente Joden uit het zakenleven en de intellectuele elite, hoefden echter zelf niet vroom te leven. Zij ondersteunden uiteraard wel dat de NIG als gemeente de orthodoxie voorstond en in de synagoge handhaafde.

Deze eenheidsidentiteit was iets waar Nederlandse Joden bijzonder trots op waren. Elders in Europa waren in de loop van de negentiende eeuw de Joodse gemeenschappen uiteengevallen in orthodoxe, conservatieve en liberale gemeenten en woedden felle ideologische debatten. De Nederlandse formule van gematigde orthodoxie wist echter alle Joden in de ene Joodse gemeenschap bijeen te houden. Zowel liberaal Jodendom als de ultra-orthodoxie werd gezien als een extreme variant en een bedreiging voor de eenheid.

De migratie van Duitse en Oost-Europese Joden naar Nederland vanaf 1881 – de eerste golf van pogroms in het Russische Rijk – werd dan ook met de nodige argwaan gevolgd. Zij waren immers vertrouwd met andere vormen van Jodendom en brachten die mee naar Nederland. Zeker in Rotterdam werden de Oost-Europese Joden duidelijk zichtbaar. De stad was een van de belangrijke havensteden van waaruit tienduizenden Oost-Europese Joden emigreerden naar de Verenigde Staten en Zuid-Amerika. Vaak bleven deze transmigranten enige tijd in de stad, kregen hulp en opvang van Joodse hulpverleningsorganisaties en bezochten de Rotterdamse synagogen. Een deel van hen besloot zich blijvend in Rotterdam te vestigen en vormde een Oost-Joodse subcultuur in de stad.

Ook de familie Ulreich maakte daar deel van uit. De vriendenkring van de Ulreichs, zo laat het dagboek van Carry zien, werd voor een belangrijk deel gevormd door andere Oost-Joden. Zo komen de families Bialer, Rynderman, Taub, Herschberg en Meerschwam voor. Jiddisch, Pools en Nederlands werden afwisselend gesproken. De Oost-Joden werden lid van de NIG en voegden zich naar het Nederlands-Joodse model. Zij accepteerden het gezag van de Rotterdamse opperrabbijn, sinds 1930 de populaire zionistische A.B.N. Davids. Dat liet echter onverlet dat zij naast de officiële NIG-synagogen aan de Boompjes en de Gedempte Botersloot een eigen synagoge stichtten. De Hollandse synagogediensten waren hen te stijf, te 'protestants' en bovendien waren er verschillen in de uitspraak van het Hebreeuws en de melodieën waarop de gebeden werden gezegd. Zij verenigden zich sinds 1894 in de vereniging 'Agoedas Achiem' met vanaf 1928 een eigen sjoel aan de Kipstraat 76. Daar waren de Oost-Joden 'onder elkaar', zongen ze de vertrouwde gebeden en konden ze vrijelijk hun emoties tonen rond de Joodse feest- en gedenkdagen.

Ook voor de familie Ulreich was de 'Kipstraat' de vaste synagoge. Hoewel het gezin zich strikt aan het kasjroet hield – de voedselwetten – en de Joodse kalender handhaafde, zat een wekelijks synagogebezoek er niet in. Op vrijdagavond werd als vanouds sjabbat gevierd, maar op zaterdagochtend moest vader Ulreich werken en gingen de dochters Rachel en Carry naar school. Wel onthielden ze zich daar van schrijven, één van de activiteiten die op sjabbat niet geoorloofd zijn. Toen Rachel ging werken, moest ook zij zich aanpassen: 'Op kantoor steeds druk, moeten zelfs tot mijn groot verdriet zaterdagmiddag (Shabbath) werken!'[3] Op zaterdagmiddag kwamen vaak vrienden op de koffie. Met deze traditionele, maar niet strenge leefwijze – in zekere zin ook een compromis tussen de orthodox opgevoede Gustav en de geassimileerde Anna Fany – hadden de Ulreichs zich aangepast aan wat onder de meeste Nederlandse Joden gebruikelijk was.

Het sociale leven speelde zich ook grotendeels in 'eigen kring' af. Sinds 1936 was er in Rotterdam een Oost-Joods Verbond, waarvan de bestuursleden afkomstig waren uit de vriendenkring van de Ulreichs. Het Verbond organiseerde le-

---

3 Dagboek Rachel Ulreich, 21 januari 1941.

zingen over literatuur, Jodendom en de actualiteit; verzorgde Jiddische toneelavonden, kende een gezellig clubhuis (Hofplein 6) en een bibliotheek met Jiddische boeken en kranten. In toenemende mate speelde het Oost-Joods Verbond ook een rol bij de hulp aan Joden die in Duitsland en Oost-Europa in de knel raakten door het opkomende nationaal-socialisme. Ook Gustav Ulreich zette zich daarvoor in als één van de leden van het comité dat op 31 maart 1940 een 'weldadigheidssoirée' in de Grote Doelenzaal organiseerde waarvan de opbrengst volledig ten goede kwam aan de Pools-joodse vluchtelingen. Op het programma stond zowel opera als synagogale muziek.[4]

Zionisme

De Nederlandse Joden zagen Nederland als een uitzonderlijk land, het klassieke land van vrijheid en tolerantie. Vanaf het moment dat Joden zich in de vroege zestiende eeuw in de Nederlandse Republiek hadden gevestigd, hadden zij geen vervolgingen gekend. Bovendien hadden zij al in 1796 gelijke rechten gekregen als de andere inwoners van het land. Dit vormde in de negentiende eeuw, tezamen met een vurig beleden liefde voor de Oranjes, de voedingsbodem voor een Joodse vorm van Nederlands nationalisme. Gematigde orthodoxie en Nederlanderschap gingen hand in hand en tekenden de identiteit van de Nederlandse Joden.

Binnen deze context kon het sinds het einde van de negentiende eeuw opkomende zionisme op weinig sympathie rekenen. Het idee dat Joden Europa zouden moeten verlaten om een eigen thuisland in Palestina op te bouwen, werd als een verraad van het Nederlanderschap beschouwd. Bovendien, zo voegden de meeste rabbijnen toe, was het ondernemen van zelfstandige actie om een Joodse staat te bereiken, een ongeoorloofd vooruitgrijpen op de messiaanse toekomst. Alleen

---
4 *Nieuw Israëlietisch Weekblad* 1, 22 maart en 5 april 1940.

dán, als de messias is gekomen, zouden Joden hun oorden van ballingschap verlaten en naar het Heilige Land terugkeren.

Het zionisme bleef daardoor in Nederland een relatief kleine beweging. Onder de Oost-Joodse gemeenschap in het land was er echter veel meer sympathie. Dat vloeide voort uit een diepgeworteld besef dat er een oplossing diende te komen voor de benarde positie van Joden in Oost-Europa, maar ook uit een besef dat Joden zich in eigen politieke bewegingen zouden moeten organiseren. Terwijl in de jaren 1930 in Duitsland en Oost-Europa de druk op Joden toenam, groeide ook geleidelijk aan de steun voor het zionisme in Nederland. Vooral jongeren uit bewust-Joodse families sloten zich aan.

In het hele land ontstonden zionistische jeugdbewegingen die samen de Joodse Jeugdfederatie vormden. Een van de oudste verenigingen, de Amsterdamse Zichron Jaäkov, vormde de inspiratie voor veel andere plaatsen. 'Zichron' had een programma ontwikkeld waarbij zionistische vorming centraal stond: het leren van modern Hebreeuws, 'Palestina-kunde' om het land te leren kennen, ideologische lezingen, muziek en dans. Het idee was dat de jeugd zo voorbereid werd op een leven in Palestina. Tevens vormden de jeugdbewegingen een opstapje naar de volgende fase: de hachsjara. Dat was een programma waarbij in Nederland landbouw werd geleerd, zodat er naast ideologische vorming ook praktische kennis was om na emigratie in te kunnen zetten.

De zussen Ulreich sloten zich bij de Rotterdamse zionistische jeugdvereniging Haäwodah (de arbeid) aan. Ook zij volgden het programma dat 'Zichron' had opgezet. Het dagboek laat zien hoe deze jeugdbeweging de beide zussen een vriendenkring bood, gedreven door een gezamenlijk gekoesterd ideaal. Een deel van de tieners was, evenals de Ulreichs, van Oost-Joodse afkomst. Toch kwam de meerderheid uit 'gevestigde' Rotterdams-Joodse families, zoals de Wijlers. Het zionisme sloeg zo een brug tussen van oorsprong Nederlands-Joodse, Oost-Joodse en enkele Duits-Joodse jongeren.

Het dagboek van Carry Ulreich laat zien dat het zionistische verenigingsleven, ook na het verbod in het najaar van 1941, ondergronds nog geruime tijd doorging. Nieuwe besturen werden gekozen, lezingen georganiseerd, kinderprogramma's opgezet. In januari 1941 werd Rachel gekozen in het bestuur van Haäwodah als secretaresse. Het verbod op Haäwodah sloeg als een bom in:

> 'Sta perplex. Ali Wolf belde en zei: "Weet je het al?" "Neen" zei ik. Haawodah is verboden. Alles met een slag vernietigd! Werkelijk een heele verandering, er is iets kapot. Het ging net zo goed. Zondag fietstocht niet door. Kinnoes [bijeenkomst] niet door. Alles weg. Ik heb er zelfs heel even om gehuild.'[5]

Op 5 september 1941 schrijft ze in haar dagboek dat het programma en de cursussen ondanks het verbod gewoon doorgaan. Ook de Hebreeuwse lessen werden onverminderd gegeven. Rachel beschrijft in haar dagboek hoe ze samen met Carry naar Hebreeuwse les ging in de buurtsynagoge Hamerkaz aan de Walenburgerweg 78. De lessen werden gegeven door Greet Vleeschhouwer, die de meiden al kenden van de joodse les van de NIG en Carry opnieuw tegenkwam op het Joods Lyceum. Een nieuw element van Haäwodah was bovendien dat een onderdeel van de hachsjara in het programma wordt opgenomen: er werd nu een tuinbouwcursus georganiseerd. Dat er van dit zionistisch engagement de nodige aantrekkingskracht uitging op andere Joodse jongeren, blijkt wel als Carry schrijft over geïnteresseerde medeleerlingen van het Joods Lyceum. De zionistische jeugdbeweging zorgde ook voor contacten in het hele land: Carry en Rachel vertellen in hun dagboeken over dagtochtjes, activiteiten, districtskaderdagen en zionistische vrienden in Den Haag, Scheveningen en Utrecht.

---
5 Dagboek Rachel Ulreich, 10 augustus 1941.

Oorlog

In augustus 1939 bezochten vader en moeder Ulreich oom Adolf in de Verenigde Staten. Daar spraken zij uitvoerig over de situatie in Europa en deelden hun angst dat ook Nederland door de nazi's onder de voet gelopen zou worden. Als resultaat van dit bezoek werd besloten om visa te regelen om eventueel naar de Verenigde Staten te emigreren. Daar was wel de nodige discussie over: Gustav en Anna Fany wilden het liefst zo snel mogelijk, Rachel daarentegen lag dwars. Zij had al haar vrienden in Nederland en wilde niet gaan. Nog in mei 1941 riep ze in een discussie verhit uit: 'Ik wil niet naar een vreemd land, tenzij Palestina'.[6] Ondertussen werden na de inval van Duitsland in Noorwegen – op 8 april 1940 – alle formulieren ingevuld en kwam de uitnodiging van het Amerikaanse consulaat te Rotterdam om op 17 mei 1940 de visa op te halen. Op 10 mei brak echter de oorlog uit en alle documenten voor de familie Ulreich werden door brand verwoest.

In de brief aan zijn broer Adolf beschrijft Gustav hoe het gezin de eerste oorlogsdagen heeft doorgemaakt. De schok was groot, het werk in het kledingatelier werd neergelegd. Het nieuws werd op de voet gevolgd. De bevriende familie Taub was bang en trok tijdelijk bij de Ulreichs in. Op straat werd Gustav door een oude man aangezien voor een Duitser. Die gaf hem aan en de politie haalde hem op om de zaak op het bureau verder uit te zoeken. Binnen een kwartier was duidelijk dat hij de Nederlandse nationaliteit had en stond hij weer buiten. Gustav nam het luchtig op en kon om het incident wel lachen.

Met het bombardement kreeg de familie direct met de oorlog te maken. Gelukkig was net iedereen thuis toen de Duitse vliegtuigen de eerste bommen op de Rotterdamse binnenstad

---

6 Dagboek Rachel Ulreich, 4 mei 1941. Het thema komt opnieuw terug op 14 juni 1941: 'Mijn ouders willen naar Amerika naar oom Adolf. Ik wil niet, niet. Wat heb ik daar in vredesnaam, blijf altijd een sukkel wat de taal betreft. Vergeet het Hollands, mijn nageslacht (?) zal me uitlachen.'

lieten vallen. Het geluid was oorverdovend, het huis schudde en beefde en een raam brak. Toen er een korte pauze was in het bombardement greep de familie de kans aan om naar buiten te gaan en, samen met talloze buurtgenoten, naar het nabijgelegen Museumpark te rennen. In het museum Boijmans waren, zo wisten ze, schuilkelders. Daar vandaan zagen ze hoe het bombardement doorging en de vlammen om zich heen grepen. Ze wisten niet of hun eigen huis inmiddels al getroffen was.

Toen het bombardement ophield, kwam de hulp opgang. 80.000 Rotterdammers waren dakloos geworden. Iedereen uit het park werd ondergebracht op verschillende locaties elders in de stad. De familie Ulreich kreeg een overnachtingsplek in een schoolgebouw in Schiedam. Daar bivakkeerden ze enkele dagen. Op de tweede dag waagde Gustav het om te gaan kijken hoe hun straat, de Witte de Withstraat, er vanaf gekomen was. Bij de ingang van de straat werd hij al tegengehouden. Het blussen, bergings- en reddingswerk ging nog altijd door. Langs een omweg wist hij, via de tuin, alsnog de locatie van hun huis te bereiken. Dat bleek, afgezien van schade aan de ramen, gered te zijn. Zelfs de lunch stond nog op tafel. Op vijftig meter afstand van het huis was de vuurzee tot stilstand gekomen.

Na vijf dagen mochten ze terug naar hun eigen huis. Daar zagen ze vervolgens hoe de Duitse bezetters de stad in hun greep namen. De eerste maanden lieten de bezetters de Joden nog met rust, maar in de zomer van 1940 werd een start gemaakt met het invoeren van anti-Joodse maatregelen. Die volgden elkaar daarna in hoog tempo: Carry's dagboek documenteert verschillende daarvan, uiteenlopend van het verplicht dragen van de 'Jodenster', speciale uren waarop Joden uitsluitend nog boodschappen mogen doen, tot de wering van Joden uit het reguliere onderwijs.

In het geval van Carry betekent die laatste maatregel dat ze de middelbare meisjesschool, recht tegenover hun woonhuis gelegen, moet verlaten en voortaan naar het Joods Lyceum gaat. Alle Joodse leerlingen die een gymnasium, HBS of middelbare school volgden, werden daar onderwezen door Joodse leraren die eveneens van hun scholen waren verbannen. Op zus Rachel maakte het grote indruk:

> 'Donderdag beginnen de hogere [Joodse] scholen. Onze lieve knappe Carry wordt waarschijnlijk een klas lager geplaatst. Nu begin ik te begrijpen de toestand, nu ik het aan den lijve ondervind. Ik vind het vreselijk. Nu heeft ze pas 2 jaren achter de rug.'[7]

De houding van niet-Joden wordt in de dagboeken van de familie Ulreich verschillende keren beschreven. In het algemeen is dat lovend: 'Christenen geweldig medelijdend', schrijft Rachel na het vermelden van een hele reeks anti-Joodse maatregelen. 'Was een paar dagen overstuur. Chef op bezoek, lief en aardig'.[8] Ook vader Ulreich onderstreepte dat oordeel in zijn brief aan broer Adolf. Tegelijkertijd had de familie ook weet van collaboratie. Nota bene hun eigen dienstmeisje had nationaalsocialistische sympathieën en had een Nederlandse vriend die bij de SS ging. Ze kwam persoonlijk langs om te zeggen dat ze niet langer bij Joden wilde werken. Ook verschillende buren van de familie Ulreich waren aangesloten bij de NSB en dat veroorzaakte grote angst voor verklikkers. Rachel wijdt daar in een passage verder over uit, verwijzend naar een gebeurtenis die Carry ook heeft beschreven:

> 'Carry en ik zaten in bad om 12 uur 's nachts, maar hadden ondanks de beroerde tijd, een beetje pret. Ineens wordt door een N.S.B. (nationaal-socalist) een raam opgeschoven en een stem roept: "Wij zullen je

---

7 Dagboek Rachel Ulreich, oktober 1941.
8 Dagboek Rachel Ulreich, 6 juli 1942.

naar Polen sturen". Toevallig waren andere Joodsche Buren door een N.S.B. verraden en Carry en ik waren doodsbang. Ik kocht bloemen en wilde het daarmee goed maken, maar de buren raadden het ons af en bij nader inzien was het idioot. Gelukkig hebben ze het niet gedaan."[9]

Ondertussen werd gepoogd het leven zo gewoon mogelijk voort te zetten. Carry's dagboek laat dat goed zien: de feestjes volgen elkaar op. Met dat de contacten met niet-Joodse leeftijdgenoten gaandeweg moeilijker worden, trekt de Joodse jeugd alleen maar sterker naar elkaar toe. Ook luisteren ze samen grammofoonplaten, lezen boeken en fietsen (tot de invordering van de fietsen) door de stad. Zolang het mocht voor Joden werd bij mooi weer het strand van Scheveningen bezocht.

De Joodse Raad Rotterdam

Toen eind juli 1942 de eerste deportaties van Joden uit Rotterdam startten, probeerden velen een 'Sperre' te krijgen. Dat was een speciale stempel op het persoonsbewijs die aangaf dat de desbetreffende persoon nog niet gedeporteerd mocht worden. Een 'Sperre' verschafte tijdelijk vrijstelling en kon vanwege diverse redenen gegeven worden. Zo waren er lijsten met Joden die vanwege hun belang voor cultuur en samenleving nog niet werden gedeporteerd (de zgn. Barneveld-lijst, waarop ook de Rotterdamse Wijlers op stonden), was er een lijst van Portugese Joden die hun Joodse afstamming aanvochten (de Calmeyer-lijst), een lijst gedoopte Joden en een lijst zionisten die voorgespiegeld werd dat ze naar Palestina zouden mogen vertrekken.

Ook de familie Ulreich, al vroeg doordrongen van de ernst van de deportaties en het lot dat Joden in Polen wachtte, ging

---

9 Dagboek Rachel Ulreich, 16 juni 1945.

op zoek naar 'Sperren'. Vader Gustav, Rachel en Carry slaagden er elk in een aanstelling bij de Joodse Raad, Bureau Rotterdam, te krijgen. Zij maakten deel uit van een plotselinge groei van het aantal medewerkers bij de Rotterdamse Joodse Raad van twintig naar vierhonderd. Een salaris stond daar niet tegenover, maar het uitstel van deportatie maakte dat niemand daarover klaagde.

De Joodse Raad was een nieuw verschijnsel. De NIG was altijd opgetreden als de vertegenwoordigende instantie van de Rotterdams-Joodse gemeenschap. In het najaar van 1940 werd echter, parallel aan soortgelijke initiatieven elders in het land, een Joodse Coördinatie Commissie opgericht. Die moest Joden in deze bijzondere tijden van advies voorzien en richting geven. De apotheker dr. Hendrik Cohen, de advocaat en procureur mr. Mark Louis van den Berg en de zionistische jurist mr. Jacob Slijper stonden aan het hoofd van de JCC. Aangezien de verschillende JCC's volgens de nazi's te onafhankelijk opereerden, bevalen zij de oprichting van een Joodse Raad. Ook elders in Europa werd dit concept van een 'Judenrat' beproefd: het was een overkoepelend bestuur voor alle Joden, dat steeds nieuwe taken kreeg toegeschoven. Met dat Joden uit de 'gewone' samenleving werden teruggedrongen, kwamen zij in de eigen Joodse sfeer terecht. De Joodse Raad kreeg zo de verantwoordelijkheid over het onderwijs voor Joodse kinderen en tieners, het Joodse cultuurleven, de zorg voor zieken en ouderen en het verlenen van bijstand aan degenen die door de anti-Joodse maatregelen hun baan en huisvesting verloren. Toen de deportaties begonnen, kreeg de Joodse Raad een cruciale rol bij de organisatie daarvan.

In principe waren de verschillende lokale Joodse Raden onafhankelijk van elkaar, maar in de praktijk had de Amsterdamse Joodse Raad een centrale rol. In oktober 1941 moest de JCC overgaan in de Joodse Raad Bureau Rotterdam. Hoewel de bestuursleden dezelfde bleven, was nu de aansturing geheel in handen van de nazi's. De Joodse Raad moest de bevelen van de bezetters uitvoeren. De leiders verkeerden in de veronderstelling dat zij door mee te werken de gevolgen van het beleid in ieder geval enigszins konden ombuigen. Die houding riep al tijdens de oorlog veel discussie op, ook binnen het gezin Ulreich. Moeder was een fel tegenstander, maar de andere familieleden gaven de Joodse Raad het voordeel van de twijfel en voelden zich – tijdelijk – door de 'J.R.-Sperre' beschermd.

De Rotterdamse Joodse Raad kende vier afdelingen: Voorlichting, Verzorgingsdienst, Loodsdienst en Sociale zorg. Voorlichting maakte de maatregelen van de bezetter bekend en hielp Joden om hun weg te vinden in de bureaucratie die daarop volgde. De Verzorgingsdienst hielp degenen die opgeroepen waren voor deportatie met het treffen van de voorbereidingen, leverde kleding en had een eigen atelier waar kleren en schoenen werden gemaakt. Ook zorgde deze dienst voor de verzending van voedselpakketjes naar gedeporteerde Rotterdammers, vooral in Westerbork. De Loodsdienst hielp zich met de eigenlijke deportatie bezig. Loods 24 op het Stieltjesplein, gelegen tussen de Spoorweghaven en de Binnenhaven, was aangewezen als de plaats waar de Rotterdamse Joden bijeengebracht werden. Daarvandaan werden ze doorgezonden naar Westerbork en Vught. Sociale zorg verleende, ten slotte, steun aan armen, zieken en degenen die hun baan hadden verloren en niet meer in eigen levensonderhoud konden voorzien. Bijzonder was dat Sociale zorg een ondergrondse afdeling had die onderduikers van steun voorzag.

Vader Gustav had als zelfstandig ondernemer inmiddels zijn bedrijf verloren. Hij was daardoor extra kwetsbaar voor deportatie. Aan een oproep voor een werkkamp, samen met andere werkloze Rotterdams-Joodse mannen, ontsnapte hij op het nippertje. Hij meldde zich ziek en kreeg met moeite van de huisarts een bewijs dat hij vanwege reumatiek zijn bed niet kon verlaten. Eigenlijk wilde de arts hem naar het kamp sturen, maar moeder Anna Fany vroeg hem op de man af:

'Aan welke kant staat u nu, die van ons of die van de Duitsers?' Hij antwoordde niet, maar schreef het ziektebewijs uit.

Gustavs ervaring als kleermaker kwam hem goed van pas. Hij kreeg een functie bij het kledingatelier van de Joodse Raad en hielp degenen die een oproep tot vertrek hadden gekregen om hun kleding op orde te krijgen. Rachel mocht niet langer werken op het kantoor van de Verenigde Brandstoffenhandel, hoewel die uit solidariteit wel haar salaris door bleef betalen. Ze kreeg nu een administratieve functie bij de Joodse Raad, die vanaf 16 maart 1942 de hoofdzetel aan de Essenburgsingel 24b had en het secretariaat in de school aan de Molenwaterstraat. Op Rachels Joodse-Raad-kaart staat dat ze vanaf 20 juli 1942 typiste was voor 'Voorlichting afdeling Oost'. Carry kwam terecht bij de Loodsdienst en beschrijft in haar dagboek op aangrijpende wijze hoe de eerste deportatie op 30 juli 1942 is verlopen. Daarbij werden zo'n 1120 personen ingeladen in treinwagons, die vervolgens naar Westerbork vertrokken. Carry's taak was om de mensen op te vangen, koffie en thee aan te bieden en de kinderen te helpen. Later werd ze koerier en bracht brieven van de Joodse Raad rond.

In de zomer van 1942 vonden de grote deportaties van Joden uit de regio Zuid-Holland-Zuid vanuit Loods 24 plaats. Met iedere oproep meldden zich minder Joden. Velen kwamen niet naar de deportatieplek en zochten wanhopig naar een uitweg. Wie over goede relaties beschikte, probeerde onder te duiken. Met het afnemen van het aantal Joden dat werd doorgestuurd, begon ook de afbouw van het personeel van de Joodse Raad. Dat betekende dat een deel hun Sperre zou verliezen en vervolgens zelf gedeporteerd kon worden. Daar de Ulreichs relatief laag in de rangorde zaten, behoorden zij bij de eersten die ook weer hun Sperre verloren. Zij hadden echter nog een troef in handen: de zus van Bram de Lange, sinds juli 1942 de verloofde van Rachel, had bij de Amsterdamse Joodse Raad als secretaris van co-voorzitter professor David Cohen een belangrijke positie. Tevergeefs reisde Gustav echter naar Amsterdam om zijn gezin alsnog op één van de lijsten geplaatst te krijgen. Ook Froukje de Lange kon niets meer voor hen betekenen. Wel wist zij nog geruime tijd haar broer Bram 'gesperrt' te houden.

De Weinreblijst

De familie Ulreich wedde naast de Joodse Raad-lijst echter ook nog op een ander paard. In kringen van Oost-Joden verspreidde zich als een lopend vuurtje het gerucht dat de Scheveningse Oost-Joodse Friedrich Weinreb (1910-1988) erin geslaagd was een eigen lijst op te zetten. Weinreb beweerde dat hij door goede contacten met een Duitse generaal een beperkt aantal Joden kon laten emigreren via Zuid-Frankrijk.

De Ulreichs hoorden van Weinrebs lijst van de familie Bialer. De man, dassenfabrikant Chil Majer Bialer, was een goede vriend van Weinreb en vertrouwde hem blind. Evenals tal van andere Oost-Joden in Rotterdam namen ook de Ulreichs contact met Weinreb op. In zijn brief aan 'Onkel Adolf' beschrijft Gustav hoe hij begin juni 1942 een aanzienlijke som geld daarvoor neer moest tellen: in totaal niet minder dan 650 gulden. Ook Bram en Dora zouden met het gezin uitreizen. Carry's dagboek laat zien hoezeer degenen die op deze lijst belandden tussen hoop en vrees leefden en voortdurend verwachtten het definitieve bericht te horen dat de treinreis naar Lyon zou aanvangen. Preciëze instructies werden gegeven en de koffers moesten gereed staan voor snel vertrek. Het wachten was op het vertreksignaal van Weinreb:

'…alles war im kleinsten Detail geregelt, ich hatte geplant Euch gleich von Lyon zu telegraphieren wir hatten alle in der Dunkelheit ein kleines Licht gesehen scheinen so oft haben wir das zu Hause besprochen, ich war sehr optimistisch, andere dagegen pessimistisch.'[10]

---

10 Brief Gustav Ulreich aan 'Onkel Adolf', 21 april 1944.

In september 1942 leek het ervan te komen, maar het uitstel zorgde ervoor dat de familie Ulreich niet langer bleef wachten. Zij kozen ervoor om op 18 oktober 1942 onder te duiken. Hoezeer dat een wijze beslissing was, bleek later. Weinreb had namelijk de hele lijst verzonnen en daarmee enige tijd zelfs een deel van het Duitse bezettingsapparaat om de tuin geleid. Het bedrog kwam in januari 1943 echter uit en Weinrebs eerste lijst kwam daarmee te vervallen. Allen die tot dat moment hadden gewacht, werden vervolgens alsnog gedeporteerd. Hiermee was het Weinreb-verhaal niet afgelopen. Hij zette een nieuwe lijst op, op instigatie en in samenwerking met de Sicherheitsdienst, waarmee tal van anderen in de val liepen.

Na de Tweede Wereldoorlog speelde de affaire-Weinreb verschillende malen op. Sommigen zagen hem als een verzetsstrijder die met zijn verzonnen lijst mensen uit handen van de nazi's probeerde te houden, anderen konden in hem niets anders dan een collaborateur zien. Met name na de publicatie van de monumentale kroniek *Ondergang* (1965) van Jacques Presser, waarin de historicus het voor Weinreb opnam, ontstond een breed en gepolariseerd publiek debat. De regering gaf uiteindelijk het Rijksinstituut voor Oorlogsdocumentatie de opdracht grondig onderzoek te doen. In het vuistdikke rapport – in twee banden – neemt de brief van Gustav Ulreich aan zijn broer Adolf een belangrijke rol in. Het is één van de weinige documenten die laat zien dat Weinreb zich voor zijn diensten fors liet betalen. Het oordeel van de RIOD-onderzoekers was, mede dankzij Ulreichs getuigenis, vernietigend.

Onderduik

Bram de Lange hielp de familie Ulreich aan een onderduikplaats. Als economiestudent had hij contacten met niet-Joodse medestudenten. Daaronder was ook ene Froukje Mulder. Zij bracht Bram in contact met Manus Frank uit Wageningen, op dat moment de vriend van Mies Zijlmans. Zij hadden Bram al eens aangeboden dat hij in geval van nood bij de familie Zijlmans mocht onderduiken. Toen echter in september 1942 bleek dat Bram zijn Sperre dankzij Froukje nog behield, maar de Ulreichs de hunne verloren, werd het verzoek bij de familie Zijlmans neergelegd of zij de ouders geen onderdak wilden verlenen. Na rijp beraad gaven zij aan niet alleen de ouders, maar ook Rachel op te willen vangen. Dat laatste om eventueel verraad uit te sluiten.

Alleen voor Carry moest toen nog een oplossing gevonden worden. Zij werd, vergezeld door Froukje Mulder, naar de ouders van Bram de Lange in het Groningse dorp Hoogezand gestuurd. Het idee was dat de deportaties en razzia's vooral in de grote steden zouden plaatsvinden en Joden in de dorpen nog gespaard zouden worden. Dat bleek een lelijke misrekening. Carry had het goed naar haar zin bij de familie De Lange, zo blijkt uit de twee dagboeknotities die ze schreef in Hoogezand, maar al binnen een week werd duidelijk dat de Joden daar snel opgepakt zouden worden. Crisisoverleg leverde op dat Carry terug mocht komen naar Rotterdam en ook bij de familie Zijlmans in huis kwam. Het gezin was weer compleet. De spanning van de laatste maanden, de voortdurende angst om opgehaald te worden, het slopende wachten op een bericht van Weinreb, gleed van de Ulreichs af. We zijn, zo schrijft Gustav aan zijn broer, van 'gehinnom in Gan Eden' terechtgekomen: van de hel in de hemel.

Bram had nog enkele maanden zijn 'Sperre' en werkte tot december 1942 als administrateur bij de Joodse Raad Rotterdam. Vervolgens deed hij de administratie bij het joodse ziekenhuis, bejaardentehuis en weeshuis tot de grote razzia van 26 februari 1943. Tenslotte had hij tot 23 mei 1943 nog – dankzij zijn zus Froukje – een baantje bij de Amsterdamse Joodse Raad. Daarna werd ook hem de grond te heet onder de voeten en voegde hij zich bij de familie Ulreich in de onderduik. Ondertussen was het verdwijnen van de familie Ulreich al opgemerkt: bij de Joodse Raad werd op Rachels kaart genoteerd, 'neemt functie niet meer waar', terwijl hun huis werd leeggeroofd. Alleen het bad bleef achter.

Wie waren de onderduikgevers en wat motiveerde hen om deze riskante onderneming aan te gaan? Het gezin Zijlmans was stevig verankerd in het 'rijke roomse leven' en participeerde volop in de katholieke wereld. Dagelijks werd de kerk bezocht en op zondag ging het gezin naar de hoogmis. Carry's dagboek laat zien hoezeer het katholicisme verweven was met het dagelijks leven. Daar lag ook tevens de motivatie in om de vijf Joodse mede-Rotterdammers onderdak te verlenen. Zij noemden hun liefde voor Jezus als de bron van hun verzetsdaad. Dat deden ze met instemming van de pastoor van de kerk. Hij was één van de weinigen die afwist van de ondergedoken Joden op de Mathenesserweg 28c.

Vader Adriaan Zijlmans (1887-1964) was een bankmedewerker, moeder bestierde het huishouden. De oudste zoon, Aad (1913-1944), was niet aanwezig. Hij was als soldaat voor het uitbreken van de Tweede Wereldoorlog naar Nederlands-Oost-Indië vertrokken en daar in Japanse krijgsgevangenschap terechtgekomen. Gedurende de oorlog was er geen contact meer met hem. In de familie Zijlmans wordt de herinnering bewaard dat moeder Maria Hendrika Jacobs Zijlmans-Looman (1884-1947) hoopte door het verlenen van onderdak aan Joden zo het lot van haar oudste zoon te bezweren. Dat zou tevergeefs blijken te zijn, Aad stierf in Japanse krijgsgevangenschap in Bandjermasin. De andere kinderen woonden nog wel thuis en worden in het dagboek door Carry uitvoerig beschreven. De oudste zoon Bob (1918-1992) was kunstschilder en was juist begonnen aan het vestigen van zijn naam. Tegelijkertijd maakte hij deel uit van een katholieke verzetsgroep, waardoor hij in staat was de families Zijlmans en Ulreich gedurende de oorlog te voorzien van voldoende gestolen voedselbonnen om niet van honger om te komen. Dochter Mies (1916-2003) werkte op een kantoor, aan het eind van de oorlog van een schoenenwinkel. Dat kwam goed van pas: zij kon schoenen ruilen voor aardappelen. Aanvankelijk had ze Manus Frank als vriend, maar – zo beschrijft ook het dagboek – Ton van der Burg nam zijn plaats in. De jongste zoon, Canis (1926-1995), ging nog naar school.

Wat het betekende om gedurende meer dan drie jaar ondergedoken te zitten bij een andere familie, laat het dagboek van Carry als geen ander zien. De beide families maakten deel uit van verschillende subculturen, de Joodse en de katholieke, en het waren de oorlogsomstandigheden die hen bij elkaar brachten. Het verschil tussen de gezinnen wordt meermaals door Carry gethematiseerd: bij de familie Ulreich, bijvoorbeeld, werd tijdens de maaltijd het gesprek door de volwassenen gevoerd en mochten de kinderen slechts bij permissie daaraan deelnemen. Bij de familie Zijlmans echter werd volop gediscussieerd en gedebatteerd en deed iedereen mee. De onderlinge verhoudingen waren over het algemeen goed. Dat wordt onder meer zichtbaar in het feit dat het dagboek al na enkele maanden, in januari 1943, het formele mevrouw Zijlmans inwisselt voor 'Ma II' en – iets later – mijnheer Zijlmans aangeduid wordt als 'Pa II'. Het zijn indicaties dat de onderduikdynamiek een nieuwe, tijdelijke familiestructuur schiep, waarin beide gezinnen functioneerden.

Tussen beide gezinnen ontstond een taakafbakening. De familie Zijlmans zorgde ervoor dat voedsel, kleding, huishoudelijke producten, boeken, kranten en tijdschriften het huis inkomen. In de eerste periode werd ook nog geregeld allerhande uit het woonhuis van de Ulreichs gehaald, zonder dat de buren in de Witte de Withstraat en vooral de Duitsers in de school er tegenover er lucht van kregen. De Ulreichs namen een flink deel van de huishoudelijke taken over: zij werkten mee in de bereiding van de maaltijd, zorgden voor de was en maakten het huis schoon. Overdag, als vader, Bob, Mies en Canis Zijlmans naar hun werk waren, moest dat met de nodige voorzichtigheid gebeuren opdat de buren er geen lucht van kregen. Ook op zondagochtend, als de familie Zijlmans de hoogmis bezocht, bleven de Ulreichs stil in bed en mochten ze zelfs het toilet niet doortrekken.

De bovenwoning aan de Mathenesserweg moest in plaats van vijf nu tien mensen herbergen. Vader en moeder Zijlmans stonden de ouderlijke slaapkamer af aan de Ulreichs en sliepen voortaan zelf in het aardappelhok. De slaapkamer herbergde eerst vier, na de komst van Bram zelfs vijf, personen. De nieuwe slaapkamer van de Zijlmans – het aardappelhok – werd nog verkleind door de plaatsing van een extra wand om zodoende een schuilplaats te creëren in geval van nood. Dat bleek geen overbodige luxe te zijn. Als het donker was, mochten de Ulreichs even het dak op voor een frisse neus. Daarvandaan hadden ze een goed zicht op de buurt. In de familie Zijlmans gaat nog altijd het verhaal dat de Ulreichs zo Canis betrapten die beneden op straat stond te zoenen met zijn vriendin, Pop.

Carry's dagboek is bijzonder omdat het laat zien hoe Joodse identiteit in de onderduik werd vormgegeven. Soms doet ze dat in het voorbijgaan, soms wordt het thema uitgebreider aan de orde gesteld. De onderduik betekende dat er niet langer kosjer kon worden gegeten. De familie Ulreich moest zich erbij neerleggen dat ze in deze uitzonderlijke situatie de voedingsregels van het Jodendom overtraden. Niet alleen werd melk- en vleeskost tezamen gebruikt, ook werden ongeoorloofde producten – varkensvlees bijvoorbeeld – gegeten. Het feit dat Carry er opmerkingen over maakt, laat zien dat het voor de Ulreichs een punt van gesprek was. Ook de familie Zijlmans was zich daarvan bewust. Manus Frank schreef Carry een speciale verjaardagsbrief op 14 november 1943 en grapte daarin: 'Met de Kerstmis zal ik voor jullie zorgen voor een net konijn, causer geslacht, alleen zijn er geen rabbi's te vinden, maar ik zal er zelf wel goed naar kijken. Ik lijk er toch ook wel wat op.' Ironisch is dat een konijn sowieso niet kosjer is en hier bovendien kosjer voedsel en het christelijke hoogfeest Kerstmis met elkaar worden verbonden.

De Joodse kalender vormde een ander lastig thema. De traditionele sjabbat, met vrijdagavond de kaarsen en op sjabbatochtend de sjoeldienst, kon niet gehandhaafd worden. De dynamiek van het leven met de familie Zijlmans maakte dat apart sjabbat vieren er niet in zat. Bovendien werd op sjabbat onder meer naar de radio geluisterd, iets wat formeel niet mocht. Carry probeerde niettemin elementen van sjabbat vast te houden: op vrijdagavonden en zaterdagen schreef ze niet in haar dagboek. De Joodse feestdagen konden evenmin gevierd worden, maar werden wel door de Ulreichs gemarkeerd. Joods nieuwjaar, Jom Kippoer en Pesachavond waren momenten waarop stilgestaan werd bij het verlies, de onmogelijkheid om de dagen te onderhouden, maar tegelijkertijd verbonden met hoop: het verlangen om een volgend jaar wél het feest in de vertrouwde Joodse sfeer door te kunnen brengen.

Naast de Joodse kalender, die op de achtergrond en vooral in gedachten aanwezig was, structureerde vooral de christelijke kalender het leven in huize Zijlmans. De Ulreichs vieren voor het eerst de grote christelijke feestdagen van binnenuit mee: Kerstmis en Pasen. Iets van de nieuwsgierigheid en verwondering klinkt in Carry's schrijven door. Tegelijkertijd vergelijkt ze de huiselijke viering van de christelijke feestdagen met hoe zij voor de onderduik de Joodse dagen vierden: een meer materiële versus een meer spirituele viering, in haar beleving. Tegelijkertijd doen de Ulreichs volop mee en wordt zelfs voor een geslaagd Kerstdiner het risico genomen om het jacket van vader Ulreich bij de 'bewariërs' vandaan te halen.

Over religie werd met enige regelmaat gesproken: de verschillen tussen christendom en Jodendom werden allerminst ontweken. Carry schrijft er af en toe over. In 1998 vertelde ze de interviewer van Yad Vashem bovendien dat de gesprekken soms zo fel waren, dat vader Ulreich haar op het hart drukte zich in te houden. De verhoudingen met de familie

Zijlmans mochten door religieuze twistgesprekken niet verstoord worden. Op dit soort momenten bleek iets van de ongelijke verhoudingen die de setting van de onderduik creeerde. Hoezeer beide families ook respectvol en op voet van gelijkheid met elkaar omgingen, de familie Ulreich bevond zich in een afhankelijke positie en was zich daarvan terdege bewust.

Die afhankelijkheid werd niet alleen ervaren rond religieuze thema's, maar ook bij zoiets gevoeligs als de verdeling van het – toch schaarse – voedsel. De indruk van Carry dat tegen het eind van de oorlog de leden van het gezin Zijlmans meer te eten kregen dan de Ulreichs, kan niet in een open gesprek geuit worden. Zij waagde zich nota bene buiten, met een vervalst persoonsbewijs, om wat extra voedsel voor het eigen gezin te regelen. Het feit dat elke boterham en elke plak kaas werd geteld, is overigens een indicatie hoezeer ook bij de 'gezinseenheid' Zijlmans-Ulreich voedselgebrek een serieus thema was geworden.

De onderduik van de familie Ulreich was in vergelijking met veel andere onderduikverhalen uitzonderlijk. De hele familie bleef bij elkaar en al die tijd konden zij op één en hetzelfde adres verblijven. Veel andere gezinnen werden verspreid over verschillende locaties en moesten regelmatig verkassen. Bovendien kregen ze niet te maken met verraad, chantage en financiële uitbuiting. Toen na de bevrijding de Ulreichs de verhalen hoorden van andere onderduikers, realiseerden zij zich eens te meer dat zij het met de familie Zijlmans bijzonder goed hadden getroffen.

Bevrijding en wederopbouw

Vrede speelt een belangrijke rol in Carry's dagboeken. Het woord valt regelmatig, zeker rond verjaardagen, feestdagen en bij Joods en algemeen nieuwjaar. Gesprekken over wanneer het vrede zal zijn, leiden tot weddenschappen. Vrede is niet alleen bevrijding en beëindiging van de oorlog en de onderduik, maar meer dan dat: het is de ideale, bijna utopische situatie, waarin alles weer goed zal zijn. Tegelijkertijd weten de Ulreichs dat het in geval van vrede nooit meer zoals vroeger zal worden. Over het lot van de meeste familie en vrienden maken ze zich weinig illusies. Met medelijden wordt naar Bram gekeken, waarvan de ouders op weg naar hun onderduikadres zijn opgepakt en vervolgens zijn weggevoerd en wier dood vrijwel zeker is. Spanning is er over het lot van de zus en broers van moeder Ulreich – Dora, Izydor (Iziu) en Maurycy (Mondek) – en over de Amsterdamse neven van vader Ulreich: Peretz en Juchoes Hochfeld.

Op het moment dat de Ulreichs onderduiken, verwachtten ze dat het voor slechts een korte tijd zou zijn. De invasie van de geallieerden en de bevrijding kon niet lang op zich laten wachten. Dat blijkt een lelijke misrekening. Voortdurend wordt de 'vrede' te vroeg verwacht en niemand had vooraf gerealiseerd dat de periode in onderduik meer dan drie jaar in beslag zou nemen. Wat Carry's beschrijving deelt met veel andere oorlogsdagboeken – Joods en niet-Joods – is het nauwgezette volgen van de krijgsverrichtingen. De kranten – onder nationaalsocialistische controle – en de 'vrije' radiostations (BBC, Radio Oranje en de Poolse radio) verschaffen de nodige informatie.

Als op vrijdag 4 mei 1945, vlak voor het invallen van sjabbat, bekend wordt, dat de Duitsers zich gaan overgeven, volgt de ontlading. De Mathenesserweg loopt om negen uur 's avonds vol en voor het eerst kunnen ook de Ulreichs – inclusief Bram – zich weer zonder gevaar op straat wagen. De buren blijken al die tijd niets gemerkt te hebben. Het duurt nog tot 8 mei totdat de eerste Canadese troepen in Rotterdam verschijnen en de bevrijding compleet is. Dan hebben de Ulreichs alweer contacten aangehaald met vrienden en kennissen die de oorlog eveneens hebben overleefd. In het dagboek wordt met name de familie van de bontbewerker Nico Nachtegall genoemd, die als gemengd gehuwde Jood met zijn gezin de oorlog wist te overleven.

Over de fase na de bevrijding weet het dagboek op drie punten belangrijke informatie aan te bieden. Ten eerste is dat de beschrijving van de omgang tussen de Canadese soldaten en de Rotterdamse bevolking. De soldaten worden enthousiast onthaald, komen op feestjes in de huizen en delen sigaretten en chocolade uit. De aantrekkingskracht die ze uitoefenden op de Rotterdamse meisjes laat Carry subtiel zien. Ten tweede is dat de rol van geallieerde Joodse soldaten bij de hulpverlening aan Joden die uit de onderduik naar boven kwamen. Deze soldaten lieten zien dat Joden niet alleen slachtoffer konden zijn, maar ook een heldenrol konden vervullen in het leger. De Canadese legerrabbijnen deden bijzonder veel om Joden materieel te steunen, maar vooral ook bij het weer oppakken van een Joods leven. Gebedenboeken, gebedsmantels en -riemen waren beschikbaar.

Een bijzondere rol was weggelegd voor de aparte afdeling in het Britse leger die gerekruteerd was uit Joodse soldaten uit het Mandaatsgebied Palestina. Deze 'Jewish Brigade' had een rol gespeeld bij de verovering van Italië en had nu, onder meer in Nederland, tal van functies bij de bewaking van collaborateurs en de wederopbouw. Rachel schrijft over hen:

> 'En ja hoor even voor R.[osj] H.[asjana] [Joods Nieuwjaar] zag je ze lopen in de stad en al gauw kwamen ze bij ons. Ze zaten eerst in Delft, waar ze heel trots, Duitse krijgsgevangen[en] de sjoel lieten schoonmaken. In Bloemendaal zat ook een afdeling.'[11]

De soldaten zetten zich in voor de Joodse overlevenden en hadden daarbij met name oog voor de jongere generatie. Die wilden zij, overeenkomstig hun zionistische overtuiging, enthousiast maken voor migratie naar Palestina. Door middel

---

11 Dagboek Rachel Ulreich, eind september/begin oktober 1945.

van jeugdactiviteiten en lessen Hebreeuws hadden ze een grote impact op de resterende Joodse jongeren. Zij gaven hen een zelfbewuste Joodse identiteit en een nieuw doel om zich voor in te zetten. Dat Carry voor één van de soldaat-leraren valt en binnen enkele maanden met hem trouwt, past binnen dit patroon.

Ten slotte geeft het dagboek een indruk van de herstart van het Joodse leven in Rotterdam. Opperrabbijn Davids en de chazzan – de voorzanger die de synagogediensten leidt – waren vermoord, maar 'Broer Vleeschhouwer' en de geallieerde Joodse soldaten zorgden ervoor dat er toch een eerste synagogedienst gehouden kon worden. Die maakte diepe indruk, niet alleen op Carry, maar ook op haar vader, die er zijn brief aan 'Onkel Adolf' mee besloot. Natuurlijk beheerste de zoektocht naar overlevenden velen, nauwgezet werd gevolgd wie weer terugkwam en wat zij hadden meegemaakt. De zorg voor de kampoverlevenden maakte een integraal onderdeel uit van de wederopbouw. Rachel beschrijft in haar dagboek hoe Bram zich daar volop voor inzette:

> 'Er zijn al enige mensen uit Aus[ch]witz en T[h]eresienstadt terug en er is een huis voor deze mensen ingericht. Bram heeft zich een ongeluk gewerkt, steeds met de gedachte het is voor [zus] Froukje.'[12]

Het huis dat Rachel bedoelde, was het 'Joodsche Noodtehuis Heemraadssingel 131'. Bram had besloten om drie maanden te geven voor Joden die terugkwamen en was er administrateur.

Het gezin Ulreich was één van de weinige die intact waren gebleven en werd door zijn stabiliteit al spoedig een verzamelplek voor opduikende en terugkerende Joden en Joodse soldaten. Vader Zijlmans zag het gebeuren en in zijn verjaardagsgedicht voor Carry – een oorlogstraditie die hij voortzette –

---

12 Dagboek Rachel Ulreich, 16 juni 1945.

schreef hij:

'Een kind nog bij dat onderduikers reisje
Ben je opgewassen in die tijd
Gegroeid tot een verstandig aardig meisje
De vrede bracht van heinde en verre vrienden
Uit concentratiekamp en oorlogsfront
En menigeen die na die bange dagen
In jullie kring een beetje blijheid vond
En uit 't beloofde land na moeilijke overwinning
Van mof en jap en 't verder gespuis
Kwamen naar Nederland de moe gestreden mannen
En zochten ook gezelligheid in jullie huis.'[13]

Emigratie

Terugkeer naar de oude woning in de Witte de Withstraat was voor de Ulreichs niet mogelijk. Inmiddels woonden daar meerdere andere gezinnen. Gelukkig werd snel een nieuwe woning gevonden, drie gemeubileerde kamers aan de Mathenesserlaan 398. Carry had gedurende de onderduikperiode voortdurend haar schoolwerk bijgehouden en dat wierp nu vruchten af. Zij maakte met een jaar de middelbare meisjesschool af en trouwde de dag volgend op de examenuitreiking – 30 juni 1946 – in de synagoge aan de Joost van Geelstraat met de Jewish Brigade-soldaat Jonathan Mass (1922-2003). Samen scheepten zij zich in naar Palestina en kwamen op 22 juli 1946 in Jeruzalem aan, precies op de dag van de bomaanslag op het King David Hotel. Daarmee waren ze midden in het conflict terechtgekomen tussen de joodse en Arabische gemeenschap en de Britse gezaghebbers over de toekomst van het Mandaatsgebied Palestina.

Carry was ingetrouwd in een overtuigde orthodox-zionisti-

---

[13] Gedicht vader Zijlmans 'aan Carry Ulreich op haar 19:de verjaardag van uit haar duikhuis', Rotterdam 15 november 1945.

sche familie met Duits-Joodse wortels. De familie Mass genoot aanzien in de Joodse gemeenschap in Palestina. Vader Ruben Mass (1894-1979) had een boekhandel en uitgeverij in Berlijn, maar zag in de jaren 1930 de situatie verslechteren en verhuisde in 1933 met zijn vrouw, de kunstenares Hannah Heimann, en hun kinderen naar Palestina. In Jeruzalem zette hij de uitgeverij voort en bouwde daarmee een goede naam op. Jonathan zette zijn ervaring bij de Jewish Brigade vervolgens in bij de strijd rond de onafhankelijkheid van de Staat Israël in 1947-1949 en was majoor in het leger. Zijn broer Dani (1923-1948), voluit Daniël, groeide uit tot een icoon van deze eerste Arabisch-Israëlische oorlog. Hij leidde op 16 januari 1948 een eenheid van de Palmach – één van de voorlopers van het Israëlische leger - die hulpgoederen bracht naar de omsingelde kibboetsiem van het Goesj Etzion-blok. Zij werden echter vroegtijdig opgemerkt en moesten na een verhit gevecht, toen hun munitie op was, het onderspit delven. De gesneuvelde 35 soldaten raakten bekend als de 'lamed-he' (35) en kregen een vaste plaats in de Israëlische herinneringscultuur. Uit respect voor Dani Mass werd één van de volgende militaire operaties naar hem genoemd: Operatie Dani, die tussen 9 en 19 juli 1948 leidde tot de verovering van Lydda en Ramle.

Carry en Jonathan bouwden aan hun gezin. In 1947 kregen zij hun eerste kind, dochter Chawa, gevolgd door de zoons Daniël (Dani) in 1949 en Oren in 1952. Jonathan werd ingenieur en moest voor zijn werk vaak verhuizen. Het gezin woonde zodoende op verschillende plaatsen in Israël, maar ook voor kortere of langere tijd in Frankrijk – waar hij in 1963 promoveerde aan de Sorbonne – en de Verenigde Staten. Zij kozen bewust voor een integraal orthodoxe levensstijl.

Rachel was niet minder zionistisch dan Carry. Ook zij koesterde het verlangen om in Palestina te gaan wonen. Dat wilde ze graag samen met haar vriend Bram de Lange doen. Enkele maanden na de bevrijding kreeg hij echter hersenvliesontsteking. Aanvankelijk waren de choepot – het religieuze huwelijk – van Rachel en Bram en van Carry en Jonathan op dezelfde dag gepland, 30 juni 1946. Door de ziekte van Bram ging dat echter niet door. Zijn situatie verslechterde snel, iets wat Rachel in haar dagboek sober beschrijft:

> 'Zien deed hij nu niet meer, ééns zei hij toen ik hem vroeg: 'Ben je blij, dat ik er ben': 'Natuurlijk' en met nog veel meer moeite: 'Is er nieuws uit Jeruzalem?' en ach zielig: 'Iets lekker kouds drinken?' Gelukkig kon ik hem dat geven, gelukkig heb ik alles wat ik kon krijgen gegeven, sinaasappelsap, druiven.'[14]

Op 26 oktober 1946 overleed hij. Rachel bleef verslagen achter.

Niettemin vond zij kracht om zich in te zetten voor het weer opbouwen van de zionistische jeugdbeweging in Rotterdam, 'Hazair Hechaloets' (de jonge pionier), samen met Hannele Franken. Al spoedig hadden zestig tieners en jongeren zich aangesloten en waren er drie groepen: voor 11-13 jaar; voor 13-17 jaar en voor degenen ouder dan 17 jaar. Een belangrijke rol speelden de soldaten van de Jewish Brigade daarbij, die ondergebracht waren in een school aan de Beukelsdijk (tegenover het woonhuis van de familie Wijler). Samen organiseerden ze veel bijeenkomsten en lessen Hebreeuws.

Rachel wilde echter haar zus achterna, zegde haar baan op en ging als voorbereiding op de landbouw in Palestina bij een tuinier werken. Vervolgens besloot ze de geheime migratieroute naar Palestina – de alija bet – te proberen. Op een legaal migratiedocument maakte ze weinig kans, de Britten lieten slechts een beperkt aantal Joden tot Palestina toe en bij voorrang degenen die rechtstreeks uit de concentratiekampen afkomstig waren. Rachels boot, de 'Theodor Herzl', werd echter op 13 april 1947 gesnapt door de Britten en zij werd overge-

---
14 Dagboek Rachel Ulreich, september 1946.

bracht naar een interneringskamp op Cyprus. Op Cyprus deed Rachel ervaring op als verpleegster. Door een truc wist ze nog voor de uitroeping van de Staat Israël aan land te komen. De Britten gaven moeders met kinderen verlof te vertrekken en Rachel regelde met de moeder van een tweeling dat zij één van hen onder haar hoede kon nemen. Zo arriveerde ze in de haven van Haifa. Rachel wortelde zich snel in Israël en trof daar uiteindelijk een man, de van oorsprong Russisch-Joodse Jacob Korik, waarmee ze trouwde. Samen kregen zij twee kinderen. Korik had echter last van angst vanwege de oorlogen in Israël en wilde naar zijn familie in Brazilië. In 1958 verhuisden ze daarheen, ondanks Rachels aanvankelijke tegenzin en de grote teleurstelling van Gustav en Anna Fany Ulreich. Rachel overleed in 2013 in São Paulo.

Vader en moeder Ulreich speelden ondertussen in de herrezen maar gedecimeerde NIG Rotterdam een actieve rol, met name in het sociale werk. Met de nieuwe rabbijn, Levie Vorst, hadden ze een goede verstandhouding. Zij wilden echter hun kinderen achterna en verlieten in 1949 Rotterdam. Het migratietraject voor de Verenigde Staten, dat inmiddels ook weer liep, werd afgeblazen. Op een emotionele avond zwaaide Joods Rotterdam het echtpaar Ulreich uit. In Israël werden Gustav en Anna Fany met open armen onthaald door Carry en Rachel. Samen hadden ze nog enkele goede jaren. Gustav overleed al in 1960 en Anna Fany volgde hem in 1985.

Het contact tussen de families Ulreich en Zijlmans bleef lang bewaard. Er werd uitgebreid gecorrespondeerd en de gezinnen van Bob, Canis en Mies herinneren allemaal dat er ieder jaar een kist met Jaffa-sinaasappels uit Israël kwam. Af en toe bezocht Carry Nederland en deed dan de verschillende gezinnen Zijlmans en Van der Burg aan. In 1977 kreeg de familie Zijlmans voor hun hulp in oorlogstijd de onderscheiding van Yad Vashem uitgereikt. Mies van der Burg-Zijlmans was bij de plechtigheid in Jeruzalem aanwezig, evenals Carry en haar gezin.

Van degenen die vanaf oktober 1942 tot mei 1945 met elkaar in de bovenwoning aan de Mathenesserweg de afloop van de oorlog afwachtten, is nu alleen Carry nog over. Zij woont thans in Rishon le-Zion als matriarch van een inmiddels omvangrijke Joodse familie. Haar ervaringen heeft zij tijdens de oorlog nauwgezet te boek gesteld. Dat nu een veel breder publiek daarmee kennismaakt, verrast Carry. Ze heeft niettemin met overtuiging daartoe verlof gegeven: ze wil dat de naoorlogse generaties weten wat er in de oorlog is gebeurd, hoe Joden werden vermoord en hoe enkelen wisten te overleven. Maar ook hoe heel gewone mensen als de familie Zijlmans zonder al te veel grote woorden deden wat hun hand vond om te doen en een heel gezin redden van een gewisse dood. Helden bestaan – ze woonden aan de Mathenesserweg 28c.

Aantekeningen

15 Deze jongeren kwamen allemaal uit dezelfde sociale groep: Oost-Joodse immigranten in Nederland. De ouders waren actief in het Oost-Joods Verbond afdeling Rotterdam.
15 Haäwodah: zionistische jeugdbeweging in Rotterdam, aangesloten bij de landelijke Joodse Jeugdfederatie. Op deze jeugdbeweging werden cursussen Hebreeuws en Palestina-kunde gegeven, lezingen gehouden en Joodse feesten gezamenlijk gevierd.
15 Kornelis ter Laan, *Joodse overleveringen* (Haarlem 1937).
15 Goi: niet-Jood.
16 Chassene: Jiddisch: in strikte zin een bruiloft, veelal echter gebruikt in de betekenis van 'een feest'.
16 Het Joods Lyceum Rotterdam, gevestigd in de Jeruzalemstraat, was vanaf 1 september 1941 verplicht voor Joodse kinderen afkomstig van de openbare HBS, lyceum en gymnasium. De school stond onder leiding van rector en classicus dr. Simon Wijnberg.
16 Het Lyceum voor Meisjes in de Witte de Withstraat, die naast een vijfjarige opleiding M.M.S. (middelbare meisjesschool) ook een gymnasiumafdeling kende. Cary volgde het M.M.S.-traject.
16 Brandels vrouw was de Portugees-Joodse Suzanna Pinheiro (1909-1982).
17 Sjammes: het extra lichtje/kaarsje waarmee de andere kaarsjes aangestoken worden.
18 In de nacht van 3 op 4 oktober 1941 vond een Brits luchtbombardement op Rotterdam plaats, gericht op het havengebied, maar daarbij werden ook woonwijken getroffen. Meer dan 100 burgers vonden daarbij de dood.
19 Horra's: populaire dans in de Joodse gemeenschap in Palestina.

AANTEKENINGEN

25 Zeichel: Jiddisch: raad.
28 Hachsjara: landbouwopleiding ter voorbereiding op emigratie naar Palestina.
29 Zichron: afkorting voor Zichron Jaäkow, de zionistische jeugdbeweging voor de oudere jongeren. De bekendste 'Zichron' was in Amsterdam gevestigd, maar ook Rotterdam kende een eigen 'Zichron', evenals Haäwodah aangesloten bij de Joodse Jeugdfederatie.
30 Poerim: lotenfeest, waarbij de redding van het Joodse volk door middel van koningin Ester wordt gevierd. Dat gaat gepaard met carnevaleske grappen, cabaret en toneel.
31 Oemein: Asjkenazische variant van 'amen'.
34 Bomben auf Engeland: Duits propagandalied van Wilhelm Stöppler ter ondersteuning van de luchtaanvallen op Groot-Brittannië.
37 Het Israëlitisch Weeshuis te Rotterdam ving sinds 1833 Joodse weeskinderen uit de regio Rotterdam op. Het was gevestigd aan de Mathenesserlaan 208. Er woonden gemiddeld dertig kinderen. In 1943 werden de kinderen opgepakt en via Westerbork naar Sobibor gedeporteerd.
39 Banketbakkerij S. Weyl, Krugerlaan 68 te Gouda, had een vertegenwoordiging in Rotterdam bij de familie Mol, Hugo Molenaarstraat 29. Daar zat Bram de Lange op kamers.
42 Mizrachisten: orthodoxe zionisten, zelfstandig georganiseerd in de beweging Mizrachie en vertegenwoordigd binnen de Nederlandse Zionistenbond. In de grotere plaatsen waren er afzonderlijke mizrachistische jeugdbewegingen, elders waren orthodoxe, 'burgerlijke' en socialistische zionisten op elkaar aangewezen.
44 'We moeten sterren dragen': vanaf zondag 3 mei 1942 waren alle Joden in Nederland verplicht om de gele Jodenster zichtbaar op de kleding te dragen.
46 Henny v/d Broek: de naam is incorrect, het gaat om

Henny van den Bosch (1923-1993), die inderdaad met Sam Wijler (1923-2004) is getrouwd en naar Zwitserland verhuisd.

49 *Het Joodsche Weekblad* was vanaf 1941 het enige officiële medium voor de Nederlandse Joden, waarin onder meer de mededelingen van de Joodse Raad en de bezetters werden afgekondigd.

50 M.M.S.: Middelbare meisjesschool.

52 Joodse Schouwburg: de Hollandsche Schouwburg die in oorlogstijd fungeerde als de plaats waar Amsterdamse en andere Joden werden geconcentreerd, alvorens te worden gedeporteerd naar Westerbork.

53 Baantje bij de Joodse Raad: toen in juli 1942 de deportaties uit Rotterdam startten, ontstond een run op baantjes bij de Joodse Raad. Die verschaften een 'Sperr', waardoor de ontvanger tijdelijk van deportatie was vrijgesteld. Het aantal werknemers steeg in korte tijd van circa twintig tot vierhonderd. De Joodse Raad te Rotterdam was verantwoordelijk voor de Joden in Zuid-Holland/Zuid: voor onderwijs, zorg, financiën, voorlichting en het hele traject rond de deportaties.

54 Loods Stieltjesplein: Loods 24, één van de loodsen in het havengebied op de zuidoever tussen de Spoorweg en de Binnenhaven, waar Joden werden verzameld, geregistreerd en doorgezonden naar de kampen Westerbork of Vught. De Loodsdienst van de Joodse Raad zorgde voor de logistiek en ondersteuning.

60 Het geval Weinreb: De Scheveningse Oost-Joodse Friedrich Weinreb zette op eigen houtje een emigratielijst op, waarvan hij claimde dat een Duitse Wehrmachtgeneraal hem daarin ondersteunde. Het was echter geheel op zijn fantasie gebaseerd en in januari 1943 klapte de lijst. In het vervolg zette Weinreb, nu met steun van de Sicherheitsdienst, een tweede lijst op, met voor velen noodlottige gevolgen.

AANTEKENINGEN

61 Rosh Hasjana: Joods Nieuwjaar.
61 In sjoel geweest: omdat de grote synagoge aan de Gedempte Botersloot in 1940 bij het bombardement grotendeels werd verwoest, werden sindsdien de reguliere diensten gehouden in de synagoge Lew Jom aan de Joost van Geelstraat. Ook in de huissynagoge van het Israëlitisch Oudeliedengesticht aan de Claes de Vrieselaan werden sjoeldiensten gehouden, waar ook buurtbewoners naartoe gingen.
62 Hatikwa (Onze hoop): sinds 1897 het lijflied van de zionistische beweging met tekst van Naftali Herz Imber en vanaf 1948 het inofficiële volkslied van de Staat Israel. Pas in 2004 werd het officieel daartoe verheven.
64 Gojim: niet-Joden.
64 Jom HaKippoeriem: Grote Verzoendag.
66 Oudeliedengesticht: het Gesticht voorIsraëlietische Oude Lieden en Zieken, sinds 1900 aan de Claes de Vrieselaan.
68 J.A. Simons-Mees, *De Veroveraar. Atie's huwelijk* (1933); twee toneelteksten oorspronkelijk uit respectievelijk 1906 en 1907, later gezamenlijk uitgegeven.
69 Jan H. Eekhout, *De neger zingt* (eerste druk: Amsterdam 1920); bloemlezing van Afro-Amerikaanse dichtkunst. Waarschijnlijk las Rachel de derde druk uit 1939. De auteur ontpopte zich vanaf eind jaren 1930 tot een nationaalsocialistische schrijver.
69 Reno Muschler, *De onbekende* (vierde druk: Amsterdam 1941), uit het Duits vertaald door A. Saalborn. Gebaseerd op een legende rond een in 1900 in de Seine te Parijs gevonden vrouwenlichaam.
70 Helene Haluschka, *Hoe vindt U het jonge meisje?* (Heemstede 1937); uit het Duits vertaald door Annie Salomons. Boek waarin adviezen worden gegevens aan meisjes en hun ouders bij het opgroeien.
71 Genasjt: Jiddisch: gesnoept.

74 Gazzen: Jiddisch voor het Hebreeuwse chazzan: voorzanger, leider van de synagogedienst.
76 Barneveld: een selectie groep van in totaal 660 Joden die geacht werden van betekenis te zijn (geweest) voor het Nederlandse en/of Duitse maatschappelijk leven werd ondergebracht op Landgoed De Schaffelaar en Huize De Biezen. Op 29 september 1943 werd echter ook deze groep gedeporteerd naar Westerbork.
81 Henri van der Mandere, *Vredes-album. Gedachten over den vrede uit alle eeuwen* ('s-Gravenhage 1934).
81 Chr. Steketee, *Baby's eerste levensjaar. Wenken en verzorging van zuigelingen* (1e druk: Baarn 1934).
82 De stichting Paul Tétar van Elven reikte vanaf 1934 vierjaarlijks een prijs uit aan een kunstschilder jonger dan 31 jaar op het terrein van de historieschilderkunst. De prijs bestond uit een reisbeurs. De prijs werd mogelijk gemaakt door een legaat van de schilder Paul Tétar van Elven (1823-1896).
84 Op 19 januari 1943 werd in Ottowa prinses Margriet geboren.
86 Mussert voor onze ramen geplakt: afbeeldingen van de NSB-leider bevestigd op het huis van een ondergedoken Joodse familie.
87 Ja, 'wenn das Wörtchen 'wenn' nicht wär,' wär mein Vater Millionär'; Duits spreekwoord ontstaan naar het gelijknamige liedje in de film *Madame sucht Anschluß (Das Lied ist aus)* uit 1930 van regisseur Géza van Bolvary. De liedteksten zijn geschreven door Walter Riesch, de muziek is van Robert Stolz.
89 Op de Nederlandse generaal Hendrik Alexander Seyffardt (1872-1943), actief voor de Nederlandse SS'ers aan het Oostfront, werd op 5 februari 1943 een aanslag gepleegd. Een dag later stierf hij aan zijn verwondingen.
90 Een dergelijk omvangrijk boek over Napoleon kan in het Nederlands naar alle waarschijnlijkheid slechts dui-

AANTEKENINGEN

den op een tweetal titels: Emil Ludwig, *Napoleon* (Arnhem 1932), 721 pagina's; of: Jean de Barneville, *Napoleon: zijn helden en heldendaden* (Amsterdam z.j. [ca. 1930]), 875 pagina's.

92 De aanslag op Hermannus Reydon, prominent NSB'er en secretaris-generaal van het Departement van Volksvoorlichting en Kunsten, vond plaats op 6 februari 1943.

94 Het leeghalen van het Joodse bejaardentehuis, ziekenhuis en weeshuis op 26 februari 1943 luidde de laatste akte van Joods Rotterdam in. In totaal 250 personen werden door Nederlandse WA-agenten en de Sicherheitsdienst opgepakt.

95 Mevrouw [Den] Hartog: op dit punt klopt de informatie die het dagboek biedt niet. Kennelijk waren binnen het ziekenhuis andere geruchten in omloop. Directrice Elisabeth den Hartog was in november 1942 bij een inval van de SD opgepakt op verdenking van het onderdak verlenen aan de Joodse verzetsstrijdster Sara van Gigch en werd op 11 mei 1943 naar Westerbork gestuurd en in 1944 naar Auschwitz.

98 Op 8 november 1942 vielen Amerikaanse troepen in Operation Torch het deel van Noord-Afrika binnen dat onder controle stond van Vichy-Frankrijk.

98 Het bombardement van 31 maart 1943, van Amerikaanse bommenwerpers op Rotterdam-West, geldt als een vergeten onderdeel van de oorlogsgeschiedenis. Het doel – haven- en scheepsbouwinstallaties – werd gemist en de bommen vielen op woonwijken. Zeker 326 mensen stierven en 13.000 mensen raakten dakloos.

99 Jehoedim: Joden.

102 In de Doetinchemse 'Villa Bouchina' verbleven van februari tot 21 april 1943 negen Joden die onder persoonlijke bescherming van NSB-leider Anton Mussert stonden. Daaronder waren Joden die eerder lid waren geweest van de NSB, maar ook de tekenaar Jo Spier met zijn gezin.

102 Anton Hamsc Tammsaare, *Indrek. Roman uit Estland* ('s-Gravenhage 1941). Tammsaare (1878-1940) geldt als één van de grootste Estse auteurs. Dit boek is een filosofische ontwikkelingsroman uit een grotere cyclus, waarin kennis en lezen een grote rol spelen. Dat zal Carry ook geïnspireerd hebben tot de hierop volgende zinnen.

104 De razzia van 26 mei 1943 in Amsterdam-Centrum en -Oost leidde tot de arrestatie en deportatie van 3.000 Joden, nadat slechts 500 Joden zich de dag tevoren hadden gemeld.

106 De voorzitter van de Judenrat in Warschau was Adam Czerniaków. Een dag na de zgn. Grossaktion Warschau, de start van de grote uitroeiing van de Joden in het ghetto van Warschau, pleegde hij zelfmoord. Dat was op 23 juli 1942.

106 Op 18 januari 1943 begon de opstand van het getto van Warschau, een fel gevecht van Joodse verzetsstrijders tegen de Duitse troepen dat voortduurde tot 28 april van dat jaar.

107 Met een razzia op 20 juni 1943 werd het grootste deel van de nog legaal in Amsterdam verblijvende Joden opgepakt. Slechts een beperkt aantal 'gesperrden' resteerde daarna nog.

107 Rabbijn George de Lange (1876-1943) was werkzaam bij de Nederlands-Israëlietische Hoofdsynagoge Amsterdam. Hij was een oom van Froukje, Bram en Bora.

112 Alice Hobart, *Olie voor China's lampen* ('s-Gravenhage 1936), het boek waarop de destijds bekende film *Oil for the Lamps of China* (1935) was gebaseerd.

113 Fritz Schmidt (1903-1943), 'Generalkomissar zur besonderen Verwendung' voor de 'gelijkschakeling' van Nederland, viel op 26 juni 1943 uit een rijdende trein tijdens de inspectie van de Atlantikwall.

115 Arthur van Schendel, *Angiolino en de lente* (Maastricht 1943).
115 Otto den Deyl, *Dr. Knobbels problemen voor ervaren puzzelaars* (Amsterdam z.j.).
119 Treife: niet-kosjer, niet geoorloofd volgens de Joodse voedingswetten.
119 Pijanka: Pools: pijący, drinkster.
122 Niels Hoyer, *Heimwärts* (Den Haag/Wenen 1936), het boek was verboden Exil-Literatur, zowel vanwege de thematiek als de identiteit van de auteur. Hoyer was een pseudoniem van de Duits-Joodse schrijver Ernst Harthern (eerder: Jacobson).
124 Omer: de periode tussen Pesach en Sjawoe'ot, waarbij de vijftig dagen worden geteld (naar Leviticus 23,15).
125 pb: persoonsbewijs.
126 Lama Albert Arthur Yongden, *Mipam: de lama der vijf wijsheden. Een Tibetaansche roman* (Arnhem 1940). De auteur was inderdaad een Tibetaan, Aphur Yongden, die sinds 1925 in Frankrijk woonde.
126 Selma Lagerlöf, *Mårbacka* (Amsterdam 1923).
129 De Kruisdagen zijn in de katholieke kalender de maandag, dinsdag en woensdag voorafgaand aan Hemelvaartsdag.
131 Cor: het oude dienstmeisje van de familie, Cor Blaak.
132 Kvoetsah: Hebreeuws: gemeenschap.
133 De Graal: katholieke spirituele meisjesbeweging sinds 1921, gericht op missie, sociaal-culturele en religieuze activiteiten.
138 De aanslag van 20 juli 1944 op Hitler vond plaats onder leiding van graaf Claus von Stauffenberg en beoogde een staatsgreep om vervolgens de wereldoorlog te beëindigen. De aanslag mislukte echter en de daders werden berecht.
138 Gerd von Rundstedt (1875-1953), Duitse veldmaarschalk, werd in 1944 aangewezen als de opperbevel-

hebber voor het westfront.
143 Roel Houwink, *Goethe's Faust: een inleiding tot den zin van het werk* (Amsterdam 1943).
144 Celle (bij Hannover) en is uitgewisseld tegen Duitse krijgsgevangenen: in juni 1944 werden 222 Nederlandse Joden uit het concentratiekamp Bergen-Belsen uitgewisseld tegen Duitsers die in het Mandaatsgebied Palestina verbleven. Na de bevrijding bleek overigens dat Froukje niet tot de uitgewisselden behoorde, maar dat ze in Theresienstadt was geweest. Ze kwam in 1945 terug naar Nederland met hevige tuberculose en moest daarvoor enige tijd voor een kuur naar Davos.
148 Erev Rosh Hasjana: de avond ingaande Joods Nieuwjaar.
148 Lesjana haba'a biroesjalajiem: Volgend jaar in Jeruzalem (traditionele wens bij Pesach).
149 Geland bij Arnhem en Nijmegen: Operation Market Garden was de geallieerde poging van 17-25 september 1944 om een doorbraak te forceren en het Duitse industriecentrum in het Ruhrgebied te omcirkelen.
149 Spoorwegstaking: vanaf 17 september 1944, na een oproep daartoe van de Nederlandse regering in ballingschap via Radio Oranje, legden de 33.000 werknemers van de Nederlandse Spoorwegen het werk neer. Tot aan de bevrijding duurde deze staking voort.
151 Dr. Carl Völkers (1889-1970), Duitse nazi, sinds 1940 gevolmachtigde (Beauftragte) van de rijkscommissaris voor de stad Rotterdam.
151 Opstand Warschau: vanaf 1 augustus tot 2 oktober 1944 werd een felle strijd gevoerd in de Poolse hoofdstad door het Poolse verzetsleger Armia Krajowa. Het doel was zelfstandig de stad te bevrijden, om zo een communistische Sovjet-bezetting te voorkomen. Bij de strijd kwamen meer dan 200.000 mensen om en werd de stad grotendeels verwoest. Het Rode Leger was

AANTEKENINGEN

vlakbij, maar kwam niet te hulp.
152 Alexandra (Alja) Rachmanowa, *Liefde, Tscheka en dood* ('s-Hertogenbosch 1933).
156 D.A.P.: Duitse Arbeiderspartij, voorloper van de Nationaal-Socialistische Duitse Arbeiderspartij (NSDAP).
156 Het betreft de tandarts Frederik Christiaan Wicart (1901-1944), die sinds 1933 al NSB-lid was, maar zich in het zicht van de bevrijding wilde rehabiliteren en een actie op touw zette samen met enkele verzetsstrijders. Door verraad klapte de zaak en Wicart werd op straat, op de hoek Claes de Vrieslaan en 1e Middellandstraat, neergeschoten. Zijn huis aan de Mathenesserlaan 231 werd als represaille in brand gestoken.
157 Een illegale drukkerij bevond zich in het St. Franciscus Gasthuis, waar onder meer het blad *De Wacht* werd gedrukt.
157 Overval op Haagsche Veer: bij een geslaagde overval van het verzet op 24 oktober 1944 op het Hoofdbureau van de Politie, het Haagsche Veer, werden 46 mensen bevrijd. Als represaille werden direct vier arrestanten doodgeschoten, die op het trottoir moesten blijven liggen als afschrikwekkend voorbeeld.
158 Op 24 oktober 1944 werden in Amsterdam, op het kruispunt Beethovenstraat-Apollolaan, 29 willekeurige mensen doodgeschoten als represaille voor de moord op de beruchte SD-officier Herbert Oehlschlägel.
158 Co będzie, jak nie będzie: Pools: wat zal er zijn, als er niets is?
170 Cornelis Jamin: Bekende Rotterdamse keten van snoepwinkels.
178 'O, Kerstnacht schoner dan de dagen'. Traditioneel Nederlands kerstlied van Joost van den Vondel.
187 R.M.I.-zaak: Rotterdamsche Melkinrichting.
189 Een mof doodgeschoten: Een Nederlandse SS'er die op het postkantoor op de Coolsingel post kwam

bezorgen. Als represaille werden op 20 februari 1945 tien burgers vermoord.

191 Consi: Concentratiesigaretten, de aanduiding in oorlogstijd voor surrogaatsigaretten.

193 'Zou jij nog een borreltje lusten?': populair volksliedje.

193- 'Eet meer brood, brood is de staf des levens': voor-
194 oorlogse reclamecampagne via posters en bedrukte auto's om het eten van brood te bevorderen.

194 Hasjieweinoe: Hebreeuws/Jiddisch: letterlijk: voer ons terug (Klaagliederen 5,21), figuurlijk: weg, verdwenen.

200 Albert Kesseling, Duitse generaal en veldmaarschalk.

201 Seideren: het vieren van de seidermaaltijd op Pesach-avond.

205 Kosher: ritueel geoorloofd volgens de Joodse voedingswetten.

205 Herman de Man, *De heersers van het gewest* (Naarden 1941).

207 Erge zin om te schrijven: er is geen volledig verbod op schrijven gedurende Pesach, zoals dat wel voor sjabbat geldt, maar het Joodse recht heeft het wel beperkt en ontmoedigt het.

210 Haagse Veer: hoofdbureau van de politie te Rotterdam.

210 Hier haalt Carry verschillende bijbelse verhalen door elkaar. In plaats van de Filistijnen zullen de Amelekieten en in plaats van Jozua zal Mozes zijn bedoeld.

211 "om God te dienen en te verheerlijken": een verwijzing naar het eerste vraag en antwoord van de catechismus van de Rooms-Katholieke Kerk: 'waartoe zijn wij op aarde? Wij zijn op aarde om God te dienen en daardoor hier en in het hiernamaals gelukkig te zijn.' Tevens berustend op 2 Timotéüs 1,6.

216 B.E. Bouwman en Th.A. Verdenius, *Hauptperioden der deutschen Literaturgeschichte* (Groningen 1937), een destijds bekend schoolboek voor Duitse literatuurge-

AANTEKENINGEN

schiedenis, waarvan meerdere drukken verschenen.

224 'Dionne vijfling': een aanduiding voor de vijf onderduikers (vader, moeder, Rachel en Bram, Carry) in een zinspeling op de in 1934 in Canada geboren vijfling van de familie Dionne.

229 Mit dem Masse womit du gemessen hast, wird man auch dir messen; Mattëüs 7,2; Marcus 4,24.

230 Canadese veldrabbijn: met het Canadese legers kwamen verschillende legerrabbijnen mee, die een actieve rol speelden bij de eerste fase van de wederopbouw van het Joodse leven in Nederland.

231 Jewish Relief Unit: Brits-Joodse hulpverleningsorganisatie die vanaf 1943 in (bevrijd) Europa, in samenwerking met het Britse leger, steun verleende aan opgedoken Joden en Joden in de bevrijde concentratiekampen.

233 Celle: de Duitse plaats waarbij het concentratiekamp Bergen-Belsen was gelegen en waar relatief veel Nederlandse Joden naartoe gedeporteerd waren.

235 Jewish Brigade: de Joodse brigade in het Britse leger, bestaande uit vrijwilligers uit de Joodse gemeenschap in Palestina.

Personenregister

A

Akker, Jo, mogelijk is dit Joseph Isidor Louis Akker, Rotterdam 1912-Sobibor 1943. *209*

Andriesse, Joop (Joseph), geboren Utrecht 1924, was in oorlogstijd op hachsjara. Hij trouwde in 1944 met Sophia Sara Hes. Wist de oorlog te overleven en emigreerde later naar Israël. Broer van Mirjam en Ted. *23-24*

Andriesse, Mirjam, geboren Deventer 1933, overleefde de oorlog in Westerbork en Bergen-Belsen en emigreerde naar Israël. Trouwde met Aharon Lapid. *23*

Andriesse, Ted (Rosetta Cato), geboren Utrecht 1927, overleefde de oorlog in Westerbork en Bergen-Belsen. Huwde later met psychiater Herman Musaph. Oud-voorzitter Anne Frank Huis en Joods Historisch Museum. *22-24*

Aribo, Iskar, pseudoniem van Isaac Cohen, Rotterdam 1908-1999, dirigent en pianist. Was als 'half-Jood' minder bedreigd en had daarom ook een Joods familielid, het jongetje Tommy Cohen, als onderduiker. *51*

B

Better, Beile (Balbina), Tarnow 6 september 1871-1942. Rijke dame uit Krakau, moeder van tante Hela (Hendel/Helena) Schmerling-Better, die in 1938 van Berlijn naar Palestina ging. *70*

Berg, mr. Mark Louis van den, Rotterdam 1909-Dachau 1945. Advocaat en procureur. Medeoprichter in het najaar van 1940 van een Joodse Coördinatie Commissie voor Rotterdam, met als doel een zelfstandig beleid voor de Rotterdamse Joden uit te zetten. In oktober 1941 dwongen de nazi's echter tot de oprichting van een Joodse Raad Bureau Rotterdam. Van den Berg werd vervolgens een van

de leidende figuren van de Rotterdamse Joodse Raad. *65,
99, 252*
Bialer, Chil Majer, Warschau 1889-Sobibor 1943, dassenfabrikant, verloor zijn huis in het bombardement op Rotterdam, en woonde daarna met zijn gezin op het Ungerplein. Op 3 november 1942 ging de familie naar Amsterdam. *243, 255*
Bialer-Rechtmann, Rochma, Warschau 1891-Sobibor 1943, getrouwd met Chil Majer Bialer. *40, 243, 255*
Bialer, Hanni (Hana), Warschau 1918-Auschwitz 1942, dochter van Chil Majer en Rochma Bialer, trouwde in 1942 te Rotterdam met Sally Lipszyc. *15, 46, 243, 255*
Blaak, Cor, het oude dienstmeisje van de familie Ulreich. *131, 224*
Blik, werkte bij de Joodse Raad Bureau Rotterdam. *58*
Bosch, Henny van den, 1923-Zürich 1993, niet-Joodse verloofde van Sam Wijler. In het dagboek eerst foutief aangeduid met de achternaam Van den Broek. *46, 52, 226*
Bosman, Salomon (Sam), Rotterdam 1925, heeft de oorlog overleefd, vluchtte naar Zwitserland, ging in 1946 naar Palestina, maar keerde later weer terug naar Nederland. *15, 16, 26-28*
Bosman, Mathilde (Tilly), Rotterdam 1923, zus van Sam, heeft de oorlog overleefd door uit kamp Westerbork te vluchten, ging later naar Israël. Trouwde met de Silvanus Schüller. *15, 28, 30, 38, 39, 47, 94*
Brandel, James, Rotterdam 1903-Rotterdam 1971, leraar wis-, natuur- en werktuigkunde op het Joods Lyceum in oorlogstijd. Na de oorlog was hij van 1962-1968 rector van de Bergsingel-HBS, later Willem de Zwijger HBS genoemd. *16, 19*
Brandes, Sam (Samuel), Rotterdam 1917-Midden-Europa 1944. *17, 21, 22*
Bril, Nieke (Eugenie Nicolette), Rotterdam 1926-Mainau 1945. In 1944 van Westerbork naar Theresienstadt en van-

daar naar Auschwitz gedeporteerd. Overleden bij het meer van Constanz. *33*

Bril, René, neef van Nieke Bril. *35*

Bueren, Flip van, jongen uit de vriendenkring van de zussen Ulreich. *29, 37, 38*

C

Coevorden, Herman van, Rheden 1924-Enschede 1944, was administratief medewerker van de Joodse Raad te Rotterdam, zat ondergedoken te Hengelo (O), werd opgepakt en doodgeschoten. *15, 26, 28, 54, 55*

Cohen, dr. Hendrik, apotheker. Aanvankelijk lid van de Joodse Coördinatie Commissie Rotterdam, maar vanaf oktober 1941 één van de leiders van de Joodse Raad Bureau Rotterdam. *58, 99, 105, 117, 144, 252, 254*

Cohen, Jetty (Judith), Rotterdam 1916-Auschwitz 1942, getrouwd in 1941 met Leisor Kornfeld. *46*

Corper, Hetty (Hester), Amsterdam 1927-Sobibor 1943. *15, 19, 28, 50, 54, 56, 57, 58*

D

Dam, Ab van, Rotterdam 1924-Sobibor 1943. *34*

Dantzig, Dolf (A.M.) van, 1922-2006, broer van Louki. Weet met zijn familie naar Zwitserland te vluchten en zo de oorlog te overleven. Nam in 1944 dienst in het geallieerde leger. Is van 1967-1982 zakelijk leider van het Concertgebouworkest in Amsterdam geweest. *62*

Dantzig, Jenny (Louise) van, Rotterdam 1924-Auschwitz 1943. Werd op de vlucht in Frankrijk opgepakt en via het doorvoerkamp Drancy naar Auschwitz gedeporteerd. *51*

Dantzig, Louki (Louise Susanna) van, Rotterdam 1925-Amsterdam 2014, overleefde de oorlog, trouwde met Berthold Barend Stokvis. *43, 51, 62*

Davids, Aäron Barend N., Amsterdam 1895-Bergen-Belsen 1943, kleinzoon van de invloedrijke Amsterdamse opperrabbijn Joseph Hirsch Dünner, opgeleid op het Nederlands Israëlietisch Seminarium en zelf achtereenvolgens opperrabbijn van Leeuwarden (1924-1927), Groningen (1927-1930) en Rotterdam (1930-1943). Davids was mizrachist, een uitgesproken religieus zionist, iets wat destijds onder de rabbijnen weinig voorkwam. *19, 20, 114, 115, 244, 265*

Davids, Elijah Nachman, Leeuwarden 1925-Bergen-Belsen 1943, zoon van de opperrabbijn. Opgepakt als kok bij de deportatie van het Oudeliedengesticht. *95*

Dijk, familie Van, niet te achterhalen op welke familie Van Dijk precies gedoeld wordt. *104*

Dijk, Mies van, 27 jaar in 1944. *134*

Drielsma, Harry, mogelijk: Hartog, Sneek 1911-Auschwitz 1944, vrachtwagenchauffeur. Gemengd gehuwd, maar toch gedeporteerd. *30*

Dullemen, dr. Johanna Jacoba van, 's-Hertogenbosch 1892-Rotterdam 1972, studeerde Engels in Groningen, Amsterdam en Oxford en promoveerde in 1924. Zij was sinds 1935 directrice van de 2^e HBS voor Meisjes en werd in 1942 directrice van het verenigde Lyceum voor Meisjes, inclusief de Middelbare Meisjesschool die Carry bezocht. In 1943 werd zij door de bezetter geschorst. Na de bevrijding hervatte ze haar functie tot 1955. *229*

E

Eitje, Carolina, Amsterdam 1883-Amsterdam 1968, Amsterdamse geschiedenisdocent aan de Joodse HBS, veelgevraagd zionistisch spreekster. *19*

Elzas, dr. Mozes, Rotterdam 1888-Rotterdam 1982. Studeerde medicijnen in Amsterdam en promoveerde in 1916. In 1917 werd hij aangesteld als internist bij het Israëlitisch Gesticht voor Oudelieden en Zieken. Hij gold als diabetesspecialist. Als geneesheer-directeur koos hij ervoor in 1943 met zijn patiënten mee te gaan naar Westerbork.

Daar vandaan werd hij overgeplaatst naar Barneveld, waar ook zijn gezin was. In 1944 werd hij gedeporteerd naar Theresienstadt, waar hij de oorlog overleefde. Van 1946-1953 was hij hoofd interne afdeling van het Coolsingelziekenhuis te Rotterdam. Daarnaast zette hij zich sterk in voor de wederopbouw van Joods Rotterdam. *95*

Esso, Arnold Hans van, Zwolle 1922-Israël 2006. Groeide op in Meppel, waar zijn familie in de Joodse gemeenschap een toonaangevende rol vervulde. Van 1929-1933 woonden zij echter in Rotterdam. Arnold ging naar de HBS in Meppel, maar moest vanwege de oorlog zijn diploma halen op het Joods Lyceum Zwolle. Hij overleefde de oorlog ondergedoken in Rotterdam, waar hij na de bevrijding onder meer Carry tegenkomt. Hij emigreerde later naar Israël. *232*

F

Fekete, Salomon, 1867-Auschwitz 1942, getrouwd met Adèl, eigenaar mantelmagazijn, woonde Tellingerstraat 35, bevriend met de familie Ulreich. *37, 64*

Fekete, Adèl, Diczsoszentmarton 1876-Auschwitz 1942. *37, 64*

Franken, Hannele, geboren 1923, dochter van advocaat en rechter mr. Maurits Franken en de Russisch-Joodse Sonja Druy. Zij heeft de oorlog overleefd, trouwde met Ies Klausner en emigreerde naar Israël. *15, 28, 38, 47, 51, 101, 227, 268*

Frederikstadt, Roland (Israël Alexander), Amsterdam 1921-Flössenburg 1945. Vriend van Bram. Actief in de zionistische beweging. Trouwde met Vera Bos. In 1943 via Vught naar Auschwitz gedeporteerd. Omgekomen in concentratiekamp Flössenburg vlak voor de bevrijding, op 13 april. *53, 62, 82, 90, 94, 105*

Frenkel, Mirjam, Rotterdam 1922-Sobibor 1943. In het dagboek aangeduid als het 'meisje van Frenkel'. Zij was na een

jeugd in het Joods Weeshuis te Leiden in 1941 in Rotterdam en werkzaam als kokkin bij het Israëlietisch Weeshuis te Rotterdam. Bij de grote deportatie in 1943 van Oudeliedengesticht, ziekenhuis en weeshuis werd ook zij opgepakt en gedeporteerd. *95*
Frieser, Robert (Rob), Rotterdam 1924-Dorohucza 1943. *20, 32*

G

Ganz, Strul (Israël), Bârsana (Roemenië) 1902-Auschwitz 1943. Hongaars/Roemeens-Joods, in 1936 benoemd tot sjochet (ritueel slachter) van de Nederlands Israëlietische Gemeente Rotterdam. Hij had een groot gezin. *64*
Gorki, in onderduik gepakt. *173*

Familie Gottlieb:
Grootvader Adolf Gottlieb, Bochnia 1868, en grootmoeder Rachele Auerfeld, Krakau 1869
Gottlieb, moeder Anna Fany, Krakau 1896-Jeruzalem 1985. *Passim*
Gottlieb, tante Dora, Krakau 1892-Auschwitz 1943. In 1938 naar Nederland gekomen, maar door het uitbreken van de Tweede Wereldoorlog verhinderd terug te keren naar Polen. Aanvankelijk ingeschreven bij de familie Ulreich in Rotterdam, later naar Utrecht verhuisd. Huishoudster. *22, 41, 67, 70-71, 73, 91-92, 131, 147, 193, 212, 235, 242-243, 256, 264*
Gottlieb, Izydor (Iziu), Krakau 1905, dokterspraktijk te Krakau, overleefde de oorlog. *22, 70, 73, 97, 106-107, 131, 182, 185, 212, 242, 264*
Gottlieb, Maurycy (Mondek), Krakau 1898, tandarts, overleefde de oorlog. *22, 172, 241, 263*

Goudsmid, Arthur, Rotterdam 1928-Auschwitz 1942. *15, 26*
Goudsmid, Richard, Rotterdam 1924-Auschwitz 1943. *66*

Groot, Lourens de, Rotterdam 1874-Bilthoven 1963. Liberaal politicus, Rotterdams wethouder van onderwijs van 1927-1931 en van 1939-1942. Na de bevrijding was hij van 1 juni tot 9 november 1945 lid van de Raad van Advies van het gemeentebestuur van Rotterdam. *229*

H

Haagman, Clara, Rotterdam 1925-Newport Beach, Orange, Californië 2002. Klasgenote van Carry op het Joods Lyceum. In 1942 via Loods 24 naar Westerbork gedeporteerd met haar ouders. Daar werkte ze in de batterijensloperij die door haar vader was opgezet en werd geleid. Hierdoor wist het gezin de oorlog in Westerbork te overleven. *16, 20, 43, 55, 56*

Haas, Belia de, Rotterdam 1927-Sobibor 1943. *15*

Haas, Jaap de, broer van Simon, van de Mathenesserlaan. *47*

Haas, Simon de, Amsterdam 1914-inmiddels overleden. In het dagboek aangeduid met 'de pianist'. Hij overleefde de oorlog en trouwde in 1947 met Elly Sonja Weijl. *40, 47, 192*

Haas, Simon Jacob de, Rotterdam 1920-Naarden 1993. In het dagboek aangeduid met: 'van de Mathenesserlaan' (hij woonde met ouders en zus op nummer 273). Als enige van het gezin wist Simon de oorlog te overleven. Hij verloofde zich in 1945 met Leni (Helena Rebekka) Elzas en trouwde vervolgens met haar. *47, 230*

Haas, Tootje (Cato) de, Rotterdam 1926-Sobibor 1943. *15, 26, 28, 32*

Hachgenberg, Max (Meijer Abraham), Rotterdam 1925-Auschwitz 1942. *20, 33, 34, 35, 43, 57, 192*

Hak, Edith van der, Bremen 1922-Auschwitz 1942. Weggevoerd als kok vanuit het Israëlietisch Gesticht voor Oudelieden en Zieken. *17*

Hamburger, mr. Mannie (Emanuel), Nijkerk 1901-Heinenoord 1945, geschiedenisdocent aan het Joods Lyceum te

Rotterdam. Hij woonde in Dordrecht waar hij tot 1941 docent economie en geschiedenis was aan de gemeentelijke HBS. Hamburger was lid van de Provinciale Staten van Zuid-Holland voor de SDAP. Door verraad van een Dordtse oud-leerling bij de SD werd hij in 1944 opgepakt en in 1945 gefusilleerd. *43*

Hartog, Elisabeth den, Hendrik-Ido-Ambacht 1897-Auschwitz 1944. In het dagboek 'mevrouw Hartog' genoemd. Elisabeth volgde een opleiding tot verpleegster aan het Portugees-Israëlietisch Ziekenhuis te Amsterdam en werd in 1929 in het Israëlietisch ziekenhuis Megon Hatsedek aan de Claes de Vrieselaan/Schietbaanlaan benoemd als hoofdzuster. Later volgde promotie tot directrice. Gedurende de oorlog nam zijn zoveel mogelijk patiënten op in een poging hen te vrijwaren van deportatie. In 1942 werd zij gearresteerd door de Sicherheitsdienst op verdenking van het verlenen van onderdak aan de Joodse verzetsstrijdster Sara van Gigch in het ziekenhuis. In 1943 werd zij doorgestuurd naar Westerbork en in 1944 naar Auschwitz. Daar kwam zij om. *95, 276*

Hartog, Estella Sally Francisca (Stella), geboren Waalwijk 1911. Woonde in Utrecht, bezocht het Stedelijk Gymnasium, was actief in de zionistische Joodse Jeugdfederatie en leerde Carry kennen via haar nichtje Ted Andriesse. Zij overleefde de oorlog ondergedoken in Bodegraven. Emigreerde naar de Verenigde Staten en trouwde in 1951 met haar Joodse huurbaas in New York, Toby. Werd in 1952 Amerikaans staatsburger. *24*

Hausdorff, David, Rotterdam 1901-Antwerpen 1990. Huisarts en prominent bestuurder in de Nederlands Israëlietische Gemeente Rotterdam. Leidend figuur binnen de streng orthodoxe, niet-zionistische Agoedas Jisroeil. Na het Erasmiaans Gymnasium studeerde hij medicijnen in Utrecht en Amsterdam en had vervolgens van 1930-1978 een praktijk op de West-Kruiskade 38a (later 6a). Tijdens de oorlog moest hij in Loods 24 de opgeroepenen medisch keuren. In 1943 ging hij in de onderduik. Hij overleefde met zijn gezin de oorlog en zette zich na 1945 onvermoeibaar in voor de wederopbouw van het Joodse leven in de Maasstad. *55*

Heyden, Tiny (Martinus) van der Heyden, 's-Hertogenbosch 1913-Sobibor 1943. Zionist, leraar aardrijkskunde aan het Joods Montessori Lyceum Zuid te Amsterdam. *32*

Heidt, Eddy Josef, geboren Rotterdam 1925. Zijn vader werd als Duitse Jood na het begin van de oorlog samen met NSB'ers en andere 'vreemdelingen' geïnterneerd door de Nederlandse politie. Tijdens het bombardement op Rotterdam in mei 1940 verloor hij het leven. De gymnasiast Eddy dook in 1943 onder in Aalsmeer. Hij overleefde de oorlog en vestigde zich later in de Verenigde Staten. *62*

Herschberg, Israël Samuël (Bobby), Rotterdam 1928-Delft 1998. Telg van een Oost-Joodse familie, bezocht het Erasmiaans Gymnasium en later het Joods Lyceum. In 1944 werd hij in Amsterdam opgepakt en via Westerbork naar Bergen-Belsen gedeporteerd. Hij wist de oorlog te overleven en studeerde te Amsterdam scheikunde. In 1978 werd hij benoemd tot hoogleraar informatica aan de Technische Universiteit Delft. *15, 22, 243*

Herschberg, Hadassa, Rotterdam 1935. Zus van Bobby. Overleefde het concentratiekamp Bergen-Belsen. *15, 243*

Hesseling, Wim, vriend van Mies van Dijk. *134*

Hochfeld, Juchoes; ook: Joechoes (Jacob/Jakob Hirsch), Krakau 1911-Tröbitz 1945, kleermaker, neef, getrouwd in 1939 met Dina van Biene. *52-53, 63, 96, 195, 242, 263*

Hochfeld-van Biene, Dina (Diny), Gouda 1916-overleden 1980, getrouwd met Juchoes Hochfeld. Samen hadden ze één dochtertje, Ruchla, dat de oorlog heeft overleefd. *52-53, 63*

Hochfeld, Peretz, Chrzanów 1907-Auschwitz 1944, neef. *52, 63, 96, 242, 263*

Hochfeld-Rosenberg, Frida (Fradla), Ermigrod 1912-Auschwitz 1944, getrouwd met Peretz Hochfeld. *52*

J

Jong, Hans de, Frankfurt am Main 1924-Auschwitz 1943. Duits-Joodse vluchteling. *57, 58*
Jong, Walter de, Frankfurt am Main 1925-Auschwitz 1943. Broer van Hans. *57*
Jong, Sam de, zat op koor, zong tijdens synagogediensten met voorzanger Rokach. *30, 61*
Jungholz-Temianka, Lina, Lodz ca. 1891-Rotterdam 1975. Actief in Oost-Joodse gemeenschap in Nederland. Overleefde de oorlog in onderduik. *230*
Jungholz, Rosy (Rosi), Rotterdam 1919-'s-Gravenhage 1995. Dochter van bovenstaande. Getrouwd met Julius Hasfeld. *230*

K

Kahn, Sidney, ca. 30 jaar, leraar chemie, Engels of Canadees. *232*
Kattenburg, Rita, Rotterdam 1913-Sobibor 1943, concertpianiste en pianodocente. *51*
Kaufman, Carel Albert (ook: Karel Kaufmann), Hengelo 1920-Auschwitz 1944. Hij was economiestudent, lid van de zionistische studentenorganisatie NZSO en ging in het verzet bij de Westerweelgroep. Na opgepakt te zijn door de Sicherheitsdienst, sloeg hij door en verraadde zijn vrienden en familie. De medewerking baatte hem niet, hij werd als strafgeval naar Westerbork gestuurd en kwam om in Auschwitz. *15, 38, 47, 48, 120, 230*
Keizer, Jaap, een vriend van Mies Zijlmans. *116*
Kikkert, Adriaan (Ad), Rotterdam 1914-Brouwershaven 1995. Impressionistisch schilder, opgeleid aan de kunstacademie te Rotterdam, bevriend met Bob Zijlmans. Hij schilderde vooral landschappen, stads- en havengezichten

en rivierlandschappen. *87*
Kindler, Adolf, Rawa Ruska 1899-Sobibor 1943. Vader van het Oost-Joodse gezin Kindler.
Kindler-Kornfeld, Ides, Warschau 1906-Sobibor 1943. Moeder.
Kindler, Bronia (Gitta Bronia), Chemnitz 1929-Sobibor 1943. *15*
Kindler, Markus Sigmund (Mundi), Chemnitz 1924-Sobibor 1943. Zoon, zat aanvankelijk op het Erasmiaans Gymnasium, later op het Joods Lyceum. *15, 46*
Kindler, Herz, Rotterdam 1938-Sobibor 1943. Jongste zoontje uit het gezin Kindler.
Klawier, Mira, Rotterdam 1928-Sobibor 1943. *15*
Koe, mejuffrouw dr. Anna Cornelia Sophia (Annie) de, Utrecht 1883-Noordwijk 1977, studeerde in Utrecht letteren en wijsbegeerte en promoveerde in 1910 in de Nederlandse letterkunde. Sinds 1926 in Rotterdam directrice van de HBS voor Meisjes in de Witte de Withstraat, waar Carry voor de start van het Joods Lyceum naartoe ging. In 1942 werden op last van de bezetter de twee meisjesscholen samengevoegd, werd mej. De Koe op wachtgeld gezet en werd mej. Van Dullemen de rectrix van de gehele school. *126, 229*
Kloppert, Jacobus Johannes (Koos), Rotterdam 1892-1969. Aardrijkskundeleraar op de HBS voor meisjes, in 1941 gegijzeld en in het kamp in Sint-Michielsgestel geplaatst. *138*
Koning, dr., huisarts van de familie Zijlmans. *97*
Kornfeld, familie: Oost-Joodse familie in Rotterdam en Brussel, bestaande uit de broer Leo (Leisor; Rotterdam) en de zussen Ides (getrouwd met Adolf Kindler, Rotterdam), Feiga (getrouwd met Szlama Rynderman, Rotterdam/Woerden), Marthel (Rotterdam) en Esther (getrouwd met Moritz Rosenfeld, Brussel).
Kornfeld, Leo (Leisor), Warschau 1911-Auschwitz 1942,

trouwde in 1941 met Jetty Cohen. *46, 224*

Kornfeld, Marthel (Matla), Warschau 1913-Auschwitz 1942, getrouwd met de confectiehandelaar Abraham van der Stam. Beiden zijn gearresteerd op de vlucht naar Zwitserland op het station in Brussel. Vastgezet in de Dossin-Kazerne en gedeporteerd naar Auschwitz. *46*

Koster, Herman, Rotterdam 1925-Sobibor 1943. *29*

L

Landau, Dora, Rotterdam 1922-Leipzig 1945. *15, 95*

Lange, Samuël de, Enkhuizen 1879-Sobibor 1943. Godsdienstonderwijzer. Was het eerste tijdelijke onderduikadres voor Carry, vanuit de gedachte dat Joden op het platteland als laatste door de nazi's opgepakt zouden worden. Vader van Bram. *67, 71-73, 144, 257*

Lange-Bernard, Sientje de, Groningen 1885-Sobibor 1943. Moeder van Bram. *67, 71-73, 144, 257*

Lange, Debora (Borah) de, Hoogezand 1922-inmiddels overleden, zus van Bram. Werkte aanvankelijk als kok in het Israëlietisch Weeshuis te Rotterdam. Overleefde de oorlog in onderduik bij de familie G. Boontjes in Burgerbrug. *36-39, 43, 131, 143, 145, 181, 224, 225, 235*

Lange, Abraham Louis (Bram) de, Hoogezand 1919-Rotterdam 1946. Verloofde van Rachel, overleed na de bevrijding. *Passim*

Lange, Froukje Deborah de, Hoogezand 1916-Groningen 2005. Eén van de vier vaste secretaresses van de Joodse Raad te Amsterdam, fungerend als de privé-secretaresse van co-voorzitter prof. dr David Cohen. In 1943 naar Westerbork, in 1944 naar Bergen-Belsen gedeporteerd. In 1945 bevrijd te Tröbitz. Zij trouwde in 1964 met Theodore Levie. Zus van Bram. *58, 60-63, 65, 72, 90-93, 95, 97, 104-105, 107-108, 113, 117, 121, 131, 144-146, 148, 225-226, 233, 235, 256, 258, 266, 280*

Lange, George de, Amsterdam 1876-Sobibor 1943. Hij was werkzaam als rabbijn bij de Nederlands-Israëlietische Hoofdsynagoge Amsterdam. Hij was een oom van Froukje, Bram en Borah. *107*

Leeuwe, Milly de, niet te achterhalen wie dit geweest is. *15, 21, 22, 25, 26, 27*

Levison, Frits, niet te achterhalen wie dit geweest is. *30*

Liever, de, medewerker van de Joodse Raad Bureau Rotterdam. *65*

Lipfrajnd, Fella, Rotterdam 1922-Monowitz 1942. *22*

Lipszyc, Sally (Salli), Rychswal 1918-vermist; in 1942 getrouwd met Hana Bialer, op de vlucht naar Zwitserland gepakt. Hij was de zoon van de chazzan Lipszyc van de NIG. *15, 46*

Lobstein, Salom (Sal), Meppel 1916-Arnhem 1998. Hij trouwde direct na de bevrijding, op 24 mei 1945, met Carolina (Corry) Meijer, Borculo 1913-Arnhem 1997. Corry's moeder was een Wijler en het gezin Meijer woonde al sinds 1929 in Rotterdam. *231, 232*

Lush, Hyman, van oorsprong Russische Jood, in 1913 genaturaliseerd tot Brit, waarbij hij zijn naam veranderde van Lushinski in Lush. Hij was werkzaam bij de Jewish Relief Unit en verleende steun aan de wederopbouw van Joods Nederland. *231, 232*

M

Maarssen, vier broers, zoons van de zionistische deurwaarder Jacques Maarssen en Anna Henriëtte Polak. Op de vlucht naar Zwitserland werden zij opgepakt en via het Franse kamp Pithiviers naar Auschwitz gedeporteerd, waar ze alle vier omkwamen:

Maarssen, Henri Salomon, Rotterdam 1919-Auschwitz 1942.

Maarssen, Mozes (Bob), Rotterdam 1921-Auschwitz 1942. Hij was leerling van de Hogere Textielschool Enschede, maar werd daar na de zomervakantie van 1941 niet meer toegelaten. Hij vervolgde zijn studie aan het Joods Lyceum in Rotterdam. *19, 20, 30, 32*

Maarssen, Salomon Alexander, Rotterdam 1922-Auschwitz 1942.

Maarssen, Bernard, Rotterdam 1924-Auschwitz 1942. *16, 34, 43*

Mak, Dora (Doris), Malmö 1922-Sobibor 1943. Haar vader was voorzanger (chazzan) en ritueel slachter (sjochet) bij de Nederlands Israëlietische Gemeente Rotterdam. Bram de Lange zat hij de familie Mak in de kost. *15-17*

Meerschwam, Dinah, Chrzanów 1919-Auschwitz 1944. *15, 209, 243*

Meijer, Hartog (Harry), Borculo 1918-Auschwitz 1943. Studeerde in Amsterdam farmacie, zionist, neef van Wiet Wijler en broer van Corry Meijer (na de bevrijding getrouwd met Sal Lobstein). Deed eerder twee tevergeefse pogingen naar Engeland te vluchten en werd op zijn vlucht naar Zwitserland, samen met zijn broer Sam, opgepakt. *28*

Messcher, Hermanus (Herman), Harlingen 1907-Theresienstadt 1944. Oorspronkelijk afkomstig uit Meppel. Werkte bij de vellenbloterij van Hartog van Esso. Had een Sperre van de Joodse Raad Bureau Rotterdam, maar dat baatte hem en zijn gezin uiteindelijk niet. *65*

Mulder, Froukje, oud-collega van Bram de Lange, heeft economie gestudeerd. *83, 257*

N

Nachtegall, familie. Vader Nico (Nathan, Rotterdam 1894-Rotterdam 1972), Joods, had een bontzaak, 'Het Bonthuis van Vertrouwen', aan respectievelijk Spuiwater 15b, Spuiwater 26, Keizerstraat 10, Westewagenstraat 96, Mathenesserlaan 387, 's Gravendijkwal 10 en de Lijnbaan 64. Met zijn niet-Joodse vrouw Cor(ry) Heschlê (Cornelia Jeannetta, Schiedam 1899) had hij een dochter, Elly (Ellie,

Rotterdam 1925), en een zoon, Simon (Rotterdam 1927). De Nachtegalls waren bevriend met de familie Ulreich en hoefden dankzij hun gemengde huwelijk niet onder te duiken. Vanaf 1941 stond de zaak van Nachtegall wel onder een door de bezetters aangestelde 'beheerder' (bewariër), een zekere F. Hesselmanns. *172, 191, 223, 224, 225, 227*

Narva, mevrouw, dame uit Rotterdams-Joodse familie. *22*

Nathans, Max, waarschijnlijk: Marcus, geboren Arnhem, heeft de oorlog overleefd, getrouwd met Jose Hilda Augusta Busnac. Geëmigreerd naar Israël, woonachtig in kibboets Matzuva. *34*

Nijveen, Daniël (Daan), ook bekend als: Daniël Mozes, Assen 1919-Sobibor 1943. De familie was in Assen en daarbuiten bekend onder twee achternamen: Mozes en Nijveen. Daniël studeerde economie in Rotterdam, trouwde daar in oorlogstijd met Betje Braadbaart. Ze doken samen onder, maar werden verraden en gedeporteerd. *15*

Noach, Samuel Simon (Sally), Zutphen 1888-Bussum 1959. Opgegroeid als weeskind in het Centraal Israëlietisch Weeshuis te Utrecht. Trouwde met de dochter van het ouderpaar dat het weeshuis leidde. Werd leraar Duits aan de HBS in Rotterdam en was in de oorlog werkzaam op het Joods Lyceum. Hij overleefde mede dankzij plaatsing op de 'Barneveldlijst'. *17, 19*

O

Oskam, mr. Gerard Cornelis Adrianus, Den Haag 1880-Rotterdam 1952. Prominent Rotterdams advocaat, zeer actief in de schaakwereld en met een groot Joods netwerk. In de oorlog verbleef hij als gijzelaar in het kamp Sint-Michielsgestel. Na de oorlog werd hij benoemd tot advocaat-fiscaal bij het Bijzonder Gerechtshof te Arnhem, waar hij daarna raadsheer werd. In zijn laatste levensjaren pakte hij zijn advocatenpraktijk weer op. *227*

P

Pels, familie, mogelijk wordt hierbij gedoeld op vader Herman (Delfzijl 1875-Auschwitz 1942) en zoon Jakob (Rotterdam 1908-Auschwitz 1943). *58*

Pierot, zal naar alle waarschijnlijkheid verwijzen naar iemand uit de prominente Rotterdams-Joodse familie van scheepsmakelaren. Een deel van de familie was al voor de oorlog naar New York geëmigreerd. *58*

Posner, Betty (Betje Hanna), Rotterdam 1927-Sobibor 1943. *15, 27-29*

Praag, Carolina Margaretha (Lieneke) van, Rotterdam 1925, groeide op in een bemiddeld Joods milieu in Schiedam, met zionistische inslag. Overleefde de oorlog. *31, 32*

Q

Querido, Jaap, Rotterdam 1916-Etten-Leur 1992. Afkomstig uit een groot, arm Joods gezin. Zijn eerste vrouw Bertha Valk (Wildervank 1916-Auschwitz 1943) verloor hij in de oorlog. Zelf overleefde hij ondergedoken in Laren. Hij hertrouwde met Louisa Been. Hij ging voor korte tijd naar Israël, maar keerde terug naar Rotterdam en had daar decennialang een bekende fruitkraam. *19, 20, 30*

R

Rees, dr. Matthijs van, Den Haag 1899-Rotterdam 1974. Aanvankelijk wiskundedocent op de Eerste HBS te Dordrecht, maar in 1934 benoemd aan het Erasmiaans Gymnasium in Rotterdam. Tijdens de oorlog doceerde hij aan het Joods Lyceum. In 1928 promoveerde hij te Leiden. Hij was zeer actief in de damsport. Van Rees was gehuwd met de pianodocente Sara Koekoek. *19, 45, 50*

Rippe, Hans Nico, Rotterdam 1926-Sobibor 1943. *28, 29*

Rokach, Mendel, Waniswice 1906-Auschwitz 1944. Eerste voorzanger van de Nederlands Israëlietische Gemeente Rotterdam. Afkomstig uit een vroom Oost-Joods milieu,

bezocht onder meer de jesjiewa te Lublin. Werd in 1932 te Stanislau, in 1936 te Lemberg en in 1939 te Rotterdam als chazzan (voorzanger) benoemd. Na zijn deportatie leidde hij ook in Westerbork nog diensten. *61, 95*
Roos, Bram, leeftijdsgenootje van Carry. *15*
Rosenberg, familie. Bioscoopexploitant David Rosenberg Warschau 1883-Midden-Europa 1945, en diens vrouw Jeannette Schustirowitz (Rotterdam 1887-Auschwitz 1944). *22*
Rynderman (ook: Rijnderman), Szlama, Warschau 1909. Poolse nationaliteit. Grossier in kousen en sokken. Trouwde in 1929 met Feiga Kornfeld, Warschau 1909. Sinds 1932 in Rotterdam woonachtig; daar buren van de familie Bialer-Rechman. Na het bombardement op Rotterdam vertrok het gezin in 1941 naar Woerden. In hun huis werden synagogediensten gehouden. In 1942 ging Rynderman clandestien naar België, maar werd opgepakt en naar het kamp Mechelen gebracht. Omdat hij mogelijk uitgewisseld zou worden met Duitse inwoners van Palestina, werd Rynderman niet doorgestuurd. Na de bevrijding vestigde het gezin zich na een paar weken in Woerden opnieuw in Rotterdam. In 1953 trokken de Ryndermans naar de Verenigde Staten, in 1990 kwamen ze weer terug naar Nederland. *46, 243*
Rynderman (Rijnderman), Hudesa (Daisy), Rotterdam 1936. Poolse nationaliteit. Met haar familieleden sinds 1941 in Woerden woonachtig. De oorlog met moeder en broer overleefd in een Brussels pension onder valse identiteit. In 1960 getrouwd met Andries Blazer. *43*

S

Sanders, E., docente lichamelijke opvoeding op het Joods Lyceum. *30-32, 43*
Schaaf, van de, lerares van een lagere school, verrichtte samen met vriendinnen verzetswerk. *225*

Schmerling, Hans, zoon van Wolf/Wilhelm Schmerling en Hendel/Helena Better, kleinzoon van 'mevrouw Better'. Hans stamde uit een Oost-Joodse familie, groeide op in Berlijn. Werd in 1938 door Gustav Ulreich en mevrouw Nachtegall uit Berlijn weggehaald, onder voorwendsel dat hij de zoon van de niet-Joodse Nachtegall was. Hans gaf Rachel een ring. *77*

Slager, Clara, Hillegersberg 1925-onbekend 1945. Haar vader was veearts, ze zat evenals Carry op het Joods Lyceum. *55, 57, 58*

Slagter, Isidore (Doris), Hillegersberg 1928-Auschwitz 1942. *51*

Slagter, Joseph (Joop), Hillegersberg 1925-Auschwitz 1942. Vader Simon was handelaar in edele metalen en trad op als leraar en chazzan van de Joodse vereniging Tsofouno in Hillegersberg. *51, 55, 57*

Spanjar, Abraham (Ab), Rotterdam 1924-Auschwitz 1945. Zoon van onderstaande. *16*

Spanjar, Israël, Zwolle 1892-Sobibor 1943. Docent Frans, sinds 1921 aan de Eerste HBS, laatst aan het Joods Lyceum Rotterdam. Orthodox. Vader van Ab. *19, 33*

Spiegelenberg, Johan, niet-Joodse leeftijdsgenoot, bevriend met Hannele Franken en via haar in de verder geheel Joodse vriendengroep van de zussen Ulreich opgenomen. *15*

Stam, Abraham (Ab) van der, Rotterdam 1911-Auschwitz 1942, in 1941 getrouwd met Marthel Kornfeld. Confectiehandelaar. *46*

Steensma, Jeanne Geele, Breda 1884-Arnhem 1982. Studeerde Duits in Groningen en was van 1911-1918 docent aan een middelbare meisjesschool te Leeuwarden. Daarna doceerde ze aan de Meisjes-HBS te Rotterdam. Vanaf 1943 verving ze de geschorste dr. J.J. van Dullemen als directrice. In 1947 legde ze haar functie neer. *226*

Stein, dr. Elchanan, Den Haag 1911-Sobibor 1943. Classicus, in 1937 te Leiden gepromoveerd op 'De woordenkeuze in het Bellum Judaïcum van Flavius Josephus'. Vanaf 1939 leraar klassieke talen op het gymnasium in Breda, daarna op het Joods Lyceum Rotterdam. Hij trad ook op als chazzan. Samen met zijn vrouw en pasgeboren baby is Stein in Sobibor vermoord. *19, 33*

Straten, Jaap van, mogelijk: Jacob Meijer van Straten, Alblasserdam 1917-Sobibor 1943. Hij woonde in Rotterdam. *21*

Swidde, had spullen verborgen voor (kennissen van) de familie Ulreich, maar die waren verdwenen. Hij heeft in Vught gezeten vanwege steun aan Joodse onderduikers. *226*

T

Taub, Benjamin Wolff, Zdunska Wola 1898-Buchenwald 1945. Vader van Sonja, vriend van Gustav Ulreich, in het dagboek aangeduid met de 'heer Taub'. Zeer actief in het Oost-Joods Verbond Rotterdam. *46, 248*

Taub, Sonja, Rotterdam 1927-Auschwitz 1944. Vriendin van Carry. *11, 15, 21, 42, 43, 83, 90*

Thijn, Arie (Arjeh) van, ca. 20 jaar, leraar Hebreeuws, net getrouwd, werkt in de keuken van de Joodse Raad. *51, 52, 53*

U

Familie Ulreich:

Grootvader Peretz Ulreich en grootmoeder Chawa Ohrfeld.

Vader Getzel Ulreich, Zagórze 1891-Jeruzalem 1960. *Passim*

Moeder Anna Fany Ulreich-Gottlieb, Krakau 1896-Jeruzalem 1985. *Passim*

Rachel Ulreich (Rachus, Rachoes, Ra, Rach), Rotterdam 1922-São Paulo 2013. *Passim*

Caroline Ulreich (Carry), Rotterdam 1926. *Passim*

Oom Adolf Ulreich, Chrzanów 1893-Bayside, New York 1982. Geëmigreerd naar de Verenigde Staten. *124, 231, 239, 248, 255, 256, 265*

V

Valk, Hartog Joseph, Rotterdam 1901-Renkum 1987. Hoofd van de Verzorgingsdienst van de Joodse Raad Rotterdam. Doordat hij gemengd gehuwd was, wist Valk de oorlog te overleven. *65*

Viool, familie, Carry zal duiden op het gezin van Raphaël Viool (Rotterdam 1895-Sobibor 1943). *173*

Vleeschhouwer, Izak (Broer), Rotterdam 1908-Givatajiem (Israël) 1970. Getrouwd met Greet, twee kinderen in de oorlog vermoord. *230-232, 265*

Vleeschhouwer-Schaap, Margretha, Rotterdam 1904-Givatajiem (Israël) 1969. Lerares Hebreeuws, verloor in de oorlog haar twee kinderen en emigreerde nadien naar Israël. *17, 230, 247*

Vorst, Levi, Amsterdam 1903-Rechovot (Israël) 1987. Godsdienstonderwijzer, vanaf 1959 opperrabbijn van Rotterdam. Bram zat tijdelijk bij de familie Vorst in de kost. *19, 93, 95, 269*

Vries, Paulina (Pauli) de, Utrecht 1926-Bilthoven 2016. Ontmoette Carry in Utrecht. Ze overleefde de oorlog ondergedoken bij de familie Sjollema in Maarssen. Zeer actief in de zionistische Joodse Jeugdfederatie, ook direct na de bevrijding weer. Trouwde later met Fritz Schwarz. *22, 40*

Vromen, familie:
Vader Emanuel Vromen (1890-1943) en moeder Vroukje Vromen-Sanders (1896-1943), de ouders van Saartje en Etty. *18, 29, 39, 40, 44, 86, 192, 230*

Vromen, Etty (Esther), Rotterdam 1923-Sobibor 1943. *15, 26, 29, 38, 47, 94*

Vromen, Saartje (Sara), Rotterdam 1925-Sobibor 1943.

W

Wagschal, Henry, Bestwina 1912-Zürich 1986. Hij wist de oorlog te overleven door te vluchten naar Zwitserland, met zijn geliefde Esther (Elly) van Vlies. Na de bevrijding keerden ze terug naar Rotterdam. *46*

Weinreb, Friedrich, Lemberg 1910-Zürich 1988. Zeer omstreden figuur, die na de oorlog meermalen inzet was van een fel publiek debat. Hij groeide op in de Oost-Joodse gemeenschap in Scheveningen en studeerde economie in Rotterdam. Tijdens de oorlog zette hij eigenhandig lijsten op om mensen 'Sperren' te verlenen, gebaseerd op een verzonnen contact met een niet-bestaande Duitse generaal. Ook na door de Sicherheitsdienst te zijn opgepakt, ging Weinreb met de lijsten door. Zelf zag hij dit als verzetswerk, anderen concludeerden dat het een vorm van collaboratie was. Oost-Joden, maar ook Nederlandse Joden, hechtten vertrouwen aan zijn lijsten, doken daardoor niet onder en werden alsnog opgepakt. In 1948 werd Weinreb veroordeeld voor verraad, een oordeel dat hij zelf bleef aanvechten. *60, 75, 76, 83, 255, 256*

Wijler: er zijn in Rotterdam twee families Wijler, van de broers Louis (Lochem 1890-Ra'anana 1977) en Johan (Lochem 1894-Westerbork 1944). Ze waren beiden graanhandelaren en namen een prominente positie in. Daaraan hebben beide gezinnen het te danken dat ze op de Barneveldlijst werden geplaatst. Diverse kinderen uit beide gezinnen spelen een rol in het dagboek van Carry. Om hen uit elkaar te houden zijn ze hier per gezin opgenomen.

Uit het gezin van Louis Wijler en Francina Helena Lansberg (Rotterdam 1893-Petach Tikva 1986) komen de volgende kinderen in het dagboek voor:

Wijler, Henriëtte (Jet), Rotterdam 1923-Tel Aviv 2004. Trouwde in 1942 met Henricus Wijsenbeek met wie ze nog tijdens de oorlog een kind kreeg. Beiden overleefden na ontsnapping uit Barneveld in onderduik de oorlog. Jet doceerde klassieke filosofie aan Tel Aviv University. *76, 94, 101, 118, 226*

Wijler, Helena (Leen, Leni, Ilana), Rotterdam 1925, vluchtte

uit kamp Westerbork en overleefde de oorlog in de onderduik. Emigreerde naar Israël en trouwde Aharon Avni. *230, 232*
Wijler, Johan (Jo, Jopie) Amati, Rotterdam 1928-Adelaide Australië 1964. Werd tropenarts in Cambodja. *15*
Uit het gezin van Johan Wijler en Margot Haagens (Dirksland 1891-Noordwijk 1967) komen de volgende kinderen in het dagboek voor:
Wijler, Samuël (Sam), Rotterdam 1923-Küsenacht Zwitserland 2004, overtuigde zionist, trouwde met Henny van den Bosch. *28, 34, 38, 50, 62, 230*
Wijler, Hettie (Hetty), Rotterdam 1924-Herzliya Israël 2010, heeft de oorlog overleefd, trouwde met Simon Godschalk (Bob) Engelsman. *31, 34, 38, 39, 47, 62, 84, 101, 230*
Wijler, Louis Arjeh (Wiet), Rotterdam 1926-Nordia Israël 2015. Trouwde met Hanna Gerda Meijer. Emigreerde naar Israël, was daar onder meer voorzitter van de Irgoen Olei Holland, de belangenorganisatie van de Nederlandse immigranten in Israël. *15-16, 19-22, 24-28, 33, 62, 64, 101, 226*
Wijnberg, dr. Simon, Winschoten 1898-Rotterdam 1989, rector van het Joods Lyceum Rotterdam en van professie docent klassieke talen. Op het lyceum gaf hij echter ook scheikunde. Hij overleefde de oorlog mede dankzij de zgn. 'Barneveldlijst'. *19, 20, 61*
Wijsenbeek, dr Henricus (Henk), Rotterdam 1916-Tel Aviv 2008. Getrouwd met Jet Wijler, samen krijgen ze in 1943 hun eerste baby. Geëmigreerd naar Israël, hoogleraar aan Tel Aviv University. *76*
Wolf, Ali, niet te achterhalen wie hiermee bedoeld wordt. *17, 247*
Wolf, Tijn, niet te achterhalen wie hiermee bedoeld wordt. *47*

Z

De onderduikfamilie Zijlmans bestond uit:
Zijlmans, Adriaan Johannes Marinus, Rotterdam 1887-Rotterdam 1964. Vader, Zoeaaf, conducteur, kantoorloper, bankmedewerker, drager erekruis Pro Ecclesia et Pontifice. *Passim*
Zijlmans-Loomans, Maria Hendrika Jacoba, Schiedam 1884-Rotterdam 1947. Moeder. *Passim*
Met de kinderen:
Zijlmans, Adriaan Johannes Maria (Aad), Rotterdam 1913-Bandjermasin 1944. Hij was als militair in 1938 naar Nederlands-Oost Indië gestuurd. Hij diende in het Koninklijk Nederlands Indisch Leger en overleed als krijgsgevangene in 1944. *178, 236, 258*
Zijlmans, Marinus (Bob), Rotterdam 1918-Rotterdam 1992. Kunstenaar. Trouwde met Janette de Jong. *Passim*
Zijlmans, Johanna Maria (Mies), Rotterdam 1916-Oosterhout 2003. Trouwde met Ton van der Burg, boekhouder bij de firma Van Woensel. *Passim*
Zijlmans, Canisius Johannes Antonius Maria (Canis), Rotterdam 1926-Rotterdam 1995. Trouwde met Pop (Hendrika Francijna). *Passim*
Manus Frank, (ex-)vriend van Mies, uit Wageningen. *134, 147, 190, 220, 236, 257, 259, 260*

Zwanenbergh-van Straten, Johanna, Herwijnen 1889-Auschwitz 1942. In het dagboek genoemd 'mevrouw van Zwanenbergh'. Moeder van Leny. *95*
Zwanenbergh, Leny (Helena) van, Rotterdam 1927-Auschwitz 1942. *43, 45, 102*
Zwick, Felix Moritz, Rotterdam 1924-Auschwitz 1943. *15, 21, 22, 25, 26, 27*
Zwick, Rachel Ruth, Rotterdam 1928-Auschwitz 1942. *15*

Bronnen

Archivalia

Rode Kruis Den Haag
    Cartotheek Joodse Raad Westerbork/Rode Kruis

Stadsarchief Rotterdam
    Archief Burgerlijke Stand

Privé-collectie Carmela Mass, Risjon le-Zion, Israël
    Eigen dagboeken 1941-1945
    Dagboek zus Rachel Ulreich 1940-1946
    Dagboek/brief vader Getzel/Gustav Ulreich 1944-1945
    Correspondentie, gedichten uit oorlogstijd
    Interview Yad Vashem
    Fotocollectie

Privé-collectie Jeroen Zijlmans
    Fotocollectie
Privé-collectie Paul C. van der Burg
    Fotocollecties en familiedocumenten

Websites

www.delpher.nl
www.Joodsmonument.nl
www.joodserfgoedrotterdam.nl
http://www.izkor.gov.il/HalalKorot.aspx?id=91427

Kranten en tijdschriften

Nieuw Israëlietisch Weekblad

Het Joodsch Weekblad
Rotterdamsch Nieuwsblad
Nieuwe Rotterdamsche Courant
De Vrijdagavond

Literatuur

Dantzig, Marre van, *Zolang niet alles is verteld* (Maassluis 2013)
Even-Shoshan, Avraham ed. *We-im bi-gewoerot: Asoepat pirke 'ijoen oe-mechkar be-'injene haarets, halashon we-sifroet Jisrael: Mincha li-Re'uven Mas oele-Ra'jato Chana be-hegi'am li-gewoerot* (Jeruzalem 1974)
Fuks, Leo, 'Oost-Joden in Nederland tussen beide wereldoorlogen', *Studia Rosenthaliana* 11/2 (1977) 198-215
Giltay Veth, D., en A.J. van der Leeuw, *Rapport door het Rijksinstituut voor Oorlogsdocumentatie uitgebracht aan de minister van justitie inzake de activiteiten van drs. F. Weinreb gedurende de jaren 1940-1945, in het licht van nadere gegevens bezien* 2 dln. ('s-Gravenhage 1976)
Grüter, Regina, *Een fantast schrijft geschiedenis. De affaires rond Friedrich Weinreb* (Amsterdam 1997)
Hausdorff, D., *Jizkor. Platenatlas van drie en een halve eeuw geschiedenis van de Joodse gemeente in Rotterdam van 1610 tot ± 1960* (Baarn 1978)
Kowalska-Leder, Justyna, *Their childhood and the Holocaust. A child's perspective in Polish documentary and autobiographical literature* (Frankfurt am Main 2015)
Lang, Wally M. de, ed., *Het oorlogsdagboek van Dr. G. Italie. Den Haag, Barneveld, Westerbork, Theresienstadt, Den Haag 1940-1945* (Amsterdam/Antwerpen 2009)
Leeuwen, Leon B. van, *Let my half cry: an autobiography* (New York/Lincoln/Shanghai 2007)
Levie Bernfeld, Tirtsah, en Bart Wallet, *Canon van 700 jaar Joods Nederland* (Rijswijk 2015)

Menkis, Richard, '"But You Can't See the Fear That People Lived Through": Canadian Jewish Chaplains and Canadian Jewish Encounters with Dutch Survivors, 1944-1945', *American Jewish Archives Journal* 60/1-2 (2008) 25-50

Moei, Janneke de, *In het net gevangen. Een Joods gezin in de Tweede Wereldoorlog. Ridderkerk, Rotterdam, Westerbork, Polen* (Ridderkerk 2003)

Oosthoek, A.W., ed., *Kaddisj. Ter nagedachtenis van de Joodse Rotterdamse burgers 1940-1945* (Rotterdam 2000)

Pauw, J.L. van der, *Rotterdam in de Tweede Wereldoorlog* 3ᵉ druk (Amsterdam 2011)

Poel, Stefan van der, 'Tiener in de jaren twintig', *Nieuw Israelietisch Weekblad* 21 januari 2005, 17

Presser, Jacques, *Ondergang. De vervolging en verdelging van het Nederlandse Jodendom 1940-1945* 2 dln. ('s-Gravenhage 1965)

Röder, Werner en Herbert A. Strauss eds., *Biographisches Handbuch der deutschsprachigen Emigration nach 1933-1945: Politik, Wirtschaft, Öffentliches Leben* (München etc. 1980) 481-482

Schippers, Hans, *De Westerweelgroep en de Palestinapioniers. Non-conformistisch verzet in de Tweede Wereldoorlog* (Hilversum 2015)

Tammes, Peter, ed., *Oostjoodse passanten en blijvers. Aankomst, opvang, transmigratie en vestiging van joden uit Rusland in Amsterdam en Rotterdam, 1882-1914* (Amsterdam 2013)

Ultee, W.C., *We mogen nergens heen, we moeten naar Vught. De Joodse inwoners van Woerden, 1930-1947* (Woerden 1999)

Valk, H.J., 'De Rotterdamse Joden tijdens de bezetting' *Rotterdams Jaarboekje* 1955, 210-218

Vaz Dias, Jac.M., 'Na tien jaar mizrachistisch jeugdwerk' *De Vrijdagavond* 2/46, 12 februari 1926

Vriesland, Esther van, *Esther. Een dagboek 1942* (Utrecht 1990)

Wallet, Bart, *Dat God jullie moge zegenen. Aron Leonard Davidson, 1914-1943* (Zoetermeer 2015)

Wallet, Bart, 'Regionale structuren en ideologische debatten. Het synagogaal ressort Rotterdam (1900-1917)', *Holland* 48/1 (2016) 5-12

Zapruder, Alexandra, ed. *Salvaged pages: Young writers' diaries of the Holocaust* (New Haven 2002)

Afbeeldingen

Geboorteadvertentie van Caroline (Carry) Ulreich in het Rotterdamsch Nieuwsblad van 16 november 1926.

Advertentie van Gustav Ulreich als zelfstandig ondernemer in de Nieuwe Rotterdamsche Courant van 9 maart 1928.

Carry werd vernoemd naar haar Pools-Joodse overgrootmoeder Kreindel, rechts op de foto. Kreindel was Gustavs grootmoeder van moederszijde. Rechts is een van de ooms van Gustav te zien.

Het jonge gezin Ulreich aan de wandel op de Coolsingel, van links naar rechts: Gustav, Rachel, Carry en Anna Fany.

Een kindermeisje met zussen Carry en Rachel in Rotterdam.

Vader Gustav Ulreich als vrijgezel in Rotterdam.

Een strandfoto met Carry en Rachel rechtsonder voor.

Het strand van Scheveningen en Hoek van Holland was een geliefd uitje voor de familie Ulreich. Carry is het tweede meisje van links; Rachel is het meisje in het midden, met vader Ulreich links van haar; geheel rechts zijn de zussen (moeder) Anna Fany en (tante) Dora zichtbaar.

Lagereschoolfoto van Carry, 1934.

Portretfoto van Carry aan de vooravond van de oorlog.

Foto van Carry bij het begin van de oorlog.

G. ULREICH
Damestailleur, Witte de Withstraat 59. Telef. 32618, maakt chique Dameskleeding naar maat tegen scherp concurreerende prijzen.

In het begin van de oorlog zette Gustav Ulreich zijn bedrijf zo goed en zo kwaad het ging voort. Advertentie uit het Rotterdamsch Nieuwsblad van 27 augustus 1940.

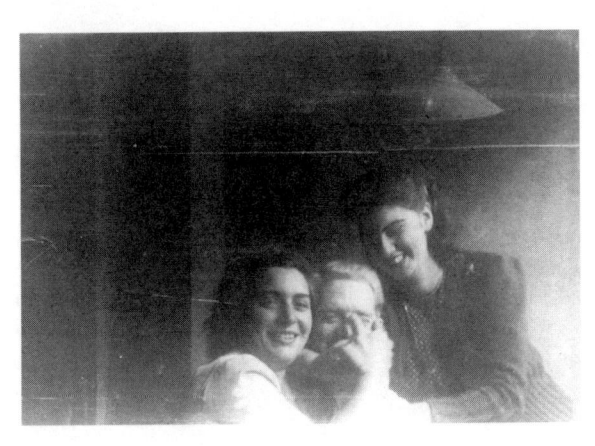

Vader Gustav Ulreich met zijn dochters Rachel en Carry, Rotterdam.

Een tweetal pagina's uit het dagboek dat Carry van haar vriendin Sonja Taub ontving.

Verloofd: 4816
Rachel Ulreich en
Bram de Lange,
Econ. candidaat.
Rotterdam, Juli.
Witte de Withstr. 59a
H. Molenaarstr. 21a.

Verlovingsadvertentie van Rachel en Bram de Lange in het enig toegestane Joodse periodiek, het Joodsche Weekblad van 17 juli 1942.

Bewijs van innar
van Carry's fiets ve
26 juni 1942, beschr
ven in het dagboek
16 juli 194

Donderdag 5 Febr '42

...afspraak met Betty P. is niet doorgegaan, vanochtend
...het nog niet. Misschien 'n volgende week.
...hadden we club om kwart over 10. Ik kwam natuurlijk
...over half 11. Ze waren woest. Hans Rijxe was er
en bleek toch ziniger te zijn. Was wel eens in
... geweest. Herman Kostler wilde ook wel iets
in Zion. Club ziet hij er komt er waarschijnlijk ook
Ik hoop dat ik de volgende keer op tijd ben, alleen
... en Til. te laten zien, oh dat ik dit wel kan.

... pas Dinsdag weer met school beginnen. Maar
... vriest het weer, misschien krijgen we weer vrij, ...
... vind ik dit vrij niet zo leuk, want we moeten
... ook iets leren, anders kan je niet zo goed van
... gaan. Bob Moensen kwam Woensdag naar me
... weg, of ik ook in klein collectje in de eerste midde-
...en, "Ik zei, als 't eg klein en gemakkelijk is wel,
... ik het nog nooit gespeeld. (zelfs nog nooit op
... toneel gestaan, als er mensen in de zaal zijn.)
...ik in rol als huishoudster, die weg moet, om dat ik
...is (nieuwe verordening) en dat kant in nieuwe huis,"
... i.p.v. mij. Het is een erg leuk stuk, maar ik mocht
... maar 'n minuutje zeggen in 't begin. en af.

POLITIE ROTTERDAM
CENTRAAL BUREAU   Volgnummer: I

Op 26 Juni 1942 is van ... Hlreich
geb 15-11-19.. te R'dam
wonende W. de ...straat 59 te R'dam
in ontvangst genomen een ... James rijwiel, verkeerend in
blijkbaar berijdbaren toestand.

De Agent van Politie,

116

K 2007

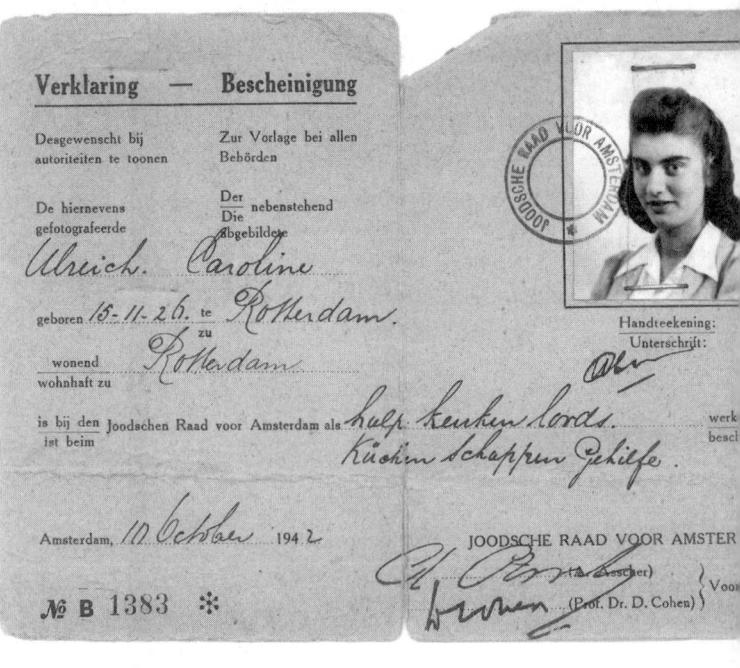

Bewijs dat Carry Ulreich een aanstelling had bij de Joodse Raad als hulp in de keuken van Loods 24.

Het valse persoonsbewijs dat Carry gebruikte tijdens de onderduiktijd op de naam Caroline Ackerman.

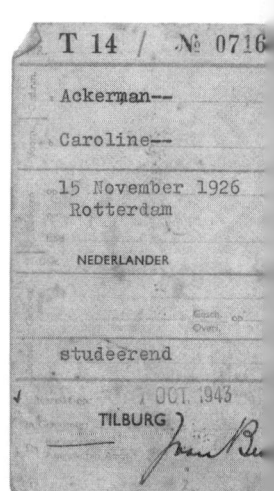

JOODSCHE RAAD VOOR AMSTERDAM

De Joodse Raad legde een complete cartotheek aan van alle Joden in Nederland. Daarop werden al hun gegevens genoteerd, inclusief een eventuele Sperr. Hier de kaart van Rachel, met daarop de opmerking toegevoegd na de onderduik dat ze haar functie niet langer waarneemt.

```
He                              Ams. 96666.
ULREICH, Rachel  - Aria          A9/  2B 34 677
                                      A 312108
Witte de Withstr. 59A Rotterdam
21.11.22 Rotterdam
Nederl.

Typiste 20.7.42 Leg. 809 Voorl.afd.Oost.

Gesperrt wegens:    functie

alg.opm. neemt functie nieta meer waar,
```

4 / № 071689   NR. T 14 / № 071689

Willem II str 68
RT Math weg 24

Foto van fotograaf Cas van Eijsden van de familie Zijlmans, eind jaren dertig, met in het midden vader en moeder Zijlmans en daaromheen rechtsboven Canis; rechtsonder Bob; linksboven Mies en rechtsonder Aad.

Portretfoto van vader Adriaan Zijlmans.

*Portretfoto van Mies Zijlmans.
(Foto van Cas van Eijsden.)*

Bob en vader Adriaan Zijlmans op de fiets.

Carry Ulreich en de 'Jewish Brigade'-soldaat Jonathan Mass, een dag na hun 'choepa' (religieus huwelijk) in België.

Verloofd:
CARRY ULREICH
en
Ing. JONATHAN MASS
Jewish Bde.
Rotterdam, 1155
Mathenesserlaan 398 a
Jeruzalem, Talbich.
Receptie: Zondag, 16
Adar I 5706 (17 Febr.)
3—5 uur.

Advertentie van de verloving van Carry en Jonathan, Nieuw Israëlietisch Weekblad 15 februari 1946.

In plaats van kaarten.
De חופות van 2196
RACHEL ULREICH
en
ABRAHAM LOUIS DE LANGE

CARRY ULREICH
en
Ing. JONATHAN MASS
Jew. Brig.
zullen plaats vinden op Zondag 30 Juni 1946 (1 Tammoes 5706) om 1.10 uur n.m. in de Synagoge Joost van Geelstraat 68, Rotterdam. Receptie: Mathenesserlaan 398 a, van 2.30 tot 4 uur.

Advertentie van de geplande dubbele bruiloft van Carry en Jonathan en van Rachel en Bram, Nieuw Israëlietisch Weekblad 21 juni 1946.

De Choepah van
CARRY ULREICH
en
Ing. JONATHAN MASS
2269   Jew. Brigade
zal plaats vinden op
Zondag 30 Juni 1946
(1 Tammoez 5706) om
10 uur in de Synagoge
Joost van Geelstraat
68 te Rotterdam.
Geen receptie

Aangepaste advertentie van de choepa van Carry en Jonathan in verband met de ziekte van Bram de Lange, Nieuw Israëlietisch Weekblad 28 juni 1946.

♠ G. Ulreich, damestailleur, v/h Witte de Withstr., thans Math.-laan 398a, Telef. 32618. Levert weer zoals steeds mantels en mantelcostuums naar maat, ook van uw eigen stof.

Gustav Ulreich hervatte zijn bedrijf vanuit zijn nieuwe woonadres. Advertentie uit Het Vrije Volk van 18 juni 1947.

Heden overleed tot onze diepe droefheid onze innig geliefde broeder, verloofde en a.s. schoonzoon
BRAM DE LANGE
in de leeftijd van 27 jaar.
Rotterdam,
26 October 1946.
Frouk de Lange
Debora de Lange
Rachel Ulreich
G. Ulreich   3150
A. Ulreich-Gottlieb
Geen bezoek

Vader Gustav Ulreich met dochter Carry in Rotterdam, 1945-1946.

Overlijdensadvertentie van Bram de Lange in het Nieuw Israëlietisch Weekblad van 1 november 1946.

Foto van het 25-jarig huwelijksjubileum van Gustav en Anna Fany Ulreich in Rotterdam in 1947. Carry en Jonathan zitten inmiddels al in Palestina en zijn niet aanwezig. Om de tafel zijn van links naar rechts zichtbaar: Charlotte Rynderman en haar man; mevrouw Cor(ry) en Nico Nachtegall; moeder Anna Fany en vader Gustav; mevrouw en mijnheer Szlama Rynderman. Achter moeder staat mevrouw Lina Jungholz; achter vader Froukje de Lange en (half zichtbaar) Diny Hochfeld.

Gustav en Anna Fany Ulreich na aankomst in Israël.

Carry en Jonathan Mass in Jeruzalem, 1947.

Carry en Jonathan Mass in Jeruzalem, 1947.

Familiefoto van Jonathan en Carry Mass en Gustav en Anna Fany Ulreich in Israël, met op de voorgrond de kinderen Chawa en Daniël.

*Foto van de trouwerij van Mies Zijlmans m[et]
Ton van der Burg vanuit het ouderlijk hu[is]
Mathenesserweg 28c, 194[...]*

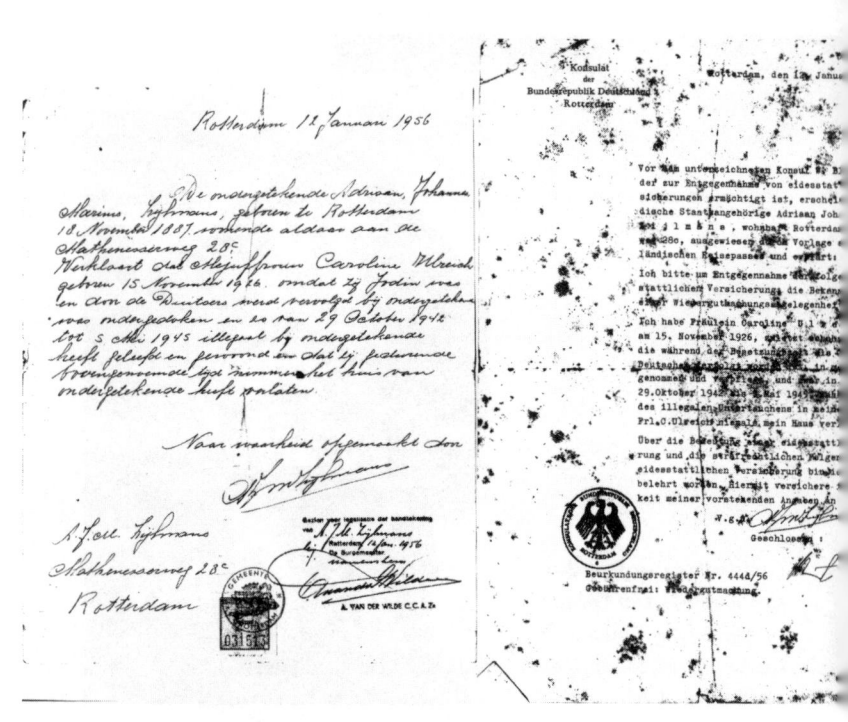

*In het kader van de procedures
voor Wiedergutmachung in
1956, rechtsherstelbetalingen
van de Bondsrepubliek Duitsland, gaf vader Zijlmans een
verklaring af dat Carry
Ulreich bij hem ondergedoken
heeft gezeten.*

*Foto van de familie Zijlmans na de o[or]-
log, 1945-1947. Van rechts naar li[nks]
moeder Maria, vader Adriaan en doch[ter]
Mies Zijlmans. Zoon Aad, omgekomen [in]
Indië, staat op de foto op het bijzettafel[tje].
(Foto van F.H. van Di[jk])*

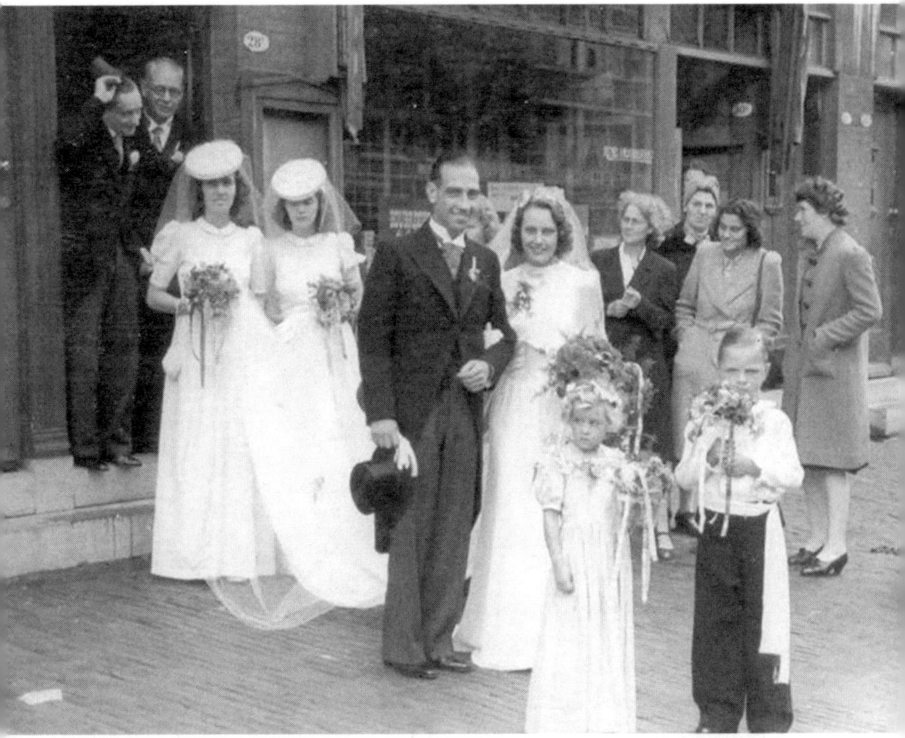

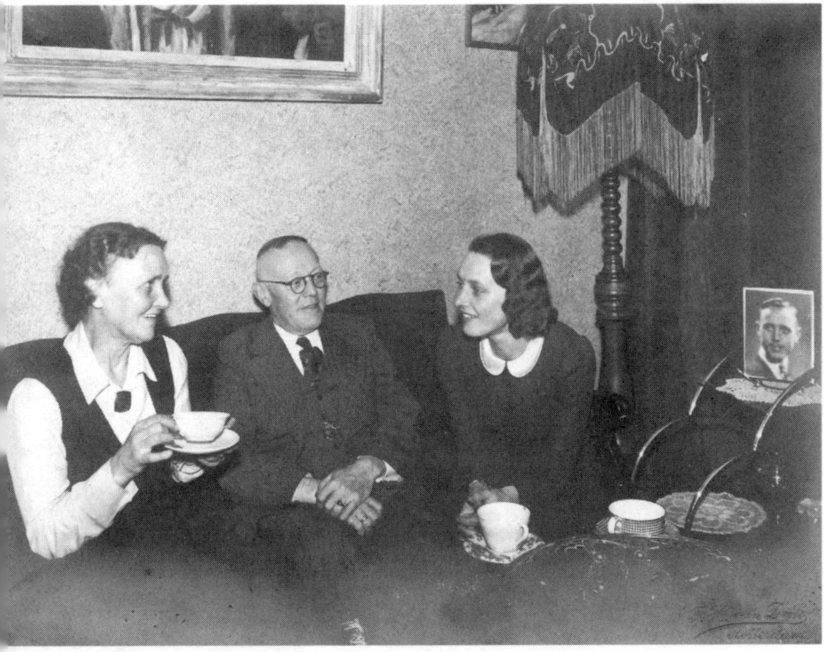

Op 25 juli 1977 werden alle leden van het gezin Zijlmans in Israël geëerd met de Yad Vashem-onderscheiding als rechtvaardigen onder de volkeren, die met gevaar voor eigen leven Joden gedurende de oorlog hebben gered.

Na de oorlog bleven de contacten tussen de Ulreichs en de familie Zijlmans nog lange tijd hecht. Op deze foto is Carry op bezoek bij Mies van der Burg-Zijlmans in St. Michielsgestel, ca. 1975-1980.